清華大學中國經學研究院集刊

本刊入選『中文社會科學引文索引（CSSCI）2023–2024年來源集刊』

中國經學

道平題

第三十四輯

主　編◎彭　林

副主編◎張焕君

GUANGXI NORMAL UNIVERSITY PRESS
广西师范大学出版社
·桂林·

圖書在版編目（CIP）數據

中國經學. 第三十四輯 / 彭林主編. -- 桂林 : 廣西師範大學出版社，2024. 6. -- ISBN 978-7-5598-7124-4

Ⅰ. Z126

中國國家版本館 CIP 數據核字第 202480JA57 號

廣西師範大學出版社出版發行

（廣西桂林市五里店路 9 號　郵政編碼：541004
網址：http://www.bbtpress.com）

出版人：黄軒莊

全國新華書店經銷

廣西廣大印務有限責任公司印刷

（桂林市臨桂區秧塘工業園西城大道北側廣西師範大學出版社集團有限公司創意産業園内　郵政編碼：541199）

開本：787 mm ×1 092 mm　1/16

印張：15　　　字數：250 千

2024 年 6 月第 1 版　　2024 年 6 月第 1 次印刷

定價：88.00 元

目　録

Contents

正經與兼經:儒家經書的二元結構及其歷史衍變

曹景年

内容摘要　在傳統經學研究中,學者討論經書範圍的問題,多從五經、七經、九經到十三經這一經書數目遞增的綫索展開,而很少涉及經書的内部結構。以官方制度内的經學爲視角,"正經—兼經"作爲經書的二元結構一直存在並推動經學的持續發展,正經指士人主攻的經書,一般指五經及其傳記;兼經指士人在專習正經的同時須兼習的經書,一般指《論語》《孝經》《孟子》等儒家子書。正經是主要的、主導的,兼經是次要的、附屬的。"正經—兼經"的各自内涵及相互關係都經歷了複雜的歷史變遷,其總體趨勢是:從漢至唐,正經由五經擴展爲九經,宋以後又縮減爲五經;兼經由《論語》《孝經》組合,在北宋熙寧變法之後變爲《論語》《孟子》組合,最後到元代演變爲四書組合;正經地位日趨下降,兼經地位日趨上升,到元代四書五經成立後,二者地位翻轉,兼經翻轉爲正經。充分認識"正經—兼經"的二元結構,對經學史研究具有重要意義。

關鍵詞　經學　正經　兼經　二元結構

引　言

在儒家經學研究中,關於經書範圍的認定是一個重要話題。從經的概念産生開始,就有了對經書範圍的認定。不同時代對經書有不同的認定,歷代有五經、六經、七經、九經、十二經、十三經、四書五經等名目。由此似乎産生一個共識,即經書範圍是逐漸擴大的,十三經是最終的發展結果,經學發展到十三經就達到了目的。如明代的凌義渠説:"三經之不得不五,五之必至於九,九之必至於十三。"①今人周熾成也説:"在

① 凌義渠:《十三經注疏序》,《凌忠介公集》卷六,《景印文淵閣四庫全書》第1297册,臺北:商務印書館,1986年,第5頁。

兩千多年的歷史演進中,經是不斷變化的,其中最顯著的一點是:經的數目由少而多。"[①]在這種觀念的引導下,探討十三經是如何一步步形成的,就成爲學界關注的一個重要問題。[②] 這種觀念實際上隱含着一個預設,即經是一個單一的概念,經書之間没有差别。然而,各種經書的地位和作用真的完全相同嗎?能否將所有經書不加區别地歸屬於同一個集合,然後認定它是不斷擴張的?其中有没有二級集合的存在?這實際上涉及經書的内部結構問題。

在經學史上,有一對非常重要但尚未被人充分關注的概念,即"正經"與"兼經"。"正經"之名始見於《唐六典》,"兼經"之名始見於宋熙寧變法時(詳下文)。以往的經學研究者對這兩個概念關注不多,只是偶爾提及。如路莉莉説:"自唐代始,儒家經典有正經、兼經之分,正經共9部,分别爲《易》《書》《詩》《周禮》《儀禮》《禮記》《春秋左傳》《春秋公羊傳》《春秋穀梁傳》,兼經共3部——《論語》《孝經》《爾雅》,合稱儒家十二經。其中正經爲明經科的正試内容,兼經爲兼試内容。"[③]程蘇東在考察《孟子》升經的問題時,對兼經有較爲深入的研究,他給兼經所下的定義是"在進士、明經或諸科考試中,除試所選本經,也就是正經中的一種或數種外,所有的士子都必須兼考的經書",他認爲兼經制度萌芽于唐代,更可以追溯到漢代,"早在漢代,《論語》《孝經》《爾雅》就已經是士大夫都必須掌握的典籍,而《易》《詩》《書》等五經,士人一般僅選擇一兩種專治而已。"[④]其實正經、兼經的概念不僅可以上溯至漢代,更可下延至明清,可以説貫穿了整個經學發展史,因而對其進行深入發掘和探研,不但有助於重新審視經書範圍問題,還可以解釋經學史上的其他諸多現象。本文即試圖將"正經—兼經"作爲經學史上的一對概念來進行專題研究,通過爬梳史料,探討二者的内涵、相互關係及其歷史衍變,進而揭示經學發展的某些規律。

爲從事這項研究,首先要做兩項工作,一是論域限定。由於經書範圍的認定標準歷來衆説紛紜,本文僅以古代官方經學制度中所認定的經書爲主要論域,這是因爲官方制度的限定比較明確,且集中反映了當時的學術趨向,並對學術發展産生廣泛的影

---

① 周熾成:《〈論語〉成爲經的時間考辨》,《現代哲學》2008年第5期,第111頁。

② 就筆者所見,這方面的論文有夏傳才:《從六經到十三經的發展》,《天津師大學報(社會科學版)》1988年第5期。許樹安、許祖貽:《儒家學説的發展與十三經》,連載於《中國文化研究》1993年創刊號冬之卷、1994年春之卷。舒大剛:《十三經:儒家經典體系形成的歷史考察》,《社會科學研究》2011年第4期。李暢然:《十三經形成暨傳記升經的三類機制》,《中國典籍與文化》2018年第4期。專著則以程蘇東《從六藝到十三經:以經目演變爲中心》(北京大學出版社2018年版)爲代表,該書提出了"經目"的概念,所謂經目,指的是"傳統社會中關於經之範圍的各種認定"。其餘經學史方面的論著談到十三經問題的亦復不少。

③ 路莉莉:《隋代科舉制度考論》,曲阜師範大學2011年碩士論文,第23頁。

④ 程蘇東:《從六藝到十三經:以經目演變爲中心》,第538頁。

響。具體來説,從漢至隋主要是博士學官制度,從唐至清則以科舉考試制度爲主。二是概念界定。本文所討論"正經"與"兼經"概念,在其原有含義的基礎上進一步完善和明確。正經,指官方經學制度下,需要士人花費主要精力去學習和攻讀的經書,一般指五經及相關傳記;兼經,指士人在專習正經的同時,又必須兼習的經書,一般指《論語》《孝經》等儒家子書。正經内容多複雜古奥,兼經則大多淺顯易懂。正經與兼經的關係,從重要性上講,正經内容是主要的、主導的,故又稱大經;兼經是次要的、附屬的,故常被稱爲小經。從學習方式上講,由於正經衆多,故多爲選學和專攻,如某人選學《詩經》,則《詩經》即爲其專攻之正經;兼經僅有一二部,所有人都要兼習,如《論語》作爲兼經,無論所攻正經爲何,都要兼學《論語》。"正經—兼經"這一對概念构成經書内部的一個動態體系,二者既相互影響、相互混雜,又相互區分、相互鬥争,並且深刻地影響了經學史的發展。

一　從漢至隋:博士制度下"正經—兼經"的雛形

在隋唐科舉制度實行之前,經學在官方制度中的體現主要是博士學官制度。博士是皇帝設立的專門執掌經書解釋和教育的官員,博士弟子通經可以入仕。博士制度下,已經出現"正經—兼經"的雛形。

(一)漢代的五經與《論語》《孝經》

自從漢武帝設立五經博士,儒家經學正式進入官方制度。當時所謂"經"就是指五經,尚没有正經與兼經之分,博士也統稱五經博士,而没有專經博士,有一經數博士者,有一博士而兼通數經。關於這一點,錢穆的《兩漢博士家法考》、郭永吉的《先秦至西漢博士論考》等已有詳細的考證。[①] 西漢末劉歆的《移讓太常博士書》説:"至孝武皇帝,然後鄒、魯、梁、趙頗有《詩》《禮》《春秋》先師,皆起於建元之間。當此之時,一人不能獨盡其經,或爲《雅》,或爲《頌》,相合而成。《泰誓》後得,博士集而讀之。"[②]《詩經》各部分由多個博士分别研習,新得的《泰誓》則"博士集而讀之",可見當時的博士並不分經執掌。隨着博士對經書漸漸掌握熟練,對經書的解説开始走向專門化、系統化,並因師徒授受而有了師法、家法的概念。不同師承的解説之間爲了争得政治的恩寵而相互争辯,五經也再難以成爲一個整體,於是在漢宣帝時通過石渠閣會議,最

① 錢穆:《兩漢博士家法考》,《錢賓四先生全集》第8册,臺北:聯經出版事業股份有限公司,1998年。郭永吉:《先秦至西漢博士論考——兼論博士與儒的關係》,《清華中文學報》第2期,2008年12月。

② 班固:《漢書》卷三六,北京:中華書局,1962年,第1969頁。

終確定了五經的十二個合法的解說系統,即所謂的“黄龍十二博士”。[①] 這標誌着博士制度由五經博士發展到了一經博士,即每個博士只負責執掌和傳習一經中的一個家法。此後,博士和家法的數量續有增減,到東漢初則固定爲十四博士。在這種制度的影響下,專習一經的一種家法,成爲一般讀書人的主要學習方式,《漢書·藝文志》稱:“後進彌以馳逐,故幼童而守一藝,白首而後能言。”[②]就是這種情形的反映。如果涉獵過多,會被認爲是淆亂家法。《後漢書·儒林列傳》記載:“(張玄)少習顔氏春秋,兼通數家法……及有難者,輒爲張數家之説,令擇從所安……舉孝廉,除爲郎。會顔氏博士缺,玄試策第一,拜爲博士。居數月,諸生上言玄兼説嚴氏、冥氏,不宜專爲顔氏博士,光武且令還署,未及遷而卒。”[③]

十四博士分掌五經立於學官,構成漢代經書的核心,它們可以稱爲漢代的正經。五經之外,傳習較廣的還有《論語》《孝經》,它們是後世所謂“兼經”的雛形。與五經的艱深相比,《論語》《孝經》語言精煉易懂、内涵豐富,頗有教育、教化意義,因此傳播學習更爲廣泛,其學習對象不限於讀書人,《後漢書·儒林列傳》稱“自期門羽林之士,悉令通《孝經》章句”,近年來在西北發現的不少漢代竹簡中,就有《論語》《孝經》的内容,可見它們也是邊防戰士經常學習的書目。就其與五經的關係看,它們是經學教育中的基礎科目,欲學五經,必先學《論語》《孝經》。這一點王國維曾有精闢的論述,他説:“漢時有受《論語》《孝經》、小學而不受一經者,無受一經而不先受《論語》《孝經》者。”又説:“漢人受書次第,首小學,次《孝經》,次《論語》,次一經。此事甚明……故漢人傳《論語》《孝經》者,皆他經大師,無以此二書專門名家者……蓋經師授經,亦兼授《論語》《孝經》,猶今日大學之或有豫備科矣。然則漢時《論語》《孝經》之傳,實廣於五經,不以博士之廢置爲盛衰也。”[④]《通典》卷十三所載漢代博士舉狀稱“生事愛敬,喪没如禮。通《易》《尚書》《孝經》《論語》,兼綜載籍,窮微闡奥”云云,[⑤]可見,選拔博士的標準要求,在通經書的同時一定要兼通《孝經》《論語》。這充分説明,《論語》《孝經》爲漢代士人所兼習,在漢代具有兼經的性質。

雖然《論語》《孝經》傳播學習很廣,甚至超過五經,徐復觀即稱它們實際上被漢人

---

① 詳細考證可參沈文倬:《黄龍十二博士的定員和太學郡國學校的設置》,《宗周禮樂文明考論》,杭州:浙江大學出版社,1999年,第464—518頁。

② 班固:《漢書》卷三〇,第1723頁。

③ 范曄:《後漢書》卷七九下,北京:中華書局,1965年,第2581頁。

④ 王國維:《漢魏博士考》,《王國維全集》第8卷,杭州:浙江教育出版社,2010年,第110—111頁。

⑤ 杜佑:《通典》卷一三,北京:中華書局,1988年,第319頁。

“視之爲經”①,但與作爲正經的五經相比,其地位差别還是非常明顯的。在漢人看來,五經與《論語》《孝經》屬於兩個不同的文化系統,五經是傳承先王之道的經典,是治國平天下的根本依據,故立於廟堂之上,由博士官專門執掌。而《論語》《孝經》只是五經這個“大國”附庸,或王國維所説的經學的“預科”,故稱之爲傳記,主要教人日常行爲的基本規範、内容淺顯,與治國平天下的大道理相差較遠,故不得立於學官,所以王國維説“無以此二書專門名家者”。其書寫的竹簡也僅爲一尺二寸或八寸,以别於正經的二尺四寸。② 漢元帝時丞相匡衡説:“六經者聖人所以統天地之心,著善惡之歸,明吉凶之分,通人道之正,使不悖于其本性者也。故審六藝之指,則人天之理可得而和,草木昆蟲可得而育。此永永不易之道也。及《論語》《孝經》,聖人言行之要,宜究其意。”③匡衡認爲六經所載的是“人天之理”,甚爲高大深遠,而《論語》《孝經》則只是聖人“言行之要”,是貼近身邊的道理,二者的地位高下由此可判。這種觀念在後世仍有重要影響,如南齊時議立《孝經》博士,陸澄即云:“《孝經》小學之類,不宜列在帝典。”④

從漢代博士弟子的考試内容看,五經與《論語》《孝經》的差别也是很明顯的。漢代博士弟子的考試稱“設科射策”,其考試内容就是五經,結果也以通經的數量爲標準。如《漢書·儒林傳》稱“一歲輒皆試,能通二藝以上,補文學掌故缺”⑤,漢桓帝永壽二年(156)下詔:“復課試諸生,補郎、舍人。其後復制:學生滿二歲,試通二經者,補文學掌故;其不能通二經者,須後試復隨輩試,試通二經者,亦得爲文學掌故。其已爲文學掌故者,滿二歲,試能通三經者,擢其高第,爲太子舍人;其不得第者,後試復隨輩試,第復高者,亦得爲太子舍人。已爲太子舍人,滿二歲,試能通四經者,擢其高第,爲郎中;其不得第者,後試復隨輩試,第復高者,亦得爲郎中。已爲郎中,滿二歲,試能通五經者,擢其高第,補吏,隨才而用;其不得第者,後試復隨輩試,第復高,亦得補吏。”⑥在這些記載中,都以通經(藝)數量爲標準,而《論語》《孝經》則没有納入考試範圍。不過,《論語》曾在東漢時被納入考試的“預科”。東漢時徐防曾提出關於博士弟子考試的改革意見:“臣以爲博士及甲乙策試,宜從其家章句,開五十難以試之。解釋

① 徐復觀:《中國經學史的基礎》,《徐復觀論經學史二種》,上海:上海書店出版社,2006年,第149頁。

② 《儀禮疏》卷二四《聘禮疏》引鄭玄《論語序》云:“《易》《詩》《書》《禮》《樂》《春秋》,策皆尺二寸;《孝經》謙,半之;《論語》八寸策者,三分居一,又謙焉。”(影印阮刻《十三經注疏》本,北京:中華書局,1980年,第1072頁上欄)。據校勘記(第1076頁中欄),“尺二寸”當作“二尺四寸”。

③ 班固:《漢書》卷八一,第3343頁。

④ 蕭子顯:《南齊書》卷三九,北京:中華書局,1972年,第683頁。

⑤ 班固:《漢書》卷八八,第3594頁。

⑥ 杜佑:《通典》卷一三,第318頁。

多者爲上第,引文明者爲高説;若不依先師,義有相伐,皆正以爲非。'五經'各取上第六人,《論語》不宜射策。"李善注引《東觀記》載防上疏曰:"試《論語》本文章句,但通度,勿以射策。冀令學者務本,有所一心,專精師門,思核經意,事得其實,道得其真。"①從徐防的上疏看,射策内容是五經家法,"《論語》不宜射策",而僅"試《論語》本文章句,但通度,勿以射策",即雖然也要考《論語》,但只要講通章句文義即可,這可視爲一種"預科"性質的考試,而《孝經》則因内容過於簡單仍無資格加入考試。徐防上疏後,"詔書下公卿,皆從防言",其意見得到實施。由此可見,在漢代的經學考試中,五經始終是考試的核心内容,《論語》曾作爲"預科"考試内容,《孝經》則被排除在考試之外。

綜上所述,在漢代博士學官制度下,五經是正經,立於學官,由博士分經執掌,學者也多採取專經學習的方式。《論語》《孝經》是五經的附庸,雖然有助於個人修養和品格提升,但相對於記載治國平天下的大道理的五經,只具有初級的、附屬性的意義,所以它只是一種兼習,而不被立於學官。在經學考試中,《論語》也只是一種"預科"性考試,而《孝經》排除在考試之外。

(二)魏晉南北朝經書界限的模糊

漢代以後至南北朝,經學走向衰落,博士官學被邊緣化,五經與《論語》《孝經》的界限也開始模糊,經書的概念變得籠統、混亂,初步形成的"正經—兼經"架構被暫時打破。

首先,《論語》《孝經》開始與五經並立於學官。三國時期,《論語》《孝經》開始被立於學官。《三國志・王肅傳》稱:"初,肅善賈、馬之學,而不好鄭氏,采會同異,爲《尚書》《詩》《論語》《三禮》《左氏》解,及撰定父朗所作《易傳》,皆列於學官。"②此條資料僅稱王肅注《論語》立於學官,而不言王肅《孝經傳》立學官事,程蘇東引邢昺《孝經疏》云:"王肅《孝經傳》首有司馬宣王奉詔令諸儒注述《孝經》,以肅説爲長。"程認爲"據此條可知,王注《孝經》實亦具官學之身份",③此可證王注《論語》《孝經》在三國時立於學官。西晉初置十九博士,《宋書・禮志》載東晉初荀崧上書云:"世祖武皇帝……先儒典訓,賈、馬、鄭、杜、服、孔、王、何、顔、尹之徒,章句傳注衆家之學,置博士十九人。"④對於此十九博士具體所掌,學界有不同看法。⑤《宋書・禮志》又載東晉初

① 范曄:《後漢書》卷四四,第1501—1502頁。

② 陳壽:《三國志》卷一三,北京:中華書局,1959年,第419頁。

③ 程蘇東:《從六藝到十三經:以經目演變爲中心》,第406頁。

④ 沈約:《宋書》卷一四,北京:中華書局,1974年,第360頁。

⑤ 可參程蘇東:《從六藝到十三經:以經目演變爲中心》,第436頁。

博士制度云:"太興初,議欲修立學校,唯《周易》王氏,《尚書》鄭氏,《古文》孔氏,《毛詩》《周官》《禮記》《論語》《孝經》鄭氏,《春秋左傳》杜氏、服氏各置博士一人,其《儀禮》《公羊》《穀梁》及鄭《易》,皆省不置博士。"①《經典釋文·序録》云:"江左中興,《孝經》《論語》共立鄭氏博士一人。"②可見,東晉初的博士共九人,其中《孝經》《論語》合占一個名額,而東晉初的博士員額顯然是在西晉博士員額的基礎上精簡而成,其稱"《儀禮》《公羊》《穀梁》及鄭《易》,皆省不置博士",可見,《論語》《孝經》博士當是沿襲西晉所立者,則西晉十九博士中,亦當有《論語》《孝經》博士。宋初,《論語》《孝經》仍與他經一起置於學官。《宋書·百官志》云:"《周易》《尚書》《毛詩》《禮記》《周官》《儀禮》《春秋左氏傳》《公羊》《穀梁》各爲一經,《論語》《孝經》爲一經,合十經,助教分掌。"③梁陳時,《論語》《孝經》亦列於國學,《隋書·經籍志》稱《孝經》"梁代安國及鄭氏二家並立國學",④《論語》"梁陳之時,唯鄭玄、何晏立於國學"。⑤又《梁書·武帝紀》云:"三月庚午,侍中、領國子博士蕭子顯上表置《制旨孝經》助教一人,生十人,專通高祖所釋《孝經義》。"⑥專爲梁武帝解釋《孝經》的書立一學官。就北朝看,北魏道武帝天興二年(399),"初令五經群書各置博士,增國子太學生員三千人"。⑦五經群書,似當理解爲五經及群書,《論語》《孝經》既非五經,必屬於群書之内。《周書·高昌傳》在論及高昌國文化情況時稱:"有《毛詩》《論語》《孝經》,置學官弟子,以相教授,雖習讀之,而皆爲胡語。"⑧以上材料充分表明,在魏晉南北朝時代,《論語》《孝經》常與五經一起被立於學官,成爲專門之學,二者專攻與兼習的界限趨於模糊。

其次,當時人不再對五經與《論語》《孝經》有嚴格區分。據前人研究,至遲到三國時期,七經之稱已經出現,雖然學界對於七經究竟何指有不同看法,但比較可信的説法是五經外加《論語》《孝經》。翻閲六朝史傳,言及時人所學,《論語》《孝經》往往與五經雜列,不復區分,此類例子甚多。《魏書·崔浩傳》載浩上表云:"太宗即位元年,敕臣解《急就章》《孝經》《論語》《詩》《尚書》《春秋》《禮記》《周易》,三年成迄。"⑨可見,在當時官方的視野中,《孝經》《論語》甚至包括《急就章》與五經都具有同等的地位。

---

① 沈約:《宋書》卷一四,第361頁。

② 陸德明:《經典釋文·序録》,北京:中華書局,影印《通志堂經解》本,1980年,第15頁。

③ 沈約:《宋書》卷三九,第1228頁。

④ 魏徵等:《隋書》卷三二,北京:中華書局,1973年,第935頁。

⑤ 魏徵等:《隋書》卷三二,第939頁。

⑥ 姚思廉:《梁書》卷三,北京:中華書局,1973年,第76頁。

⑦ 魏收:《魏書》卷二,北京:中華書局,1974年,第35頁。

⑧ 令狐德棻:《周書》卷五〇,北京:中華書局,1971年,第915頁。

⑨ 魏收:《魏書》卷三五,第825頁。

而到陳朝陸德明撰《經典釋文》,《論語》《孝經》《爾雅》則與五經完全並列。

總體來説,魏晉南北朝時代是經學制度衰落的時期,博士學官制度雖然仍在運轉,但作用明顯削弱,博士成爲一種閑散官員。因此,這一時期的經學主要是民間經學家在發揚、傳承。程蘇東説:"在整個魏晉南朝,官學教育在整個國家文化生活中的影響力非常有限,而這一點在十六國、北朝似乎體現的更加明顯。從經學史的角度而言,家學與私學,才是此期北方經學傳承的主要形式。"①正是由於缺乏官方制度的準確定義,才導致經書範圍没有明確的標準,《禮記》、春秋三傳、《孝經》《論語》等皆與五經並駕齊驅。因此,"正經—兼經"架構在這一時期並没有明顯的體現。

二　從唐至宋:"正經—兼經"架構的確立

隋朝設立科舉制度,是中國政治史和文化史上一件劃時代的大事,也使經學在博士制度衰落之後,在官方體制中有了新的容身之所。在科舉制中,"正經—兼經"架構得以最終確立。

(一)唐至北宋"正經—兼經"架構的形成及其特色

隋代科舉初創,制度尚不完善,而且由於國祚短暫,實行未久。唐代繼承了科舉制度並進一步完善。唐代科舉考試科目衆多,其最主要者爲明經、進士二科。《唐六典》卷二述吏部考功員外郎職能時載明經科考試制度云:

> 正經有九:《禮記》《左傳》爲大經,《毛詩》《周禮》《儀禮》爲中經,《周易》《尚書》《公羊》《穀梁》爲小經。通二經者,一大一小,若兩中經;通三經者,大、小、中各一;通五經者,大經並通。其《孝經》《論語》並須兼習。諸明經試兩經,進士一經,每經十帖。《孝經》二帖,《論語》八帖。每帖三言,通六已上,然後試策:《周禮》《左氏》《禮記》各四條,餘經各三條,《孝經》《論語》共三條,皆録經文及注意爲問。②

這裏正式提出"正經"的概念,與之相對的是《孝經》《論語》等兼習之經,實際上可以簡稱爲"兼經"。正經雖有九部,但仍是漢代五經的框架,只是禮類增加了《周禮》《儀禮》,《春秋》則爲"三傳"取代。九經根據篇幅大小分大、中、小三類,考生也不必九經全學,而只需選學若干種,這與漢代專守一經類似。兼經對所有的明經科考生來説是必考科目。

這種"正經—兼經"的經書框架不僅用於明經科考試,在其他很多種考試中都普

① 程蘇東:《從六藝到十三經:以經目演變爲中心》,第494頁。

② 李林甫等:《唐六典》卷二,北京:中華書局,1992年,第45頁。小字爲原文小注,下同。

遍採用。例如童子科:"凡童子科,十歲以下能通一經及《孝經》《論語》,卷誦文十,通者予官;通七,予出身。"[①]再如針對弘文館、崇文館學生的考試,"凡弘文、崇文生,試一大經、一小經,或二中經,或《史記》《前後漢書》《三國志》各一,或時務策五道。經史皆試策十道。經通六,史及時務策通三,皆帖《孝經》《論語》共十條,通六爲第"。[②] 再如孝廉科,代宗寶應二年(763),禮部侍郎楊綰上疏請求設孝廉科,在注重考察品行的同時,以經學爲主要考試内容,考試方法是:"孝廉各令精通一經,其取《左氏傳》《公羊》《穀梁》《禮記》《周禮》《儀禮》《毛詩》《尚書》《周易》,任通一經,每經問義二十條。皆取旁通諸義、務窮根本……又《論語》《孝經》皆聖人深旨,《孟子》亦儒門之達者。其學官望兼習此三者共爲一經,其試如上。"[③]選一經爲正經,而以《論語》《孝經》《孟子》爲兼經。有的官署的入職考試也採用此模式,如敦煌出土《唐永徽東宫職員令殘卷》載:"其通經文義者,試一中經、一小經以上及《孝經》《論語》十條得六以上。其白讀者,試一大經、一小經,或一中經一小經,皆兼《孝經》《論語》。其試經帖,各率十條得六以上。"[④]這是唐高宗永徽年間(650—655)"東宫諸府職事官三品以上,欲選拔記室、功曹等府佐時的考試辦法"。[⑤] 大曆年間趙匡提出改革科舉的建議,云:"立身入仕,莫先于禮,《尚書》明王道,《論語》詮百行,《孝經》德之本,學者所宜先習。其明經通此,謂之兩經舉,《論語》《孝經》爲之翼助……外更通《周易》《毛詩》,名四經舉。加《左氏春秋》,爲五經舉……其但習《禮記》及《論語》《孝經》,名一經舉。"[⑥]他提出了一經舉、兩經舉、四經舉、五經舉等科目,而每一種科目都必須兼考"《論語》《孝經》"。

九經作爲唐代官方規定的正經,一直到宋代均無變化,但兼經所含經書則常常有變化,除了《論語》《孝經》是比較固定的兼經,以及上文提到《孟子》曾短暫作爲兼經之外,[⑦]《老子》《爾雅》乃至帝王聖訓等都曾作爲兼經。唐朝皇帝奉老子爲始祖,因此《老子》一書在唐代具有特殊重要的地位。《唐會要》卷七五載:

---

① 歐陽修、宋祁:《新唐書》卷四四,北京:中華書局,1975 年,第 1162 頁。

② 歐陽修、宋祁:《新唐書》卷四四,第 1162 頁。二館學生多爲皇親國戚或功臣的子孫,《新唐書》又載:"凡館二:門下省有弘文館,生三十人;東宫有崇文館,生二十人。以皇緦麻以上親,皇太后、皇后大功以上親,宰相及散官一品、功臣身食實封者、京官職事從三品、中書黄門侍郎之子爲之。"(卷四四,第 1160 頁)

③ 王溥:《唐會要》卷七六,京都:中文出版社,1978 年,第 1396 頁。

④ 池田温、岡野誠撰,高明士譯:《敦煌、吐魯番所發現的唐代法制文獻》,《法律文化研究》第 13 輯,北京:社會科學文獻出版社,2019 年,第 28 頁。爲方便閲讀,原文中的補字已全部改爲正文。

⑤ 高明士:《試釋唐永徽職員令殘卷的試經規定》,《敦煌文藪》下,臺北:新文豐出版公司,1999 年,第 20 頁。

⑥ 杜佑:《通典》卷一七,第 421 頁。

⑦ 楊綰奏請設立的孝廉科,代宗批准"與舊法兼行",然不久即於建中元年罷廢(《唐會要》卷七六,第 1396 頁),故知此期間《孟子》曾作爲兼經進行考試。

上元元年十二月二十七日,天后上表曰:"伏以聖緒出自元元,五千之文,實惟聖教,望請王公以下、内外百官,皆習老子《道德經》。其明經咸令習讀,一準《孝經》《論語》。所司臨時策試,請施行之。"至二年正月十四日,明經咸試《老子》策二條,進士試帖三條。①

據此,上元元年(674)之前,兼經只有《孝經》《論語》,此後加入《老子》,這是《老子》第一次以兼經地位參與科舉考試,體現了唐政府對《老子》和道家的尊崇。又云:"長壽二年三月,則天自製《臣範》兩卷,令貢舉人習業,停《老子》。"②此蓋因武則天登位,改李唐爲武周,故於長壽二年(693)廢《老子》,而將其自作之《臣範》兩卷作爲兼經。又云:"神龍元年二月二日敕文:'天下貢舉人,停習《臣範》,依前習《老子》。'"③神龍元年(705),李隆基發動政變,武則天退位,恢復唐朝,故停《臣範》而復《老子》。又云:

天寶元年四月三日敕:"自今已後,天下應舉,除崇元學生外,自餘所試《道德經》,宜並停。仍令所司更别擇一小經代之。"其年加《爾雅》以代《道德經》。④

唐玄宗開元二十九年(741)設立道舉一科,單獨以道家經典老、莊、列、文等爲考試内容,故明經科不再以《老子》爲兼經,而以《爾雅》代之。然《爾雅》只是訓詁書,無關義理,故唐德宗貞元元年(785)又敕:"比來所習《爾雅》,多是鳥獸草木之名,無益理道,自今已後,宜令習老子《道德經》,以代《爾雅》。"⑤然至十二年(796),"國子司業裴肅奏:'《爾雅》博通詁訓,綱維六經,爲文字之楷範,作詩人之興詠,備詳六親九族之禮,多識鳥獸草木之名,今古習傳,儒林遵範……伏請依前加《爾雅》。'奉敕:'宜准天寶元年四月三日敕處分。'"⑥又恢復了《爾雅》的兼經地位。從以上過程可見,因帝王好尚不同,兼經增減無常,《老子》和《爾雅》或興或廢,甚至還出現以武則天自作之書《臣範》作爲兼經的情況,但總體來説《孝經》《論語》的兼經地位則比較穩定。

北宋初期到熙寧變法之前大體繼承了唐代的科舉制度,但更加突出進士科,其餘科目則統稱"諸科"。《宋史・選舉志》云:"初,禮部貢舉,設進士、九經、五經、開元禮、三史、三禮、三傳、學究、明經、明法等科。"⑦其中與經學有關的科目是九經、五經、三禮、三傳、學究、明經等,除了三禮、三傳專業性較強,無兼經考試之外,另外的科目,其

① 王溥:《唐會要》卷七五,第1373頁。
② 王溥:《唐會要》卷七五,第1373頁。
③ 王溥:《唐會要》卷七五,第1373頁。敕,原文誤爲赦,據文義改。
④ 王溥:《唐會要》卷七五,第1374頁。
⑤ 王溥:《唐會要》卷七五,第1374頁。
⑥ 王溥:《唐會要》卷七五,第1374頁。
⑦ 脱脱等:《宋史》卷一五五,北京:中華書局,1977年,第3604頁。

考試形式亦多採用"正經—兼經"的模式。如九經科:

九經,舊是六場十八卷,帖經、墨義相半,今作六場十四卷,並對墨義。第一場《春秋》《禮記》《周易》《尚書》各五道爲二卷;第二場《周禮》《儀禮》《公羊》《穀梁》各五道爲四卷;第三場《毛詩》《孝經》《論語》《爾雅》各五道爲二卷;第四場《禮記》二十道爲二卷;第五場《春秋》二十道爲二卷;第六場《禮記》《春秋》各十道爲二卷。①

再如五經科:

五經,舊是六場十一卷,帖經、墨義相半,今作六場七卷,並對墨義。第一場《禮記》《春秋》共十道爲一卷;第二場《毛詩》《周易》各五道爲二卷;第三場《尚書》《論語》《爾雅》《孝經》各三道爲一卷;第四場第五場《春秋》《禮記》逐場各十道爲二卷;第六場《禮記》《春秋》共十道爲一卷。②

再如學究一經科:

學究,《毛詩》對墨義五十條,《論語》十條,《爾雅》《孝經》共十條。《周易》《尚書》各二十五條。③

以上三科均以《孝經》《論語》《爾雅》爲兼經。宋仁宗嘉祐二年(1057)別置獨立的明經科,其考試方法爲:

其明經科並試三經,謂大經、中經、小經各一也。以《禮記》《春秋左氏傳》爲大經,《毛詩》《周禮》《儀禮》爲中經,《周易》《尚書》《穀梁傳》《公羊傳》爲小經。其《禮記》爲大經者,許以《周禮》《儀禮》爲中經,習《春秋左氏傳》者,許以《穀梁傳》《公羊傳》爲小經。每經試墨義、大義各十道,仍帖《論語》《孝經》十道,分八場,以六通爲合格。④

此新設之明經科則以《孝經》《論語》爲兼經,無《爾雅》。不僅明經諸科考試有兼經,其他科目中也往往有兼經。如明法科:"明法,對律令四十條,兼經並同《毛詩》之制。"⑤毛詩之制,即上引學究毛詩科的兼經《論語》《爾雅》《孝經》。

① 徐松輯:《宋會要輯稿·選舉三》,北京:中華書局,1957年,第4275頁。毛詩,原作毛經,據文義改。

② 徐松輯:《宋會要輯稿·選舉三》,第4276頁。

③ 馬端臨:《文獻通考》卷三〇,北京:中華書局,2011年,第875頁。學究一經以《毛詩》爲一科,《周易》《尚書》合爲一科。

④ 徐松輯:《宋會要輯稿·選舉三》,第4278頁。

⑤ 馬端臨:《文獻通考》卷三〇,第875頁。

在唐宋科舉制度中,正經與兼經有明顯的地位差别。九經是正經,是士人學習的主業,《論語》等則是兼習之經,是附屬性的,甚至不是嚴格意義上的經。衆所周知,唐代所刻開成石經,包括九經及《論語》《孝經》《爾雅》十二部經書,但唐人僅稱之爲九經,而絶無十二經之名,《論語》等三書僅附帶提及,如《唐會要》載:"(太和七年)十二月,敕於國子監講論堂兩廊,創立石壁九經,並《孝經》《論語》《爾雅》,共一百五十九卷。"①又如《舊唐書·鄭覃傳》云:"又進石壁九經一百六十卷。"②又《舊唐書·文宗紀》云:"(開成二年十月)癸卯,宰臣判國子祭酒鄭覃進石壁九經一百六十卷。"③可見,在當時的話語中,兼經不被列爲經數,只是作爲正經的附庸而存在。再從考試方法看,正經安排在第一場,兼經則次於正經考試;正經試題較多,兼經試題較少;正經試題複雜,兼經試題簡單。這些區别從上引諸多實例中均可證實,如上引《唐六典》所載帖經制度,正經十帖,《孝經》二帖、《論語》八帖,後二者之和才與正經試題相等;所試弘文館學生,經史皆試策十道,《孝經》《論語》不試策,僅帖經十條,又上引宋代重設之明經科考試,正經試墨義、大義各十道,而作爲兼經的《論語》《孝經》僅帖經十道,試策、墨義、大義顯然比帖經難度大;楊綰所奏孝廉科,《論語》《孝經》《孟子》共爲一經,也就是説,三經考題之和才與一正經相同;宋學究科,正經《毛詩》墨義五十條,而兼經僅二十條,其中《論語》十條,《爾雅》《孝經》共十條。可見,正經在考試中權重更大,處於主導地位。

(二)正經與兼經的内部變革

從熙寧變法開始,科舉考試有了較大的變革,尤其是正經與兼經的内涵都有了很大變化。熙寧四年(1071)二月,朝廷對科舉考試進行重大改革:

> 中書言:"明經及諸科欲行廢罷,取元解明經人數增解進士,及更俟一次科場,不許諸科新人應舉,漸令改習進士……今定貢舉新制,進士罷詩賦、帖經、墨義,各占治《詩》《書》《易》《周禮》《禮記》一經,兼以《論語》《孟子》。每試四場,初本經,次兼經,並大義十道④,務通義理,不須盡用注疏。次論一首,次時務策三道,禮部五道。禮部五道,當考。中書撰大義式頒行。"從之。⑤

這一改革在科舉史上有重要意義,它罷除了其他各科,唯留進士科,而進士考試内容,

---

① 王溥:《唐會要》卷六六,第1162頁。

② 劉昫等:《舊唐書》卷一七三,北京:中華書局,1975年,第4492頁。

③ 劉昫等:《舊唐書》卷一七下,第571頁。

④ "並大義十道",《宋史》卷一五五引文於其下注云:"後改《論語》《孟子》義各三道。"(第3618頁)

⑤ 李燾:《續資治通鑒長編》卷二二〇熙寧四年二月丁巳,北京:中華書局,2004年,第5334頁。

也由原來的以詩賦文辭爲主，改爲以經義爲主，標誌着儒家經學開始在科舉考試中佔據中心地位。在考試内容方面，雖然保留了“正經+兼經”的模式，但其各自内涵則發生了重大變化。在正經方面，將唐以來延續數百年的九經精簡爲《易》《詩》《書》《周禮》《禮記》五種，這是王安石打造的“新五經”，《春秋》被認爲是“斷爛朝報”，所以《春秋》及三傳被排除，而《周禮》被王安石尊爲周公治太平之跡，成爲其變法的重要經典依據，故又增加《周禮》以合“五經”之數。這一變革顯示了經書由繁趨簡、由九經回歸五經的趨勢，爲後世基本沿用。正經考試方式也趨於簡化，一反過去那種一經、二經、三經、五經、九經以及大經、中經、小經等複雜名目，而僅要求從五種正經中任選一經進行考試。在兼經方面，“論孟”組合首次出現，《孟子》首次與《論語》並列成爲兼經，①而《孝經》《爾雅》被排除，這是北宋《孟子》升格運動在科舉制度上的重要體現。

總體來説，這次變革奠定了一個基本趨向，即正經趨簡，由九經向五經、六經回歸，兼經則由《論語》《孝經》組合向《論語》《孟子》組合轉向。從北宋後期到南宋，關於考試内容和形式有多次反復變革，考經義與考詩賦又經歷了多次分合，但這一基本趨向没有太大變化。元祐元年（1086）八月，變法派失勢，《春秋》重新恢復正經地位，五經變成六經：

> 八月二十一日，禮部言：“元豐貢舉：令諸進士于《易》《詩》《書》《周禮》《禮記》各專一經，今太學已置《春秋》博士，乞于上條内《禮記》字下添入《春秋》二字。”從之。②

這一六經體系爲南宋所繼承並成爲一種新的固定話語（詳下）。哲宗元祐時討論恢復設立詩賦取士，如元祐四年（1089）四月十八日：

> 禮部言：“經義兼詩賦進士聽習一經，第一場試本經義二道，《論語》或《孟子》義一道……經義進士並習兩經，以《詩》《禮記》《周禮》《左氏春秋》爲大經，《書》《周易》《公羊》《穀梁》《儀禮》爲中經，願習二大經者聽，即不得偏占兩中經，其治《左氏春秋》者，不得以《公羊》《穀梁》爲中經。第一場試本經義三道，《論語》義一道；第二場本經義三道，《孟子》義一道；餘如前……”並從之。③

---

① 北宋時期《孟子》地位雖有所上升，但在熙寧變法前，《孟子》的經書地位未被官方正式承認。仁宗慶曆年間修成的《崇文總目》把《孟子》置於子部儒家類，嘉祐年間所刻石經有《論語》《孝經》而無《孟子》，後世流傳拓本中有《孟子》，實爲元代所補，詳細考證可參顧永新《關於嘉祐石經的幾個問題》，《儒家典籍與思想研究》第5輯，北京：北京大學出版社，2013年，第114頁。王安石好《孟子》，所以他當政之後，便將《孟子》納入科舉考試，從而使《孟子》正式升格爲經。

② 徐松輯：《宋會要輯稿·選舉三》，第4286頁。

③ 徐松輯：《宋會要輯稿·選舉三》，第4286頁。

將進士分經義兼詩賦進士和經義進士兩種,前者考試内容與熙寧新法時略同,後者則區分大經中經,選擇模式略顯複雜,顯示出傳統九經系統仍有其影響。而兩種進士皆以《論語》《孟子》爲兼經,顯示《孟子》的兼經地位得到進一步確認。其後,經義、詩賦或分或合,又有多次變更。如紹聖元年(1094)廢除詩賦進士,專以經義取士,其辦法則與上述經義進士同。[①] 南宋紹興六年(1136)恢復元祐時分經義兼詩賦、不兼詩賦兩科取士之法,考試内容略有調整:

> 一,兼詩賦人,許於《易》《詩》《書》《周禮》《禮記》《春秋》正經内治一經,仍兼習《論語》《孟子》。……第一場經義一道,《論語》或《孟子》義一道……
>
> 一,不兼詩賦人,許治《易》《周禮》,或治《禮記》《詩》,或治《春秋》《書》。各治兩經,仍兼習《論語》《孟子》。……第一場《易》《詩》《書》經義三道,《論語》義一道;第二場《周禮》《禮記》《春秋》經義三道,《孟子》義一道……[②]

紹興十三年(1143)合經義、詩賦爲一科,"第一場大經義三道,《論語》《孟子》義各一道"。[③] 十五年又分開,"試經義人,第一場本經義三道,《論語》《孟子》義各一道",[④]此後又有分合之反復,但終南宋之世,詩賦進士與經義進士分開是主流,[⑤]考試内容也未有大的變化,而經義考試的内容也一直是,正經由六經選考一經,兼經爲《論語》《孟子》。

綜上可見,熙寧變法之後到南宋,正經與兼經都出現了新變化。正經在南宋時逐漸確定爲《易》《詩》《書》《周禮》《禮記》《春秋》六經,亦即在王安石新定五經的基礎上恢復《春秋》一經。這一六經制度成爲南宋官方法定的經學制度,被稱爲"新六經"。南宋兩浙東路茶鹽司刻諸經注疏只有此六經,黄唐跋《禮記註疏》云:"浙本司舊刊《易》《書》《周禮》,正經注疏萃見一書,便於披繹,它經獨闕。紹熙辛亥仲冬,唐備員司庾,遂取《毛詩》《禮記》疏義,如前三經編彙,精加讎正。……乃若《春秋》一經,顧力未暇,姑以貽同志。"[⑥]可見,在黄唐的意識中,正經就是指《易》《書》《周禮》《毛詩》《禮記》《春秋》六經。關於新六經的成立,程蘇東有詳細探討,他指出:"在紹興十三年(1143)以後,南宋的官方文件開始使用一個新的概念:六經……其具體所指即是《周易》《尚書》《毛詩》《周禮》《禮記》《春秋》,與九經相比的主要變化是廢《三傳》而獨尊

① 徐松輯:《宋會要輯稿・選舉三》,第4289頁。
② 丁度等:《禮部韻略》附《貢舉條式》,《景印文淵閣四庫全書》第237册,第322頁。
③ 李心傳:《建炎以來係年要録》卷一四八,《景印文淵閣四庫全書》第327册,第69頁。
④ 徐松輯:《宋會要輯稿・選舉四》,第4304頁。
⑤ 參張希清:《中國科舉通史・宋代卷》,上海:上海人民出版社,2015年,第51頁。
⑥ 黄唐:《禮記正義跋》,見《禮記正義》卷尾,南宋紹熙三年兩浙東路茶鹽司刻宋元遞修本。

《春秋經》以及剔除了《儀禮》。"[①]這一六經體系正式取代了九經,作爲一個新的"話語"沿用數百年,一直持續到元代。正如程先生所説:"新的'六經'取代了唐代以來的'九經',成爲儒家典籍的核心。"[②]程蘇東引用元人劉實所著的《敏求機要》語云:"《周易》《詩》《書》並《禮記》《周禮》《春秋》六經。是總合二《禮》爲五經。"並斷定:"在元代'四書五經'的科舉制度實行以前,士人心目中的正經,仍然是南宋科舉制度中建立起的這套'六經',數百年的沿革使它像西漢的'五經'、唐北宋的'九經'一樣,成爲一個固定的專有名詞爲士人所稱述。"[③]

另一方面,隨着理學家對《孟子》的推崇,《孟子》的兼經地位漸趨穩定,《論語》《孟子》構成一個穩固的兼經組合,目録學家尤袤(1127—1194)的《遂初堂書目》首次把《孟子》列入經部,附於《論語》類。其後,陳振孫(約1183—約1262)的《直齋書録解題》把《孟子》與《論語》合爲"語孟類",置於經部"孝經類"之後,可見《論》《孟》組合在當時的影響日漸擴大。而《孝經》因其思想缺乏形上思維而不爲理學家所重視,不爲時代風潮所欣賞,自王安石以《孟子》取代《孝經》的兼經地位後,宋元以來的士人多輕視《孝經》。元釣滄子所撰《孝經管見序》云:"荆公執政,卑視此經,大廷不以策士,史館不以進講,家之長老不以垂訓子孫,學之師傅不以課誨弟子,此經非特不爲治平之具,且蒙習亦弁髦之矣。"又《後序》云:"《孝經》廢弛日久,士尚奇詭之學,視此若土苴,談而及之,反脣而譏,掩口而笑,不以爲迂則以爲腐,冰炭蕕薰兩不相合。"[④]可見宋元時代《孝經》的落寞。《爾雅》又僅是不講義理的訓詁書,更不爲人重視,故自然被排除出兼經之外。

綜合本節所述,從唐代到元代重行科舉之前,是科舉制度發展的前半段,就這一階段的經學考試而論,正式形成了穩固的"正經—兼經"模式,正經是主體,地位優於兼經,兼經附屬於正經。以熙寧變法爲界又可以分爲前後兩個時期,前一時期正經爲九

---

① 程蘇東:《孟子升經考——並論兩宋正經與兼經制度》,《中華文史論叢》2010年第3期,第156—157頁。

② 程蘇東:《孟子升經考——並論兩宋正經與兼經制度》,第161—162頁。

③ 程蘇東:《從六藝到十三經:以經目演變爲中心》,第561頁。按,程先生引文有兩個問題,其一,劉實當爲劉芳實。考《四庫全書總目》卷一三七《敏求機要提要》云:"舊本題月梧劉實撰,鳳梧劉茂實注,而撰人於劉字之下實字之上空一字,疑二人兄弟本以實字連名,舊本模糊傳寫者因於撰者之名空一字也。"(北京:中華書局,1959年,第1164頁)認爲撰者應爲劉某實,所見本中間一字亡缺。又考《千頃堂書目》卷一五有"劉芳實劉茂實敏求機要十六卷",則當爲劉芳實。其二,程先生所引斷句有誤,原書以七字爲韻,故當斷爲:"周易詩書並禮記,周禮春秋六經是,總合二禮爲五經。"

④ 並轉引自朱彝尊撰、林慶彰等點校《經義考新校》卷二二七,上海:上海古籍出版社,2010年,第4116—4117頁。

經,在考試中可以選考若干種,兼經雖多經變化,但以《論語》《孝經》爲主;熙寧變法之後,正經趨於簡化,最終形成"新六經",考試方式爲選考一經,兼經則逐漸穩固爲《論語》《孟子》組合。這些變化爲元代四書五經體系的形成奠定了基礎。

三　四書五經:正經與兼經地位的翻轉

南宋時期,在官方科舉制度中,正經與兼經雖然保持了相對的穩定,但思想界却正在醞釀新的變化。

首先,兼經在《論語》《孟子》的基礎上,有進一步擴展爲《論語》《大學》《中庸》《孟子》四書的呼聲。《論語》之外的其他三書從北宋開始越來越受重視,到朱子時則明確將其並稱,並建構了一個四書的詮釋體系,使它們成爲一個相互依存的整體。朱子主張對科舉考試進行改革,並提出要以四書作爲兼經:

> 若合所當讀之書,而分之以年,使之各以三年而共通其三四之一。凡《易》《詩》《書》爲一科,而子年、午年試之;《周禮》《儀禮》及二《戴記》爲一科,而卯年試之;《春秋》及三傳爲一科,而酉年試之。義各二道,諸經皆兼《大學》《論語》《中庸》《孟子》義一道。[①]

在這一方案中朱子首次主張將四書作爲兼經納入科舉考試,意味着理學家試圖通過改造兼經體系來爲四書謀求官方地位。雖然這一方案並没有實行,但由於朱子學術影響力的擴大,四書的權威一步步建立,成爲一個穩固的經書組合。元仁宗即位的當年(至大四年,1311年),時任國子司業的吴澄提交了他的國子監改革方案:"一曰經學:《易》《詩》《書》《儀禮》《周禮》《禮記》(《大戴記》附)、《春秋》(三傳附),右諸經各專一經,並須熟讀經文,傍通諸家,講説義理度數,明白分曉。凡治經者,要兼通《小學書》及'四書'。"[②]這反映了在元代恢復科舉前夕,四書的兼經地位已經呼之欲出。

其次,兼經地位有超越正經的趨勢。如前所述,在唐宋的科舉考試中,正經與兼經具有明顯的主次關係。宋代理學興起後,理學家們高度強調《論語》《孟子》等兼經的重要性,甚至超過正經,如二程説:"學者先須讀《論》《孟》,窮得《論》《孟》,自有個要約處,以此觀他經,甚省力。《論》《孟》如丈尺權衡相似,以此去量度事物,自然見得長

---

① 脱脱等:《宋史》卷一五六,第3633—3634頁。

② 見《吴文正集》附録危素所撰年譜至大四年,《景印文淵閣四庫全書》第1197册,第923頁。

短輕重。某嘗語學者,必先看《論語》《孟子》。"[①]朱子更明確地説:"四子,六經之階梯。"[②]又云:"今學者不如且看《大學》《語》《孟》《中庸》四書,且就見成道理精心細求,自應有得。待讀此四書精透,然後去讀他經,却易爲力。"[③]他將四子與五經的關係比喻爲"熟飯"與"打禾飯"的關係:"《語》《孟》《中庸》《大學》是熟飯,看其他經,是打禾爲飯。"[④]熟飯是可以直接吃的,而打禾飯還要先把禾變成米,再把米煮成飯,這其間經過了多少曲折。在這種思想的影響下,四書的重要性漸漸超越六經,無論是讀書學習還是考試,兼經都逐漸排在正經前面,元世祖至元二十四年(1287)設立國子學,其讀書次第爲:"凡讀書必先《孝經》《小學》《論語》《孟子》《大學》《中庸》,次及《詩》《書》《禮記》《周禮》《春秋》《易》。"[⑤]在學習次序上已將四書排在六經之前。

上述兩種潛在的變化,最終體現在元代恢復後的科舉制度中。元仁宗皇慶二年(1313),朝廷下詔重行科舉(正式開科取士在延祐二年,即1315年),這是一個非常重要的標誌性事件,它实际上是將熙寧變法以來所發生的正經與兼經的新變化,用制度的形式正式確定下來,從而形成了影響中國數百年的四書五經考試體系。《元史·選舉志》详细記載了重行科舉時所規定的考試程式:

> 考試程式:蒙古、色目人,第一場經問五條,《大學》《論語》《孟子》《中庸》内設問,用朱氏章句集注,其義理精明,文辭典雅者爲中選。第二場策一道,以時務出題,限五百字以上。漢人、南人,第一場明經:經疑二問,《大學》《論語》《孟子》《中庸》内出題,並用朱氏章句集注,復以己意結之,限三百字以上;經義一道,各治一經,《詩》以朱氏爲主,《尚書》以蔡氏爲主,《周易》以程氏、朱氏爲主,已上三經,兼用古注疏,《春秋》許用三傳及胡氏傳,《禮記》用古注疏,限五百字以上,不拘格律。第二場古賦詔誥章表内科一道,古賦詔誥用古體,章表四六,參用古體。第三場策一道,經史時務内出題,不矜浮藻,惟務直述,限一千字以上成。[⑥]

上述科舉考試程式有以下幾個特點:

首先,四書首次登上科舉的舞臺。對漢人、南人,四書排在五經之前;對蒙古、色目人,則只考四書而不考五經。這就正式確立了四書在科舉考試中的核心地位。四書場

---

① 程顥、程頤:《程氏遺書》卷一八,《二程集》,北京:中華書局,2004年,第205頁。
② 黎靖德編:《朱子語類》卷一〇五,《朱子全書》第17册,上海:上海古籍出版社,2010年,第3450頁。
③ 黎靖德編:《朱子語類》卷一一五,《朱子全書》第18册,第3639頁。
④ 黎靖德編:《朱子語類》卷一九,《朱子全書》第14册,第645頁。
⑤ 宋濂等:《元史》卷八一,北京:中華書局,1976年,第2029頁。
⑥ 宋濂等:《元史》卷八一,第2019頁。

作爲頭場,不但是其地位的體現,而且對考試結果有決定性作用。明清以来,基本上都是以四書一場的成績確定去取,清乾隆九年(1744)諭云:"從來科場取士,首重頭場"四書"文三篇。士子之通與不通,總不出"四書"文之外。"①可以反映明清以來重頭場四書的風氣。

其次,五經重定爲《詩》《書》《周易》《春秋》《禮記》,至此,新的五經體系完全確立。由於《周禮》自南宋以來一直作爲六經之一,傳習者衆,驟然將其剔出經書範圍,當時引來不少人反對。元邱葵作《周禮補亡》,其序云:"今聖朝新制,以六經取士,乃置《周官》於不用,使天下之士習《周禮》者,皆棄而習他經。"又説編輯此書的目的是"萬一有觀民風者,轉而上達,使此經得入取士之科,而周公之心得暴白於天下後世,則是區區之願也",②仍寄希望於未來《周禮》地位的恢復。

第三,在考試方式上,五經任選一經的模式繼續沿用。對單個考生來説,考試内容實際僅有"四書一經"。此一經,當時讀書人稱爲"本經",爲了更加專注於本經,本經與其他諸經的區分更加嚴格,明末顧炎武在《日知録》中記載了當時一個有趣的風俗,説"今人問答之間,稱其人所習爲貴經,自稱爲敝經,尤可笑也"。③ 這種稱呼在讓人一哂的同時,也可見由於僅選一經,導致士人讀書範圍的狹隘。清乾隆五十二年(1787),鑒於選考一經造成士人讀書狹隘的問題,才將其改爲五經並試,"高宗以分經閲卷,易滋弊竇。且士子專治一經,於他經不旁通博涉,非敦崇實學之道。命自明歲戊申鄉試始,鄉、會五科内,分年輪試一經。畢,再於鄉、會二場廢論題,以五經出題並試。永著爲令。"④也就是説,一次考試五經全考,士人需要學習全部五經才能參加考試,這就改變了原來士人只選一經的制度,這一模式一直堅持到清末科舉制度廢除。

綜上可見,四書五經的科舉考試體系實際上是由傳統"正經—兼經"體系演變而來,但又有重大變革。從五經選考一種、四書所有考生皆需兼習來看,其與傳統"正經—兼經"體系有相通之處。但作爲兼經的四書成爲考試頭場,從而變成科舉考試的核心經典,而五經則成爲次場,重要性大打折扣。可以説,在四書五經體系中,正經與兼經雖然在形式上保留着,但其地位却被翻轉,四書雖類似於傳統的兼經,但實爲具有主導性的正經;五經雖由傳統正經演變而來,實則變爲了附屬性的兼經。

---

① 《清高宗實録》卷二二三乾隆九年八月戊辰條,《清實録》第11册,北京:中華書局,1985年,第879頁。

② 丘葵:《周禮補亡序》,《四庫全書存目叢書》經部第81册,濟南:齊魯書社,1997年,第4頁。

③ 顧炎武撰,黄汝成集釋:《日知録集釋》卷一六,上海:上海古籍出版社,2006年,第948頁。

④ 趙爾巽等:《清史稿》卷一〇八,北京:中華書局,1976年,第3151頁。

結　論

通過本文論述可知,在經學史上,經書存在明顯的正經與兼經的二元架構。漢代,五經作爲正經處於絶對的神聖地位,而《論語》《孝經》雖多爲士人兼習,但在制度上未完全明確其兼經地位。魏晉以降,隨着官學地位的下降,《論語》《孝經》與其他諸經界限開始模糊,同被作爲經來看待。隋唐科舉制度確立之後,"正經—兼經"的二元經書架構正式形成,正經處於主體地位,兼經是附屬性的。宋代熙寧變法之後,《論語》《孟子》組合取代《論語》《孝經》組合成爲兼經。以朱熹爲代表的理學家發揚四書,並重新定位了四書與五經的關係,認爲四書的重要性優先於五經,從此,四書漸漸駕五經而上之。元代重行科舉,以制度的形式正式確立了四書在經書系統中的核心地位。這樣,正經與兼經的地位完全翻轉。因此,可以説,整個經學史,就是正經地位逐步衰落,兼經地位逐步上升的過程。"正經—兼經"關係的歷史演變可以進行這樣形象的描述:元代以前類似於今日大學科目與中小學科目的關係,正經是大學科目,兼經是中小學科目,前者重於後者;元代重行科舉之後則類似於大學中選修課與必修課的關係,五經是選修課,四書是必修課,後者重於前者。

經學史上何以會有"正經—兼經"的二元架構?正經和兼經的關係,本質上是"經"與"子"的關係,或者準確點説,是上古先王之道與先秦儒家諸子的關係。從源始概念來説,經是先王之道的載體,而以孔子爲代表的儒家學者只是先王之道的傳承者,是一個中介。漢代關注的中心是如何吸取先王之道以治理漢家之天下,所以他們非常重視經,只是因爲孔子傳承了先王之道,所以連帶對與孔子有關的《論語》《孝經》兩部典籍發生興趣,這一思路到唐代有所弱化,但基本方向没有變化。宋代之後,全社會關注的中心問題變成了如何成聖的問題,而與聖人關係最密切的經典無疑是儒家諸子。宋人鄒浩説:"且以六經之言孰不出於聖人乎?然而其於《易》也,因伏羲之卦、文王之爻而繫之以辭而已;其於《詩》《書》也,因衆多之辭、帝王之跡而删之,以趨全而已;其於《春秋》也,因紀實之信史而修之,以示褒貶而已;其於禮樂也因固有之情文而正之,以教中和而已。要之,雖皆出於聖人,而非純乎聖人之言者也。純乎聖人之言,意其爲《論語》乎!"[①]認爲六經不是聖人之言,只是經過聖人整理,只有《論語》才是聖人之言的直接記録。從另一個角度看,經書的主要内容是上古史料,缺乏思想價值,且内容艱深,與現實距離較遠,研究經書本質上是一種考古性的學術活動;而儒家諸子則有一套

① 鄒浩:《論語解義序》,《道鄉集》卷二七,《景印文淵閣四庫全書》第1121册,第397頁。

系統的思想體系,具有很強的現實指導性,且文字淺顯,貼近生活,更容易學習和接受。到宋代,儒家學者在先秦儒家諸子著作的基礎上,開創出新的思想體系,影響深遠,更凸顯了儒家諸子的重要性。因此,儒家諸子先是作爲普及型讀物,進而是兼經,最終取代五經成爲核心經典,就比較容易理解了。

正經與兼經的矛盾運動構成經學發展史上的一個重要規律,它可以使我們對經學史上的一些問題看得更清楚。首先,跳出過去認爲經書數量是單綫遞增的觀點,而更加關注經書的内部結構及其衍變。就正經系統而言,它實際上經歷了一個不斷擴張、收縮、再擴張、再收縮的往復循環過程。最初經書僅有五經,擴展而爲漢代的十四博士,魏晉以後擴展爲衆經,唐代確定爲九經,到宋代則收縮爲五經、六經,元代科舉確定爲五經。南宋以來,民間又開始盛行十三經之説,尤其是明代有多次彙刻十三經的活動,到清代甚至有人主張進一步擴大經書範圍,如段玉裁提出二十一經的説法。這實際上又意味着經書有再次擴張的趨勢。如果中國在清代之後没有走向近代化,或許五經還會回到唐宋的九經體系。正經的這一發展過程藴含着深刻的内部矛盾,當經書少的時候,人們認爲太過狹隘、應該博學,而當經書過度膨脹時,人們又認爲應該删繁就簡、回歸原典。再就兼經而言,也不是數量的問題,而是學術體系的轉换問題。漢代尊崇《論語》《孝經》,因它們是"聖人言行之要",對日常生活有指導作用。唐代曾短暫加入《道德經》《臣軌》等,反映了特殊歷史時期的特殊因緣。宋代以後《論語》《孝經》的組合被《論語》《孟子》組合取代,進而形成四書,則是新生的理學思想體系的反映。其次,重新考察《論語》等的經書地位問題。關於《論語》何時升格爲經,曾是學界討論的一個熱點問題,①但這些討論往往缺乏對一個理論前提的探討,即如何定義經,是不是僅有一種經?經有没有强弱或層次之分?如果以本文所述"正經—兼經"的理論框架來考察這一問題,會更加清楚。在古代的皇權制度下,只有納入博士制度、科舉制度等官方制度體系的才是經書。《論語》雖然在漢代學習廣泛,考試時也常常兼考《論語》,甚至被刻入熹平石經,但它没有立於學官,不爲博士專門執掌,所以不是正經,僅被當作一種附屬於正經的兼經。到唐代,《論語》正式確立了兼經的地位,但仍是附屬於正經的。南宋以後,兼經地位逐步提高,直到元代重行科舉,正式確定四書在科舉考

---

① 僅筆者所見討論這一問題的文獻,就有楊恒平《〈論語〉列爲經書之起始時代》(《經學研究論叢》第十四輯,臺灣學生書局2006年版)、秦暉《〈論語〉是怎麽成爲經典的?》(《南方周末》2007年7月12日)、李零《喪家狗——我讀〈論語〉》(山西人民出版社2007年版),蔣非非《流傳千載的一句謊言:半部〈論語〉治天下》(《光明日報》2007年11月23日)、周熾成《〈論語〉成爲經的時間考辨》(《現代哲學》2008年第5期),丁鼎、劉文劍《〈論語〉何時成爲經典考論》(《論語學研究》第一輯,青島出版社,2018年)、徐宏勤《以〈論語〉爲例,談"離經還子"》(《管子學刊》2019年第2期)。

試中的核心地位,《論語》才成爲確定無疑的核心經典。所以,無論在漢唐還是宋元時代,不能籠統地説《論語》是不是經,而要看它是哪一種經,在經書架構中處於何種地位。

作者簡介:

曹景年,男,1983 生,山東濟寧人,尼山世界儒學中心孔子研究院助理研究員。主要研究方向爲經學史、四書學,近年代表論文論著有《海昏侯墓新出文獻與漢代"經傳合編"問題》(《管子學刊》2021 年第 1 期)、《費氏〈易〉文本編次考》(《周易研究》2021 年第 5 期)、《中國傳統經學中的子學精神——以新子學爲視角》(《諸子學刊》第 25 輯,上海古籍出版社,2022 年)、《聖・道・文:中國古代"經"觀念研究》(齊魯書社,2023 年)。

《特牲》更爵儀考

鍾　誠

《儀禮·特牲饋食禮·記》載用爵之數:"篚在洗西,南順,實二爵、二觚、四觶、一角、一散。"主人初獻用角,主婦亞獻、賓三獻用爵,長兄弟、衆賓長爲加爵用觚,酬酒用觶,佐食獻尸用散,其數相當。然讀《特牲》"賓三獻如初,燔從如初,爵止",及主人致爵主婦畢,"更爵,酌,醋",此時賓三獻之爵尚奠而未舉,二爵唯餘一爵可用,則主人何由而得"更爵"? 故知唯篚中二爵外尚有一爵,乃可行更爵之事。

賈公彦疏"更爵"云:"此賓长所獻爵,尸奠之未舉,其篚唯有一爵,得云易者,上主妇亚獻洗爵,洗爵于房中,則房中有爵。"是賈疏以堂下篚中二爵外,房中又有一爵,爲主婦亞獻所用。又云:"又主婦獻祝及佐食訖,以爵入于房,後主婦致爵于主人,還是房内爵。"主婦亞獻畢,"以爵入于房",故致爵于主人時"主婦洗爵",必爲同一爵;致爵于主人畢,主婦自醋,又以此爵"反于房",故賈疏云"還是房内爵"。疏又云:"後主人致爵于主婦者,是下篚之爵,主婦飲訖,實于房中之篚。主人更取房内之爵以酌、酢,酢訖,奠於下篚。"主人致爵于主婦,"降,洗",此時三獻爵止,堂下篚中獨留一爵,主人取而致爵于主婦,則堂下再無爵矣;致爵于主婦畢,主人乃"更爵,酌,醋",此時唯房中尚有一爵,故更爵者,更房中之爵可知。賈疏云:"'主人更爵'者,谓酌酢爵與房内爵相更。"其論甚確。

又主人主婦互致爵畢,三獻作止爵、受酢于尸、獻祝及佐食,又致爵于主人、主婦,乃"更爵,酢于主人",鄭注:"亦不承妇人爵。"前主人更房中爵自醋,"降,實爵于篚",則此時賓所更者,亦是原房中爵也。知主人得房中更爵,而賓必堂下更爵者,後主人"獻内兄弟于房中,如獻衆兄弟之儀",獻畢,主人"更爵酢",同更爵於房中。此主人有入房之宜,而賓無入房之禮。

今主婦以房中爵致于主人,遂以自醋,而以爵反于房;主人致爵主婦後,遂更房中爵以自醋,此於禮更爵而於實相襲也。大夫禮凡易爵皆于下篚,則士禮殺也。

(作者單位:清華大學人文學院歷史系)

"興起廢墜"與"制作之助"
——論朱子《儀禮經傳通解》的性質及編修原則

黄永其

内容摘要 朱子認爲三代以上的教化方式是德位合一的君師設立的禮樂制度,至於周衰,孔子有德無位,無法制作禮樂,於是轉而以整理經典的方式總結三代文明。這種總結既包括禮制實録,也包括禮義推演。《儀禮經傳通解》的編修正是對孔子整理工作的繼承,包括"興起廢墜"與"制作之助"兩方面的内容。前者指的是通過經典整理進行古禮復原,恢復三代禮樂制度的原貌,並在此基礎上附以傳文來揭明禮制背後的禮義;後者指的是以禮義爲基準,以三代禮樂爲參照,經由考索義理、損益三代禮樂來創立符合本朝的禮樂制度。

關鍵詞 朱子 《儀禮經傳通解》 禮樂

朱子晚年主持編修《儀禮經傳通解》(下簡稱《通解》),自謂此書若成,則"自此之後,便可塊然兀坐,以畢餘生,不復有世間念矣",[①]足見他對此書的重視。對於這樣一部朱子自視甚重的著作,學界已從不同方面進行了研究,涉及朱子的政治方略、宋代《儀禮》學衰落、學派之争等幾個方面,[②]基本清理了相關的背景問題。立足於已有研究,本文嘗試從朱子對三代歷史、孔子、經典體系等問題的理解出發,進一步探討《通解》的性質與編修原則。事實上,朱子本人對此書的性質有明確的説明。《乞修三禮劄子》謂是書之作,旨在"興起廢墜,垂之永久。使士知實學,異時可爲聖朝制作之

① 朱熹:《答李季章》,《朱熹文集編年評注》第5册,福州:福建人民出版社,2019年,第1845頁。

② 例如殷慧指出,《通解》是溝通經傳、經史結合的經世致用之作,也是應對永嘉、永康學術挑戰的反省與綜合之作。其目的是引導學者研習《儀禮》以糾正杜撰之風。參見殷慧:《禮理雙彰——朱熹禮學思想探微》,北京:中華書局,2019年;王志陽指出,朱子編纂《通解》的目的是糾正宋代《儀禮》學衰落的學術偏見。參見王志陽:《〈儀禮經傳通解〉研究》,北京:社會科學文獻出版社,2018年,第30頁。

助”。[1] 其子朱在指出:“(朱子)著述之旨意具存此篇。今謹繕録如右,讀者當有以識其心之所存矣。”[2]足見此語爲朱子晚年定論。可見,“興起廢墜”與“制作之助”是朱子本對於《通解》之性質的基本認識。

因此,問題的關鍵在於如何準確理解二者的内涵。事實上,對朱子而言,任何一部經典的研究,都從屬於其整體的經典體系。按朱子的理解,教化的目的就是變化人的氣質以恢復其天命之性。而孔子以前的君師的教化方式,是通過建立現實的禮樂制度,使每個人循禮復性。而孔子則有德無位,所以只能通過整理經典的方式,一方面如實記録了先王的禮樂制度,另一方面又系統總結了其中藴含的教化原理。朱子編修《通解》,繼承的正是孔子這項整理工作。“興起廢墜”指的是通過對經典的分割重排來還原三代禮樂制度的原貌,帶有明顯的歷史考古色彩。以此爲基礎,朱子進一步通過劃分經、傳來揭明“禮制”背後的“禮義”;“制作之助”指的是以“禮義”爲基準,以三代禮樂爲參照,經由考索義理、損益三代禮樂來創立符合本朝的禮樂制度。

一　興起廢墜

朱子在《大學章句序》中指出:“自天降生民,則既莫不與之以仁義禮智之性矣。然其氣質之禀或不能齊,是以不能皆有以知其性之所有而全之也。”[3]人人都有禀受自天的“天命之性”,但它會受到“氣質”的遮蔽與拘限,産生現實的人性之不齊。因此,個體需要變化氣質,使“天命之性”得到充分的展現,這正是教化的根本目的。至於教化的具體方式,朱子認爲:

> 一有聰明睿智能盡其性者出於其間,則天必命之以爲億兆之君師,使之治而教之,以復其性。此伏羲、神農、黄帝、堯、舜,所以繼天立極,而司徒之職、典樂之官所由設也。三代之隆,其法寖備,然後王宫、國都以及閭巷,莫不有學。……及周之衰,賢聖之君不作,學校之政不修,教化陵夷,風俗頽敗,時則有若孔子之聖,而不得君師之位以行其政教,於是獨取先王之法,誦而傳之以詔後世。若《曲禮》《少儀》《内則》《弟子職》諸篇,固小學之支流餘裔,而此篇者,則因小學之成功,

① 朱熹:《乞修三禮劄子》,《儀禮經傳通解》,《朱子全書》第2册,上海:上海古籍出版社;合肥:安徽教育出版社,2010年,第25頁。

② 朱熹:《乞修三禮劄子》,《儀禮經傳通解》,《朱子全書》第2册,第25頁。

③ 朱熹:《大學章句序》,《四書章句集注》,北京:中華書局,1983年,第1頁。

以著大學之明法。[①]

按朱子在此的論述,教化的發起者就是“能盡其性”的先覺者。具體來説,就是伏羲至於周公的先王。而他們開展教化的方式,則是依托其君主之位,設立禮樂制度來擴展自己的復性經驗。每個人只要置身其中,便可以循禮復性。但至於周衰,禮壞樂崩,此時的先覺者孔子雖然有聖人之德,却無君主之位,也就無法通過禮樂制度開展教化。於是,孔子轉而刪述六經,用經典的形式總結三代以前的文明傳統。這種總結包含兩個方面的内容:一方面是如實記録三代以上的禮樂制度。例如,朱子認爲:“《儀禮》,不是古人預作一書如此。初間只以義起,漸漸相襲,行得好,只管巧,至於情文極細密,極周經處。聖人見此意思好,故録成書。”[②]又如,朱子認爲《曲禮》《少儀》《内則》都是對三代小學的記録;另一方面,則是揭明這些禮樂制度中的教化原理,如《禮記》中孔子及其弟子對各種禮制義理的陳説。更寬泛地説,“四書”記載的也是這一教化原理。這一分判構成了朱子理解的經典體系的基本結構。本文對《儀禮經傳通解》的定位,正是基於這一結構展開的。

盡管孔子及其弟子對三代文明傳統進行了系統總結,但由於各方面原因,流傳下來的文獻或丟失、或錯簡、或真僞相雜,仍然處於混亂的狀態。因此,對朱子而言,必須接續孔子之業,對經典進行重新整理。朱子謂:“禮樂廢壞二千餘年,若以大數觀之,亦未爲遠,然已都無稽考處。後來須有一個大大底人出來,盡數拆洗一番,但未知遠近在幾時。”[③]而這一工作同樣包括恢復三代禮樂的原貌以及揭明禮樂背後的義理兩方面内容。就二者關係而言,朱子明確指出,前者是後者的基礎。《通解・冠義》篇首謂:

> 《冠義》第二:傳曰:禮之所尊,尊其義也。失其義,陳其數,祝史之事也。故其數可陳也,其義難知也。知其義而敬守之,天子之所以治天下也。○今按:此蓋秦火之前,典籍具備之時之語,固爲至論。然非得其數,則其義亦不可得而知矣。況今亡逸之餘,數之存者不能什一,則尤不可以爲祝史之事而忽之也。[④]

朱子認爲,《禮記・郊特牲》强調“禮義”重於具體的“禮制”,這僅適用於典籍制度完備時的情況。而在當今典籍散亡、制度不存的情況下,只有先恢復具體的禮樂制度,才能探求其背後的義理。這一點也可徵諸朱子對王安石的批評。他指出,王安石以《禮

---

① 朱熹:《大學章句序》,《四書章句集注》,第1—2頁。

② 黎靖德編:《朱子語類》卷八四,北京:中華書局,1986年,第2194頁。

③ 黎靖德編:《朱子語類》卷八四,第2177頁。

④ 朱熹:《儀禮經傳通解・冠義》,《朱子全書》第2册,第71頁。

記》爲經的做法,存在的最大問題就是顛倒了"禮制"與"禮義"之間的關係:

> 介甫一切罷去,盡令做大義。故今之禮官,不問是甚人皆可做。①
>
> 熙寧以來,王安石變亂舊制,廢罷《儀禮》,而獨存《禮記》之科,棄經任傳,遺本宗末,其失已甚。②

禮學本爲實學,雖以禮義爲重,但若離禮制而言禮義,則必然導致師心自用。更重要的是,從朱子理解的三代史來看,孔子以前,禮義寄寓於禮制中。直至孔子整理經典,才將禮義從禮制中分化出來。因此,在結構上,禮義固然爲禮制之本。但就經典的研讀而言,只有基於完整連貫的禮制,才有可能推明背後的禮義。這一關係可以概括爲:論輕重當以禮義爲重,論先後則以禮制爲先。是故《通解》編修的首要工作,便是在"禮制"層面盡可能恢復三代禮樂的原貌,也就是"古禮復原"。立足於這一目的,朱子編修禮書有三條具體原則:

第一,朱子極重視"全書"的内容。《通解》的最大特點固然是對經文進行分割重排,然朱子的首要選擇却是盡可能保存經典原貌。只有在經文確實需要重新厘定的情況下,朱子才會迫不得已採取分割重排的方式。朱子更加重視的是"全書"的内容:

> 學禮,先看《儀禮》。《儀禮》是全書,其他皆是講説。③
>
> 惟《儀禮》是古全書。④
>
> 《周禮》自是全書。如今《禮書》欲編入,又恐拆分了《周禮》,殊未有所處。⑤

究其原因,對於零碎的、片段式的記載,朱子固然可以通過重新編排對它們進行一定程度的整合,但由於文獻不足徵,這種整合仍然是有限的、不嚴密的。相比之下,"全書"則"連貫地"記録了三代禮樂的一部分,無疑更適用於恢復三代禮樂原貌的目的。正如要完成一幅拼圖,必當首先挑選出其中較大的碎片一樣。

第二,立足於古禮復原的目的,我們也可以解釋朱子爲何以《儀禮》爲經。以往我們往往認爲理學是修身之學,進而認爲《通解》以《儀禮》爲經是因爲它符合士大夫切己修身的要求。但這一解釋存在明顯的問題,因为按照朱子的理解,三代以上的禮樂制度莫非讓人學以復性,《儀禮》與《周禮》在這一點上是一致的,並不存在修身與不修身的區别。即便是《周禮》的官制,也旨在使人變化氣質。而正如前文指出的,《通解》

---

① 黎靖德編:《朱子語類》卷八四,第 2182 頁。

② 朱熹:《乞修三禮劄子》,《儀禮經傳通解》,《朱子全書》第 2 册,第 25 頁。

③ 黎靖德編:《朱子語類》卷八七,第 2225 頁。

④ 黎靖德編:《朱子語類》卷八四,第 2187 頁。

⑤ 黎靖德編:《朱子語類》卷八四,第 2187 頁。

的基礎性工作是古禮復原。從此出發,《周禮》與《儀禮》最重要的差别並非是否切己,而是對禮樂的記載是否"詳盡"。朱子謂:

> 《周官》一書,固爲禮之綱領,至其儀法度數,則《儀禮》乃其本經,而《禮記·郊特牲》《冠義》等篇,乃其義疏耳。……熙寧以來,……亦有因儀法度數之實而立文者,則咸幽冥而莫知其源。①
>
> 《周禮》只是説禮之條目,其間煞有文字,如"八法""八則""三易""三兆"之類,須各自别有書。②
>
> 《周禮》"仲春教振旅,如戰之陳",只此一句,其間有多少事。其陳是如何安排,皆無處可考究。其他禮制皆然。大抵存於今者,只是個題目在爾。③

朱子明確指出,《周禮》與《儀禮》的區别在於"禮之綱領"與"儀法度數",也即對"禮樂"的記載是否"詳盡",顯然這也是從制度復原的角度來説的。以往我們常常認爲,《通解》的結構沿用了《大學》修齊治平的理路。但事實上,禮經與《大學》畢竟是兩種不同性質的學問。即便要討論《大學》與禮經的關聯,也必須先完成復原古禮的工作。而切己、修身等問題也都必須在"儀法度數"的層面才可以理解:"儀法度數"意味着將諸儀節一一落實,具備較強的實操性。而"禮之綱領"則過於籠統,無法讓人起而行之。總之,朱子修禮的首要工作是尊重禮經自身的邏輯與特點,進行考古式的制度復原,帶有明顯的歷史、知識色彩。若以《大學》爲標準來重排禮經,則本質上仍是王安石顛倒經傳的思路,這正是被朱子批評的。

最後,從古禮復原的角度來説,衡量某一段記載是否是"經"的標準,並不在於它是否經孔子手定——儘管出於孔子及其後學之手的《儀禮》仍是其主體部分。如前所述,在朱子理解中,孔子對三代文明的整理首先是用文獻形式記載下其禮樂制度,這一理解明顯是史學的。這也就意味着,嚴格來説,只要是對三代禮樂的記録,都可納入"經"的範圍,無論它是否出自"五經",是否經過孔子手定。例如,《曲禮》《玉藻》這類"戰國士人及漢儒所裒集"④的文獻,乃至於《大戴禮記》《管子》《新書》《國語》等子書、史書的部分内容,都被朱子編入了《通解》"經"的部分。

以古禮復原工作爲基礎,朱子的進一步工作是揭明禮樂制度背後的義理。這一工作的典型表現,是將拆散的《禮記》作爲"傳"以附於"經"下,對禮樂制度進行義理的

① 朱熹:《乞修三禮劄子》,《儀禮經傳通解》,《朱子全書》第 2 册,第 25 頁。
② 黎靖德編:《朱子語類》卷八四,第 2187 頁。
③ 黎靖德編:《朱子語類》卷八四,第 2177 頁。
④ 黎靖德編:《朱子語類》卷八四,第 2187 頁。

推演,這可以説是最能體現《通解》特點的地方。《通解》雖以《儀禮》爲"經",但《儀禮》作爲"全書",朱子對它的處理方式是整篇移用,因而改動不多。相比之下,朱子對《禮記》則使用最多、拆分最散。通過對朱子修禮過程的堅實考辨,李旭已經指出,對《禮記》的處理不僅是長期困擾朱子的一個難題,也是最能體現朱子對禮學理解之獨特的地方。①

朱子到底如何處理《禮記》,直接關乎一個重要問題:《通解》的"經"與"傳"之辨。對此,葉純芳通過對《通解》如何處理《内則》《學記》《曲禮》《少儀》等篇目的分析,大體概括出了五條原則:(1)孔子之言爲經,弟子所言爲傳;(2)内容相近而散見各處者,則取其詳者而舍其略者;(3)注重一篇内容的連貫,刪去其中歧出者;(4)格言式爲經文,説解、比喻式爲傳文;(5)以説儀節者爲經文,説名物制度者爲傳文。②

要全面理解朱子處理《禮記》的原則,必須專門討論,非本文所能及。這裏僅需指明一點:朱子拆分《禮記》並以之附"經"的過程,便是由"禮制"推明"禮義"的過程。在上述五點中,第二、三點涉及的是如何處理兩處相似相近的記載,嚴格來説並不直接關乎經傳之别的問題。至於第一點,葉純芳的依據主要是朱子以《禮記・内則》爲"經",却將其中"曾子曰"一段移出。但事實上,移出這一段的真正原因,應當並不在於它是曾子之語,而是在於它是義理陳説。也就是説,第一、四、五原則都是相近的,《通解》的經、傳之别,大概可以等同於"禮制"與"禮義"之别。"經"的部分是對三代禮樂制度原貌的記載,而"傳"的部分則主要是義理性的補充説明,也包括一些制度性的説明。這當然仍是一個初步的劃分,但雖不中亦不遠。朱子謂:

> 問讀《禮記》。曰:"《禮記》要兼《儀禮》讀,如冠禮、喪禮、鄉飲酒禮之類,《儀禮》皆載其事,《禮記》只發明其理。讀《禮記》而不讀《儀禮》,許多理皆無安著處。"③

所謂"載其事"與"發明其理"指的正是禮制與禮義的關係。這具體到《通解》的編排,

---

① 李旭通過考察朱子丙申(1176,47歲)至於辛亥(1191,62歲)間禮書編修的幾個不同構想指出:"《禮記》類編是朱子編禮構思的一大關節,甚至可以説,《禮記》諸篇的區處,對於禮書架構的形成,産生結構性的影響。"參見李旭:《朱子晚歲修禮考》,清華大學2016年博士學位論文,第144頁;葉純芳則指出了《禮記》經、傳界定原則對於理解《通解》的重要性:"被他(朱子)視爲'枝葉'的《禮記》,使用最多、拆分最散,又《禮記》内容忽而爲經、忽而爲傳,違背朱熹自己所説'《禮記》爲傳'的大方向。究竟他如何區别經、傳的内容?界定《禮記》經、傳的標準爲何?是研究朱熹禮學最根本也最重要的問題。"參見葉純芳:《朱熹〈儀禮經傳通解〉對〈禮記〉經、傳的界定》,《朱熹禮學基本問題研究》,北京:中華書局,2015年,第92頁。

② 葉純芳:《朱熹〈儀禮經傳通解〉對〈禮記〉經、傳的界定》,《朱熹禮學基本問題研究》,北京:中華書局,2015年。

③ 黎靖德編:《朱子語類》卷八四,第2225頁。

第一個典型的表現,便是將《禮記》中的《冠義》《昏義》《鄉飲酒禮》《鄉射義》《學義》獨立成篇並作爲"傳",分别附於《士冠禮》《士昏義》《鄉飲酒禮》《鄉射禮》《學制》等"經"的篇目後。此外,也有將《禮記》中講制度的内容升爲"經"的,典型的一例是《内則》:

> 《内則》第五:此《小戴》第十二篇,蓋古經也。鄭氏以爲記男女居室事父母、舅姑之法,以閨門之内禮儀可則,故曰《内則》。今案:此必古者學校教民之書,宜以次於《昏禮》,故取以補經而附以傳記之説云。[①]

《内則》本爲《禮記》的一篇,是傳記的内容。但由於它是對"古者學校教民"制度的記載,涉及童子行動居處、待奉父母的諸多儀節。全篇内容一貫,且對禮樂的記載詳盡到了具體的儀法度數。出於這一考慮,朱子將之升爲"經"。同時,又將《孔子家語》《國語》《左傳》等文獻中相關的義理論述作爲"傳"以附於各段之後。例如第三部分"男女之别"之下,便附録了《家語》"孔子適季氏"一段,論述君子不宿於外與不夜處於内的理由。另外还有《國語·魯語》"公父文伯之母敬姜者"一段,在該段中,孔子則強調"男女之别,禮之大經",[②]同樣也是對禮義的説明。

第二個典型的表現,是一篇之内亦有經傳之分,這裏僅以《祭禮》之《祭法》篇爲例[③]:

> 【經】【1】《周禮·大宗伯》"大宗伯之職";【2】《曲禮》"天子祭天地"至"諸侯祭名山大川之在其地者";【3】《王制》同上;【4】《祭法》"燔柴於泰壇"至"其餘不變也",中間插入《祭法》篇首"禘郊祖宗"一段;【5】《大傳》"禮不王不禘"至"及其高祖";【6】《王制》"天子七廟"至"庶人祭於寢";【7】《王制》"天子犆礿"至"烝則不礿";【8】《祭法》"天下有王"至"死曰鬼";【9】《喪服小記》"父爲士"至"其尸服以士服";【10】《中庸》"武王末受命"至"祭以大夫";【11】《祭法》"王爲群姓立社"至"不在祀典",涉及立社、七祀、祭祀對象之定義三段。
>
> 【記】【1】《禮運》"魯之郊禘非禮也"一段;【2】《郊特牲》"諸侯之宫縣"至"非

① 朱熹:《儀禮經傳通解·篇第目録》,《朱子全書》第2册,第32頁。

② 朱熹:《儀禮經傳通解》卷三,《朱子全書》第2册,第163頁。

③ 《通解》之《喪禮》《祭禮》部分由黄榦編修,非朱子手定。然其大綱已在朱子生前擬定,並且得到朱子的認可。黄榦的《續通解》與朱子《通解》應當被視爲一個整體。對此,葉純芳已有堅實的論述,她考察了朱子、黄榦、楊復的編禮過程,指出"從朱熹到楊復的祭禮,是從'構想'到'具體化'到'立體化'的過程。我們應將楊復再修的《祭禮》,與朱熹《通解》、黄榦《續通解》視爲一個整體。"参見葉純芳:《朱熹、黄榦及楊復祭禮學的形成》,《朱熹禮學基本問題研究》,第220頁。

禮也,由三桓始也";【3】《論語》"三家者以雍徹"章;【4】《論語》"季氏旅於泰山"章。①

《通解・祭法》是"祭禮"部分的綱領。此篇"經"的部分以《禮記・祭法》爲主體,参以《王制》《大傳》等篇目,主體内容是論述天子以下五等爵各自的祭祀規格和各种禮典。具體來説,"經"的部分首先以《周禮・大宗伯》總論天神、人鬼、地示之禮,繼而以《曲禮》《王制》論天子、諸侯、大夫所祭之等差規格,以下的内容則涉及祭天、祭地、祭四時、日月星辰、禘郊祖宗、廟制、祭服、殇祭等諸種禮典。"經"的部分是對"禮制"的描述,而"傳"的部分則推明"禮義",以魯郊、三桓違禮等事説明"禮制"的别尊卑上下的性質。《禮運》一段説明魯郊之非禮,以表明魯國不得用天子禮;《郊特牲》《論語》則都是討論大夫對諸侯的僭越。總之,"傳"的部分揭示的核心義理就是嚴明不同爵位的尊卑之限,此亦符合北宋以來"尊王"的思想潮流。而本文還想强調的是,"禮義"本質上屬於理學家所謂的"天理"。"禮義""天理"並非某種抽象懸空而可以臆造的東西。"天理"的具體内涵是通過對經典的解釋而確立起來的。在這段材料的語境中,"天理"的具體内涵,便是通過對禮經尊卑爵制的考察而得出的"尊王"。

二　制作之助

通過"興起廢墜"的古禮復原工作,朱子恢復了三代禮樂的原貌,並且推明了禮樂背後的義理。在此基礎上,朱子進一步探索禮經實用的一面。《乞修三禮劄子》謂"《六經》之道同歸,而禮樂之用爲急",②明確將禮樂視爲聖人之道施用的載體。不過,朱子對三代古禮的使用方式並不是直接挪用。在朱子看來,即便是聖人制作的禮樂,也有歷史的局限:

> 因言:"封建只是歷代循襲,勢不容已,柳子厚亦説得是。賈生謂'樹國必相疑之勢',甚然。封建後來自然有尾大不掉之勢。成周盛時,能得幾時!到春秋列國强盛,周之勢亦浸微矣。後來到戰國,東西周分治,赧王但寄於西周公耳。雖是聖人法,豈有無弊者!"大率先生之意,以爲封建井田皆易得致弊。③

封建、井田乃三代古禮中的大綱大法,五等爵位及其相應的諸種典禮品級,皆賴此才能

① 黄榦:《儀禮經傳通解續・祭法》,《朱子全書》第4册,第2348—2377頁。
② 朱熹:《乞修三禮劄子》,《儀禮經傳通解》,《朱子全書》第2册,第25頁。
③ 黎靖德編:《朱子語類》卷一〇八,第2679頁。

成立。但朱子却以之"皆易得致弊",無法行於當下。從這個角度來説,《通解》"興起廢墜"還原的只是作爲歷史遺跡的三代禮樂,這樣一套禮樂受到歷史的限制,並不能直接用於後世。後世欲爲禮樂,正確的做法並不是盡循古禮,而是另作今禮。朱子謂:

古禮繁縟,後人於禮日益疏略。然居今而欲行古禮,亦恐情文不相稱。①

"禮,時爲大。"使聖賢用禮,必不一切從古之禮。疑只是以古禮減殺,從今世俗之禮。②

可見,"禮,時爲大"是朱子制作今禮的基本態度。不過,這又並不意味着朱子就此拋棄了"古禮",他同時強調"今禮"的制作必須以"古禮"爲參照,保持同"古禮"的一貫性:

橫渠所制禮,多不本諸《儀禮》,亦自有杜撰處。如温公,却是本諸《儀禮》,最爲適古今之宜。③

某人丁所生繼母憂,《禮經》必有明文。當時滿朝更無一人知道合當是如何,大家打鬨一場,後來只説莫若從厚。恰似無奈何,本不當如此,姑徇人情從厚爲之。④

由此可見,朱子在制作"今禮"的問題上存在兩種頗具張力的態度:一方面是強調古禮難行、古今異宜、禮時爲大,即"古禮"與"今禮"之間的斷裂性;另一方而却又強調"今禮"必須同"古禮"保持一貫,即二者之間的連續性。問題在於,如何理解這兩種態度背後的原因?以及朱子如何解決二者的張力?

就前者而言,面對古禮難行的現實,朱子反對直接挪用古禮,而是強調充分照顧當下的習俗,這是易於理解的。但是,"禮,時爲大"却必然會導致一個危險的後果:儒家禮樂和經典的邊緣化。這一思路可以追溯至中唐杜佑開啓的"通禮"傳統。杜佑將禮經視爲三代禮樂制度的實録,使之成爲同後世並列的歷史傳統。三代之制就此失去其典範意義而走向歷史化了。按此思路,既然古今情勢不同,那麼關鍵就在於適時,"時王"才是制禮的主體。馮茜指出,這一思路的典型後果是北宋國家禮制經歷了宋初"直承晚唐五代"、真宗朝"法唐"、仁宗朝"法祖宗"的跌宕起伏,與之伴隨的是儒家經典及其禮制價值的不斷邊緣化,以及君權的不斷擴張。⑤

① 黎靖德編:《朱子語類》卷八四,第 2177 頁。
② 黎靖德編:《朱子語類》卷八四,第 2185 頁。
③ 黎靖德編:《朱子語類》卷八四,第 2183 頁。
④ 黎靖德編:《朱子語類》卷八四,第 2184 頁。
⑤ 參見馮茜:《唐宋之際禮學思想的轉型》,北京:生活·讀書·新知三聯書店,2019 年,第 161 頁。

我們看到,朱子的問題意識恰恰在於,如何一方面承接杜佑對禮學的基本理解,同時又能够克服杜佑帶來的過度歷史化的弊病,使儒家與經典重新成爲政治的中心。就此而言,朱子强調"今禮"同三代"古禮"之間的連續性,正是力圖將現實禮俗重新納入儒家軌道中的努力。因此更重要的問題是,朱子如何解決前述兩種思路的張力?或者説,《通解》所謂"異時可爲聖朝制作之助"①在何種意義上能够成立?

朱子的解決方案正是揭明"天理",並且將"禮樂"理解爲"天理之節文"。何俊指出:"中唐以來,舊的禮制蕩然而去,佛教義學禮儀却化入士心民風,……單純求諸'禮'的重建,顯然既不可能,也不可行。必須'去頂門上下一轉語',在'理'上見個分明。"②將"禮樂"理解爲"天理之節文",意味着禮樂固然應當根據具體的歷史情勢進行損益,但這種損益仍然應當保持一定限度,不能越出"天理"的範圍。"天理"正是憑藉其普遍性、超越性的特點克服"通禮"傳統的弊病的。而《通解》之所以要在"禮制"的基礎上推明"禮義",也正是著眼於此。

不過,僅僅提出"天理"還不够充分。在具體操作中,單純的"天理"的概念仍然無法爲禮樂制作提供直接的指導。對此,朱子進一步的工作是强調離開了經典與三代禮樂,"天理"便不可能得到充分的揭明。也就是説,只有通過研治禮經才能真正落實"天理"。在這方面,一個反證便是王安石棄經任傳以《禮記》爲經,顛倒大義與禮樂的關係而導致師心自用。再舉朱子的一段論述作爲補充:

> 本朝陸農師之徒,大抵説禮都要先求其義。豈知古人所以講明其義者,蓋緣其儀皆在,其具並存,耳聞目見,無非是禮,所謂"三千三百"者,較然可知,故於此論説其義,皆有據依。若是如今古禮散失,百無一二存者,如何懸空於上面説義!是説得甚麽義?須是且將散失諸禮錯綜參考,令節文度數一一著實,方可推明其義。若錯綜得實,其義亦不待説而自明矣。③

由此我們不得不再重新强調前節所述的"禮制"與"禮義"的關係:就輕重而言,固然是禮義、天理重而禮制輕,因爲具體的禮制始終處於歷史的境遇中而不具備普遍性,而禮義、天理則古今一致,是其背後的原理。但就先後而言,禮制先而天理後。只有在完整、詳盡的禮制復原的基礎上,才有可能講明天理。而在很多時候,朱子甚至反對將天理與禮制進行體用之别的劃分,强調禮制就是本體,《語類》載:

① 朱熹:《乞修三禮劄子》,《儀禮經傳通解》,《朱子全書》第2册,第25頁。

② 何俊:《從經學到理學》,上海:上海人民出版社,2021年,第200—201頁。

③ 黎靖德編:《朱子語類》卷八四,第2178頁。

> 問:“先生昔曰:‘禮是體。’今乃曰:‘禮者,天理之節文,人事之儀則。’似非體而是用。”曰:“公江西有般鄉談,才見分段子,便説道是用,不是體。如説尺時,無寸底是體,有寸底不是體,便是用;如秤,無星底是體,有星底不是體,便是用。且如扇子有柄,有骨子,用紙糊,此便是體;人摇之,便是用。”楊至之問體。曰:“合當底是體。”①

朱子強調天理與禮制並非體用關係,禮制本身就是本體。按照這裏的尺、秤、扇比喻,我們可以説天理爲尺、秤、扇,禮制爲刻度、秤星、柄骨,二者分别是本體與本體自身的體段。因此,禮制與天理並非分屬兩層的兩個東西,天理並非某個抽象的、没有具體内涵的東西,而就是禮制本身。而如果考慮到三代的禮樂制度與天理完全符合,那麽按這種理解,“今禮”的制作是否符合“天理”,就被等同於“今禮”是否同“古禮”保持大方向的一致性。朱子更明白地指出:“這個典禮,自是天理之當然,欠他一毫不得,添他一毫不得。……後之人此心未得似聖人之心,只得將聖人已行底,聖人所傳於後世底,依這樣子做。做得合時,便是合天理之自然。”②這便有力地論證了爲什麽在“古禮難行”的時代,三代“禮樂”與經典仍然應當成爲政治的主導。“今禮”與“古禮”之間的斷裂性與連續性也由此達成了統一:斷裂性旨在照顧具體的歷史情勢,而連續性則旨在確保“今禮”之作符合“天理”。

至此,《通解》“制作之助”的内涵也就清楚了。朱子指出:“今所集《禮書》,也只是略存古之制度,使後人自去減殺,求其可行者而已。”③《通解》的致用方式並不是直接挪用復原的三代古禮,而是採取一種頗爲迂回的方式:以“天理”爲基準,以三代禮樂爲參照,通過損益三代禮樂,制作與之精神一貫而又符合當下歷史情勢的本朝禮樂。這一理念指導下的禮樂制作,其特點就在於“今禮”同“古禮”在大關節上保持一致,而其他細節則盡可隨俗。此處僅略舉一例,如喪服制度:

> 而今喪禮須當從《儀禮》爲正。如父在爲母期,非是薄於母,只爲尊在其父,不可復尊在母,然亦須心喪三年。及嫂叔無服,這般處皆是大項事,不是小節目,後來都失了。④
>
> 因論喪服,曰:“今人吉服皆已變古,獨喪服必欲從古,恐不相稱。”閎祖云:

---

① 黎靖德編:《朱子語類》卷六,第102—103頁。
② 黎靖德編:《朱子語類》卷八四,第2184頁。
③ 黎靖德編:《朱子語類》卷八四,第2185頁。
④ 黎靖德編:《朱子語類》卷八九,第2283頁。

"雖是如此,但古禮已廢,幸此喪服尚有古制,不猶愈於俱亡乎?"直卿亦以爲然。先生曰:"'禮時爲大。'某嘗謂,衣冠本以便身,古人亦未必一一有義。又是逐時增添,名物愈繁。若要可行,須是酌古之制,去其重複,使之簡易,然後可。"①

喪服的"大義"在於"喪期"體現的人倫關係,在這一點上,朱子主張嚴格遵守古制。是故宋孝宗爲宋高宗行三年之喪的做法便曾得到朱子的贊許。而朱子晚年在朝,亦力主嫡孫承重當爲祖三年,要求宋寧宗當爲宋孝宗行三年之喪,而這也是朱子編修《通解》的一個現實動因。相比之下,衣服規格則被朱子視爲細節末梢,未必有義理寓於其中,故隨俗簡易便可。"喪期"爲大關節,"衣服"爲小細節,故前者必須守古,後者則盡可隨俗。

結　語

本文基於朱子對三代歷史、孔子、經典體系的理解對《通解》進行了定位,認爲其基本性質是"興起廢墜"與"制作之助"。前者指明《通解》"通經"的一面,其基礎性工作是以"全書"與"儀法度數"爲中心,通過對經典的編排在"禮制"層面恢復三代禮樂的原貌,而進一步工作則是推明其背後的"禮義";後者指明《通解》"致用"的一面,其方式並非直接挪用復原後的三代禮樂,而是以"天理"或"禮義"爲基準,以三代禮樂爲參照,通過減殺損益三代禮樂來建立同其精神一貫而又符合當下情勢的今禮。

《通解》的這種性質爲我們理解朱子的禮學提供了一個更整全的視野。過往我們大多直接將理學等同於修身之學,在經典上則認爲理學對"五經"不過採取"四書"的同質化理解。但我們看到,朱子對經典的研究,是持有相當嚴肅務實的態度的,表現爲充分尊重各經自身的特點與脈絡,無論是對"四書"還是對禮經的研究,都是如此。《通解》"興起廢墜"帶有明顯的知識探求性質,其基本要求是充分尊重禮學經典自身的結構,在一種史學考古的思路下復原古禮。而"制作之助"則涉及考索禮制沿革、觀察歷史形勢。這些工作固然都以"四書"的工夫爲核心,但並不能簡單等同於"四書"本身。這些都是立足於經典解釋及理論層面的刻畫,有助於我們從源頭理解朱子的學術。

---

① 黎靖德編:《朱子語類》卷八九,第2275頁。

作者簡介：

黄永其，男，1995年生，浙江温州人，清華大學哲學系博士研究生。主要研究方向爲儒家哲學，近年代表論文論著有《探索宋明理學研究的新範式——評何俊教授〈從經學到理學〉》（《國際儒學（中英文）》2022年第2期）。

《公羊傳》"非有即爾"小劄

王廣佳

《公羊傳》桓公二年有"器之與人,非有即爾"一説,通行諸本皆然。清代學者對於"非有即爾"看法有二。其所爭者,不過傳文"有""即"倒置與否耳。

王引之以爲傳文有訛,應當改作"非即有爾"。其立論本於何休,何氏注"非有即爾"曰:"即,就也,若曰取彼器與此人異國物。凡人取異國物,非就有。取之者,皆持以歸爲有,爲後不可分明,故正其本名。"又注"至乎地之與人,則不然"曰:"凡取地,皆就有之,與器異也。"王引之攷此二者,篤定傳文有誤。而徐彦以"非有就而有之爾"疏之,釋義與何氏相左,王引之以爲其時《公羊傳》已訛。俞樾亦認爲若本何氏解詁,傳文應是"非即有爾",其曰:"如此則當云非即有爾,不當云非有即爾也。"然其又以小學訓"即",言《公羊傳》諸本並無舛訛,曰:"《爾雅・釋詁》:'即,尼也。'《釋文》曰:'尼,本亦作昵。'昵與暱同字,古又通作昵。隱元年《左傳》'不義不暱',《説文・黍部》引作'不義不昵',昵,黏也。器之與人非有即爾,言器與人不相黏著,今日爲此人之器,明日可爲彼人之器,非如地有常所,雖數易主,不可遷移。故器必從其本名,以識別之也。"俞氏以訓詁正"非有即爾",頗見耽思。然釋"即"以爲"黏",轉訓而得意,有牽強附會之疑,未免失其本真。陳立則持兩可之説,既言"傳文誠不可解,不若依王氏所校爲明爽",又稱俞樾之説"亦通"。

依《公羊傳》體例言之,當以王説爲是。桓公二年《公羊傳》曰:"器之與人,非有即爾。宋始以不義取之,故謂之郜鼎。至乎地之與人,則不然,俄而可以爲其有矣。""器""地"與人,自當有别,以《傳》觀之,"即"與"俄而"釋義應同。再者,桓公十六年《公羊傳》曰:"不即罪爾",意爲"不就罪",書法與"非即有爾"相同,亦可爲桓公二年傳文有訛之佐證。

今合王氏所攷與《公羊傳》屬辭比事,更當以"非即有爾"爲正。惜乎唐以前刻本殘缺不可攷,諸今文《春秋》學著作亦未提及此傳文,雖以理校之,定其是非,亦不能爲一定之説。然何注、徐疏於此注釋有别,亦可視爲《公羊傳》義疏學内部以疏破注之微例。由是觀之,蓋徐彦之疏與何氏解詁之原意,未必達於一間,今之治經者,於此不可不察。

(作者單位:上海師範大學哲學系)

馬一浮的學禮與治禮觀:從選編“三禮類”書目説起

姚永輝

内容摘要 馬一浮主張以六藝相統、遍讀群經,掌握義理之宗,抓住知識之價值内核,並以此指導治禮與學禮,强調“禮以義起”是探求禮學堂奥之不二法門。掌握了“禮以義起”自能超越門户之見,不僅可以幫助學者判定文獻價值與觀點優劣,還可解決禮儀實踐中的難題。從解讀到運用,馬一浮超越書齋内外的界限,最終將目標定位在形成“完善的人”,進而謀求人類之福祉。由此,馬一浮的學術思想雖承宋明理學,却也展現出與之迥然不同的時代色彩,彰顯出近現代學人對傳統學術和中華文化的再認知與全新定位。馬一浮畢生致力於講學與刻書,所精編的各類書目是“六藝該攝一切學術”觀念指導下的知識清理與重構,解析其禮類書目爲探究馬一浮的禮學思想提供了新穎的視角。

關鍵詞 馬一浮 書目 治禮 學禮

20世紀30年代,馬一浮入川至樂山創建復性書院,這是一所獨立於學制系統之外的傳統書院,以“復性”爲其辦學宗旨,依六藝爲教,欲講明性道,培養深明學術本原之通儒,進而有裨於振民育德,崇民族復興之大業。① 馬一浮治復性書院,以講學與刻書爲職志,在到達樂山兩月後,即在草擬的《復性書院簡章》中述及宏大的編刻計劃,“欲編訂《群經統類》《儒林典要》《諸子會歸》,並修訂通史,漸次印行”。② 馬一浮所擬定的編刻書目,既有經年所積,亦有重新編選者,彰顯着他對於傳統知識與學術的理解,是“六藝該攝一切學術”觀念指導下的知識清理與重構。作爲馬氏六藝觀之一的禮,就諸子而言,統名家、法家,就現代學術而言,統政治、經濟、法律等,甚至統宗教。那麽,馬一浮所理解的“禮”的本質是什麽,應如何深入禮學的堂奥,如何把握禮儀實

① 馬一浮:《書院之名稱旨趣及簡要辦法》,《馬一浮全集》第4册,杭州:浙江古籍出版社,2012年,第327頁。

② 馬一浮:《濠上雜著》之《復性書院簡章》,《馬一浮全集》第4册,第44頁。

踐中的時間問題,在六藝的知識架構中,它和其他類别構成怎樣的關係,體現了馬一浮怎樣的治學態度與學問訴求。從馬一浮編選書目之“三禮”類入手,爲探究上述問題提供了一個新穎的視角。

一 入禮之門徑:馬一浮編纂書目之“三禮”類選目及其特點

在馬一浮的刻書計劃中,《群經統類》統合六藝八類,所選多爲宋明以降儒學著述,“三禮”類列次於第三。《政典先河》中還包含《大唐開元禮》《政和五禮新儀》等一代禮典,《儒林典要》和《諸子會歸》中雖有諸家論禮之説,但無禮學專書,皆不進入本篇討論範圍。除此,馬一浮還編寫了《通治群經必讀諸書舉要》以助初學,篩選出適合初學者的一份更爲精煉、初級的書單,專設“三禮”類。接下來針對上述兩類書目展開分析。

馬一浮《通治群經必讀諸書舉要》“三禮類”,①總共選入 15 種,具體如下:

《儀禮注疏》《周禮注疏》《禮記注疏》

張爾岐《儀禮句讀》、胡培翬《儀禮正義》、孫詒讓《周禮正義》

陳澔《禮記集説》、衛湜《禮記集説》

《大戴禮》盧辨注(孔廣森補注)

王聘珍《大戴禮解詁》

任啓運《禮記章句》

朱熹《儀禮經傳通解》

江永《禮書綱目》

邵懿辰《禮經通論》

《通典》議禮諸文

擬先刻《群經統類》的 42 種書目中,“三禮類”有 8 種,②具體如下:

《周禮》——【北宋】王安石《周禮新義》(16 卷,附《考工記解》2 卷)

【南宋】葉時《禮記會元》(4 卷)

《儀禮》——【南宋】李如圭《儀禮集釋》(30 卷)

【元代】敖繼公《儀禮集説》(17 卷)

---

① 馬一浮:《復性書院講録》卷一《通治群經必讀諸書舉要》,《馬一浮全集》第 1 册(上),第 115 頁。

② 馬一浮:《復性書院擬先刻諸書簡目》,《馬一浮全集》第 4 册,第 357 頁。

【元代】吴澄《儀禮逸經傳》(2 卷)

《禮記》——【南宋】衛湜《禮記集説》(160 卷)

【明代】黄道周《儒行集傳》(2 卷)

【清代】江永《禮書綱目》(85 卷)

第一,主張學禮須以鄭學入門。東漢立今文經學爲博士官後,學者多迎合時政而傳授,鄭玄特立獨行,遍注群經、通貫古今,注三禮尤兼精深的考證疏解與禮義闡發,禮學遂成爲鄭學極爲重要的組成部分,鄭注三禮也被認爲是禮學基石。馬一浮推崇鄭玄,贊賞他融通古今,没有陷入今古文相争的藩籬,是讀書“通而不局”的典範,“今文家亦有精處,古文家亦有駁處,當觀其通,不可偏執。如鄭君今古文並用,或疑其壞家法,然鄭君實通博可宗,非博士所及也”。[①] 又特崇鄭玄三禮學,“自來説經各家得失互見,言禮當宗康成”,[②]主張初涉禮學從鄭注三禮入手,在《通治群經必讀諸書舉要》中首列鄭注三禮。同時,因《儀禮》《周禮》的内容,多爲典章、儀節、名物制度等,較少義理闡釋,故而推薦參以清人張爾岐《儀禮句讀》、胡培翬《儀禮正義》、孫詒讓《周禮正義》三本疏義詳富之作。初學者依鄭學而入,再參讀清人考證之作,既有助於理解鄭注,[③]又能借助清人考證熟悉歷代争訟紛紜的禮學問題,進而更精準理解《周禮》《儀禮》文本。

第二,雖然馬一浮主張以鄭學爲入門,但又强調“治禮不可以但明鄭學爲極,當求之二戴,直追游、夏之傳”[④]。學人時以《禮記》多爲漢儒所作而貶抑其價值,馬一浮則認爲二戴諸篇皆七十子後學所傳,非漢之博士所能附益,禮的核心精神應于二戴中求,“禮以義起,必先求之二戴”。[⑤] 如郭店楚簡、上博楚簡等出土文獻顯示先秦就有《禮記》某些内容的流行文本,部分印證了馬一浮的觀點。不過,馬一浮認爲二戴的重要性決不止於此,“多存六藝大旨,自《論語》外,記聖言獨多而可信者,莫如此書”。[⑥] 馬一浮將戴記視爲六藝大旨的載體,顯然已具有超越禮學範疇在更廣闊的知識世界中確定其座標的意義,以“戴記”稱之,説明並不特指流行更爲廣泛的《小戴禮記》,而是肯定二戴整體的價值。在漢魏以後漫長的學術流變中,《大戴禮記》並不如小戴那樣爲學者所重,直至清代才出現幾部優秀的通注和整理本。其中,孔廣森補注北朝盧辨注

① 馬一浮:《爾雅臺答問》之《答池君》,《馬一浮全集》第 1 册(下),第 412 頁。
② 馬一浮:《語録類編》之《六藝編》,《馬一浮全集》第 1 册(下),第 573 頁。
③ 馬一浮:《爾雅臺答問續編》卷四《示樊漱圃》,《馬一浮全集》第 1 册(下),第 526 頁。
④ 馬一浮:《復性書院講録》之《禮教緒論》,《馬一浮全集》第 1 册(上),第 252 頁。
⑤ 馬一浮:《復性書院擬先刻諸書簡目》,《馬一浮全集》第 4 册,第 357 頁。
⑥ 馬一浮:《復性書院講録》之《禮教緒論》,《馬一浮全集》第 1 册(上),第 252 頁。

《大戴禮記》校勘精審,王聘珍《大戴禮解詁》"其發凡大旨,禮典器數,墨守鄭義,解詁文字,一依《爾雅》《説文》及兩漢經師訓詁。有不知而闕,無杜撰之言"①。馬一浮將這兩本書作爲通治群經必讀之書,以彌補學者讀三禮而忽視大戴記的缺失。

第三,推崇宋人義理之作。復性書院以講求經術義理爲宗旨,反映在刻書事業則首輯《群經統類》,以"爲義理根本""關民族大防"作爲選書標準。② 馬一浮寄望通經致用,他認爲"宋人以義理明經,見處遠過漢人,乃經術正宗",③《群經統類》之"三禮"所選的八部著作,宋人所占爲四,又非專崇朱學,還選入王安石《周禮新義》等,相比之下,清儒多勤於名物而疏於義,僅約取。宋人始重大戴,朱子、楊簡都曾注解其中的篇目,馬一浮既承朱子,認爲《大戴禮記》保留了一些古儀,但同時又强調其義理精深,如《盛德篇》論《周官》,"大義甚精,而自來言《周官》者徵引多不及此"。④ 因此,馬一浮時常以著述者是否引用"多存六藝大旨"的二戴作爲遴選書目的參考標準,比如在列舉《孝經》入門書時,除《孝經注疏》之外,還選了元代吴澄的《孝經章句》與明代黄道周的《孝經集傳》,"黄石齋作《集傳》,取二戴記以發揮義趣,立五微義、十二顯義之説,爲能得其旨",⑤提示學者此處獨取三家,應以黄著爲主。

第四,破除門户之見。一是以義理爲評判標準,自然能超越所謂門派的拘囿。馬一浮雖推崇朱學,但也不受限於此,在《群經統類》"三禮"書目中,選入王安石的《周官新義》,以及力圖破除門户之見、匯總諸説的《禮經會元》等。他對於門户之見始終抱持警惕,在講解"窮理致知"時,簡要闡述了朱子和陽明"格物"説要旨後特别提醒諸生"約簡舊説"是爲了讓學者明白窮理致知爲何事,"非於先儒妄生異同,心存取捨,亦非欲爲調停之説"。⑥ 二是聞見廣博以裨於判斷,强調博者是"通而不執"的前提。馬一浮舉《漢書・藝文志》"幼童而守一藝,白首而後能言,安其所習,毁所不見,終以自弊",劉歆《移讓太常博士書》"挾恐見破之私意,而亡從善服義之公心",言漢代囿於專治一經的流弊就是今古文門户之争。⑦ 就某一經而言,也應廣泛學習各種説法並知其流變,書目中注重選入"集説""集解"類著述,如衛湜、陳澔的同名著作《禮記集説》。衛著以廣博見長,自鄭注以下凡 144 家之説皆有採納,四庫館臣稱之爲"禮家之淵

---

① 趙爾巽:《清史稿》卷四八一《儒林列傳二》,北京:中華書局,1977 年版,第 13228 頁。
② 馬一浮:《答董事會》,《馬一浮全集》第 4 册,第 239 頁。
③ 馬一浮:《語録類編》之《六藝篇》,《馬一浮全集》第 1 册(下),第 575 頁。
④ 馬一浮:《語録類編》之《六藝編》,《馬一浮全集》第 1 册(下),第 577 頁。
⑤ 馬一浮:《復性書院講録》之《通治群經必讀諸書舉要》,《馬一浮全集》第 1 册(上),第 113 頁。
⑥ 馬一浮:《復性書院講録》卷一《復性書院學規》,《馬一浮全集》第 1 册(上),第 90—91 頁。
⑦ 馬一浮:《復性書院講録》卷一《讀書法》,《馬一浮全集》第 1 册(上),第 106—107 頁。

海”[①];陳著則爲明代科舉考試的教材,通常認爲該書太過粗淺,不值得重視。然而,馬一浮以衛著詳博,陳著精約,各有所長,對於學者瞭解各家各派學説有極大幫助,亦編入《通治群經必讀諸書舉要》。

當然,因書目性質不同,《通治群經必讀諸書舉要》與《群經統類》各有其編選的内在邏輯。《通治群經必讀諸書舉要》以便初學,重在指示學禮之門徑,其特點是:以鄭學入,輔以清人名物考證以助學者精梳文本,精讀二戴,明禮之要義所在,同時薦以陳澔、衛湜的同名作《禮記集説》,使讀者瞭解聚訟紛紜的禮學問題;讀《通典》議禮諸文以掌握漢以後禮説之縱向發展脈絡;朱熹《儀禮經傳通解》與江永《禮書綱目》打破“《儀禮》爲經,《禮記》爲傳”固有觀點,在體例上作了大刀闊斧調整,兩書爲前後承繼之作,讀者藉此可理清朱熹所開創並延續至清代愈加完善的禮學路徑。《群經統類》爲刻印書目,所選爲包蘊經術義理、宋明以後的著作,其“三禮”書目按照《周禮》《儀禮》《禮記》分類排列,不惟朱子一脈,又特選黄道周《儒行集傳》以明禮學之經世致用,以江永《禮書綱目》這一融通三禮之著收束。馬一浮認爲江永《禮書綱目》“最有體要”,[②]是清代唯一收入《群經統類》三禮類擬先刻書目者。

二　治禮之嚆矢:以《仲尼燕居》解“禮以義起”

兩種書目都體現了馬一浮所主張的“通而不局”即“曲暢旁通而無門户之見”的讀書之道,[③]然而要做到“曲暢旁通”,學者除知識廣博之外,還應具備更高層次的能力,即抓住研讀對象的核心要義,舉一綱而明全書,判斷論説優劣,融通知識門類,提取出彼此之間的内在關係。以書目爲徑,可以使學者不至於在茫茫書海中無所適從,但歸根結底,還應掌握讀書要領,否則同樣會被書籍“淹没”。馬一浮認爲學者首先應有主敬、窮理、博文、篤行等趣向,其次須著意訓練讀書法,“徒耗日力,不得要領,陵雜無序,不能入理,有何裨益”。[④] 那麽,怎樣才能稱之爲“善讀”禮書呢?從馬一浮所列上述兩類書目來看,所謂“善讀”,首先是精要疏解文本,同時還要以“義理”爲旨歸,指導閲讀與實踐。對於治禮而言,理解“禮以義起”則爲不二法門。

禮以義起,出自《論語·衛靈公》,孔子説“君子義以爲質,禮以行之,孫以出之,信

① 《四庫全書總目》,北京,中華書局,1965年,第169頁。
② 馬一浮:《復性書院講録》卷四《禮教緒論》,《馬一浮全集》第1册(上),第251頁。
③ 馬一浮:《復性書院講録》卷一《讀書法》,《馬一浮全集》第1册(上),第106頁。
④ 馬一浮:《復性書院講録》卷一《讀書法》,《馬一浮全集》第1册(上),第102頁。

以成之",鄭注"義以爲質,謂操行也。遜以出之,謂言語也",[①]韓愈對此不以爲然,他認爲鄭玄以操行解義,並未抓住實質,因爲禮與信也都是操行,他將存義作爲體質的首要之事,"君子體質,先須存義,義然後禮,禮然後遜,遜然後信,有次序焉"。[②] 二程更直言"'君子義以爲質'四句,只是一事:以義爲本"。[③] 朱熹認同"義"爲體,禮、遜、信爲用的關係,但是與韓愈意見有所不同,"'義以爲質',是制事先決其當否了;其間節文次第須要皆具,此是'禮以行之'。然徒知盡其節文,而不能'孫以出之',則亦不可。且如人知尊卑之分,須當讓他。然讓之之時,辭氣或不能婉順,便是不能'孫以出之'。'信以成之'者,是終始誠實以成此一事,却非是'孫以出之'後,方'信以成之也'",朱熹認爲義與禮、遜、信一體而成,並不存在先後次序。[④] 那麽,爲體之"義",究竟應作何解?《語類》中有諸多生動解釋:

> 義便作"宜"字看。
>
> 不可執定,隨他理去如此,自家行之便是義。
>
> 義是個毅然説話,如利刀著物。
>
> 義如利刀相似(人傑録云"似一柄快刀相似"),都割斷了許多牽絆。
>
> 義如利刀相似,胸中許多勞勞攘攘,到此一齊割斷了。聖賢雖千言萬語,千頭萬項,然一透都透。如孟子言義,伊川言敬,都徹上徹下。
>
> "義"字如一横劍相似,凡事物到前,便兩分去。"君子義以爲質","義以爲上","義不食也","義弗乘也","精義入神,以致用也":是此義十分精熟,用便見也。[⑤]

朱熹將"義"比作利刀,是裁斷之柄。馬一浮承朱子的觀點,"義爲禮之質,所存是義,行出來便是禮",同時指出"禮與義本是性德,就其斷制言之,則謂之義,就其節文言之,則謂之禮",[⑥]掌握了裁斷之柄的"義",就相當於掌握了禮的"命脈"。因此,馬一浮談治禮,强調切忌"爲名物度數所困,汩没一生而不知大義","三禮亦是門面語","試思《論語》所説'學詩''學禮',寧指'三禮'邪"。[⑦]《論語》孔門問答,孔子亦多據

---

① 何晏集解,邢昺疏:《論語注疏》卷一五《衛靈公》,上海:上海古籍出版社影印阮刻《十三經注疏》,1997年,第2518頁。

② 韓愈、李翺:《論語筆解》(下),北京:中華書局,1991年。

③ 程顥、程頤:《二程集》之《河南程氏遺書》卷八,北京:中華書局,2004年,第101頁。

④ 黎靖德編,王星賢點校:《朱子語類》卷四五《〈論語〉二十七》,北京:中華書局,1986年,第1159頁。

⑤ 黎靖德編,王星賢點校:《朱子語類》卷六《性理三》,第120頁。

⑥ 馬一浮:《復性書院講録》卷四《禮教緒論》,《馬一浮全集》第1册(上),第252頁。

⑦ 馬一浮:《復性書院講録》卷四《禮教緒論》,《馬一浮全集》第1册(上),第248頁。

義答之，所以治禮當以義爲主。

那麽，如何把握"禮以義起"呢？馬一浮認爲必求之二戴，尤當精研《禮記·仲尼燕居》，"禮之大義亦當求之於此"。[①]《仲尼燕居》記録了孔子與子張、子貢、子遊論禮之事，馬一浮將此篇分解爲：顯遍義、顯中義、原治、簡過、原政、簡亂六部分，並廣泛徵引三禮、《論語》《詩經》《尚書》《周易》等爲《仲尼燕居》釋義。

馬一浮認爲遍與中是禮的根本屬性。遍，禮周流而無不遍，行之以貨力、辭讓、飲食、冠昏、喪祭、射鄉、朝聘，滲透政事、日用等方方面面，同時，舉而措之，自然流出，民衆遵禮而没有滯礙，隨遇而施，無不中節。馬一浮解讀了該篇所包含的遍與中的邏輯關係，指出之所以禮能"周流無不遍"，是因爲禮能制中，使萬事萬物得其序，而禮能制中的原因則是"以義裁之"，能使人們行爲舉措恰到好處而無滯礙，達到"成于樂"的境界。"原治""簡過""原政""簡亂"，既是對遍與中這兩個屬性的外在表現、功能與意義的反復詮釋，又進一步説明究竟什麽是禮義。"郊社之義，所以仁鬼神；嘗禘之禮，所以仁昭穆也；饋奠之禮，所以仁死喪也；射鄉之禮，所以仁鄉黨也；食饗之禮，所以仁賓客也"，如果能掌握每個類别的禮所追求的"義"，那麽就會獲得相對應的結果，"明乎郊社之義、嘗禘之禮，治國其如指諸掌而已"，"以之居處有禮，故長幼辨也。以之閨門之内有禮，故三族和也。以之朝廷有禮，故官爵序也。以之田獵有禮，故戎事閑也。以之軍旅有禮，故武功成也"，最終"宫室得其度，量鼎得其象，味得其時，樂得其節，車得其式，鬼神得其饗，喪紀得其哀，辨説得其黨，官得其體，政事得其施；加于身而錯於前，凡衆之動得其宜"。[②] 由此可用它來檢視名、法、道之流，可判六國異説；以之簡人，"達於禮而不達于樂，謂之素；達于樂而不達於禮，謂之偏"，禮樂皆得謂之成人。[③]

這裏所説的禮義，一是儀式包含的禮的精神特質，二是調節事物使之不偏不倚，符合義理的標準。當然，這並非馬一浮的發明，"禮云禮云，玉帛云乎哉"（《論語·陽貨》），"禮是儀之心，儀是禮之貌。本其心，謂之禮，察其貌，謂之儀。行禮必爲儀，爲儀未是禮"（《春秋左傳正義》卷51《昭公二十五年》孔疏）都是説明要重視"義"，只不過在宋明儒學的發展中，逐漸增強了對"義"以制斷的強調，馬一浮則又將上述理解融會貫通于對《仲尼燕居》的闡釋。簡言之，本之以仁，以義裁斷，使行爲舉措能得其中，樂於施行，自然而然流出，從而周流而無不遍。在把握"禮以義起"時，馬一浮的觀點包含三個層次：一是以仁爲精神内核；二是以義裁斷，無過、不及之患，《禮器》《樂記》

① 馬一浮：《語録類編》之《六藝編》，《馬一浮全集》第1册（下），第582頁。
② 馬一浮：《復性書院講録》卷四《禮教緒論》，《馬一浮全集》第1册（上），第257頁。
③ 馬一浮：《復性書院講録》卷四《禮教緒論》，《馬一浮全集》第1册（上），第265頁。

篇中多有例證以説明;三是最終歸於“安之以樂”的境界。可以説,直接承襲了朱子的觀點,與“興於詩,立于禮,成于樂”的闡釋同一。

準確把握“禮以義起”有利於解決禮儀實踐的問題。由於不明“禮義”,人們往往視儀式爲禮儀之所有内容,認爲過去的儀式不適用於當世,應全盤否定其沿傳價值。“禮以義起”則提醒人們傳承禮儀絶不等同於照搬儀節。如果説禮義具有超越時間的永恒,那麽必須是以儀式損益爲前提,《禮記》“禮,時爲大”中説到聖人制禮的次序,首先要解決的就是時代問題。如何損益才能恰到好處?以義爲標準,“制度可以損益,宫室衣服器用古今異宜,不可施之於今。苟得其義,則盡未來際不可易也”。①

“禮以義起”的原則還有裨於解決禮學史上聚訟紛紜的問題。如學人疑戴記出自漢儒之手,因此其重要性不如《儀禮》,馬一浮不以爲然,“欲明禮以義起,於此可得損益之旨,不專以説古制爲能事”。② 馬一浮對三禮的劃分,尤其是經傳歸屬問題亦有獨到見解。朱熹曾與弟子編纂《儀禮經傳通解》,以《儀禮》爲本經,“取《禮記》及諸經史雜書所載有及於禮者,皆以附於本經之下,具列注疏、諸儒之説”,③相當於集儀節與禮義爲一體、融合古今闡述的合本。馬一浮認爲朱熹的做法仍有未善,比如《禮記》中的《明堂》《月令》《王制》諸篇就不應歸於傳,《曲禮》《内則》《少儀》《玉藻》則是“威儀三千”之屬,因此未可克定以《儀禮》爲經,《禮記》爲傳,義實未當。“苟以義理治禮學,則古來關於《周禮》《儀禮》《禮記》之真僞古今諸争端可息。《周官》與《王制》同爲制度,不必苦分今古、定别殷周,務求其義,皆可以備損益……其實《周官》不必制自周公,《王制》亦斷非出於博士,皆七十子後學所記,以爲一王之法。”④

三　學禮乃是日用之事:以“禮以義起”爲準則的實踐決斷

馬一浮所主張的讀書之道,以主敬爲前提,以篤行爲手段,以窮理博文爲目的。説禮約歸於言行之要,最終彰顯於日常的視聽言動,“禮以道行。凡人倫日用之間,履之不失其序、不違其節者,皆禮之事”,⑤“治禮勿爲經生之言,學禮乃是日用之事。‘強立

① 馬一浮:《復性書院講録》卷四《禮教緒論》,《馬一浮全集》第1册(上),第252頁。

② 馬一浮:《復性書院講録》卷四《禮教緒論》,《馬一浮全集》第1册(上),第252頁。

③ 朱熹:《晦庵先生朱文公文集》卷三八《乞修三禮劄子》,朱傑人、嚴佐之等主編:《朱子全書》第20册,上海、合肥:上海古籍出版社、安徽教育出版社,2002年,第687—688頁。

④ 馬一浮:《復性書院講録》卷四《禮教緒論》,《馬一浮全集》第1册(上),第251—252頁。

⑤ 馬一浮:《復性書院講録》卷一《復性書院學規》,《馬一浮全集》第1册(上),第95頁。

不反','恭儉莊敬',禮之質也。當先求之踐履,勿汲汲於著書"。[1] 復性書院,除每年九月行釋奠禮以引導學生敬學,還制定了日常講學禮儀等融入學生的學習生活。在馬一浮看來,國學不是陳舊呆板的物事,是活潑潑的,不可目爲骨董,"今人亦知人類須求合理的生活,亦曰正常生活,須知六藝之教即是人類合理的正常生活,不是偏重考古,徒資言説而於實際生活相遠的事"。[2] 不過,日用禮儀的采選面臨難題,即如何隨時代變化作出恰當合理又不失禮義的調整。王星賢曾就此請教馬一浮"古人禮節做去,覺得甚難,不能持久",馬一浮回答説,應在内持敬爲本,區分禮之本末,切忌固步自封、刻板因循,"禮之節文,古今自有不同,豈可拘泥。須知禮有本有末,恭敬爲禮之本,節文乃其末跡。若心中常存畏敬,不敢放逸,不敢怠慢,則視聽言動自然寡過,行爲自然中節。若勉強把持外表之節文,而不知存諸於内,是以敬在外,宜乎不能持久也。世人所詆毀之道學,其病在此"。[3] 落實到具體舉措,還應輔以方法以定節文,馬一浮認爲所依秉者仍然是"以義斷之"。

傳統中國社會,從個人到家庭、家族、宗族,再到國家,形成了一套具有伸縮功能的差序格局。[4] 喪祭禮儀是連結社會結構與彰顯倫理道德觀念的媒介,素來有禮莫重於喪祭之説,"禮,始於冠,本於昏,重於喪祭,尊於朝聘,和於射、鄉。此禮之大體"[5]。馬一浮對喪祭何以重要有着生動的解釋,"聖人尚禮,所以安人心而遏亂源,其中以喪祭之禮最緊要。試自體驗,當人臨祭之時,便覺自己與天地、鬼神、祖宗、親族皆是血脈相通、渾然一體,此時心中已忘恩仇,泯好惡,一内外,融物我。人之本心正好於此時識取"。[6] 儘管特重喪祭,然而"義失既久,流俗苦其難行,視爲具文",[7]欲行禮,又牽于方俗,難以決斷,因此時常有師友請益,馬一浮對此頗多議論。

凡聞喪而不能奔喪,以聞喪之日爲位而哭,變服如其所當服,朝夕奠,卒哭而後輟奠。王星賢請教馬一浮,特殊時期流離在外,連衰麻之制亦不能具,應怎麼處理。儒家認爲應以哀情作爲喪禮決斷之義,"與其哀不足而禮有餘也,不若禮不足而哀有餘",[8]馬一浮依秉"禮以義起,准情而立文,與其易也,寧戚"[9]的準則,建議既然禮具

---

① 馬一浮:《爾雅臺答問續編》卷四《示夏眉傑》,《馬一浮全集》,第 529 頁。
② 馬一浮:《泰和宜山會語》卷一《論六藝該攝一切學術》,《馬一浮全集》第 1 册(上),第 15 頁。
③ 烏以風輯録:《問學私記》,《馬一浮全集》第 1 册(下),第 748 頁。
④ 費孝通:《鄉土中國》,上海:上海人民出版社,2007 年。
⑤ 鄭玄注,孔穎達正義:《禮記正義》卷六一《鄉飲酒義》,阮刻《十三經注疏》,第 1683 頁。
⑥ 烏以風輯録:《問學私記》,《馬一浮全集》第 1 册(下),第 734—735 頁。
⑦ 馬一浮:《爾雅臺答問續編》卷五《答吴敬生》,《馬一浮全集》第 1 册(下),第 551 頁。
⑧ 鄭玄注,孔穎達正義:《禮記正義》卷 7《檀弓上》,第 1285 頁。
⑨ 馬一浮:《爾雅臺答問續編》卷一《示王星賢》,《馬一浮全集》第 1 册(下),第 450 頁。

不備,權以心喪表哀,初喪哀盛,既不能治事,不若親書册且依照以日易月之制,二十七日撤奠而出。至於發訃受吊,雖古禮亦有,但已失古意,與禮意不合,可免除。除此,馬一浮平日時常隨事教導以明何爲中禮,如王星賢遭祖父喪,馬一浮書信安慰並提醒“忘戚則害性,過情則傷毁,二俱失其中”,切勿自束於俗,建議他若要讀禮經,不若專讀《喪服傳》,“此義久廢,然禮以喪祭爲重,不可不明”。①

再如,張伯衡曾請教馬一浮,擔心正在居喪的朋友沉溺于悲傷而過毁,想要勸告不廢教學,但又疑惑居喪講學是否違禮。對此,馬一浮舉喪禮“服喪變除”即喪服配合逐步減殺的哀情而變化,以明“稱情而立文”爲儒家喪禮的要義。馬一浮認爲,若居喪期間心存哀情,行爲有所約束,則不爲悖禮。以此爲斷,後世特重居喪禁足不出,既非古禮,又與人情相違,更重要的是並不是以“恰當的哀情”作爲評判居喪是否守禮的標準,捨本逐末,可以不以爲意。② 南宋大儒吕祖謙曾兩度居喪講學,爲母居喪,在武義明招山設壇講學而成《麗澤論説集録》,爲父居喪,以更大規模在明招山講學,但彼時師友批評“喪中講學不合古禮”,遂遣散諸生。若以義斷之,馬一浮認爲先儒對於吕氏居喪講學的批評實有欠公允。又,學生吴敬生,遭喪女之痛,女未成年,雖然感情深厚,愛女之心可憐,然而没有爲孩子服喪,馬一浮贊其不爲殤服,乃以義勝恩。③

以上爲學生請益作答或交流論及,除此之外,馬一浮書信中處處可見平常事以義斷之的事例,略舉一則。沈敬仲言及諸生欲爲老師慶生,馬一浮請沈氏代以婉拒:

> 程子有言:人當親没之後,遇生日當追慕增悲。今人乃以爲賀,非禮也。若具慶者,不可。午前聞兄言及以風述諸生意,欲以弟生日致饋,甚爲不安。因辦事處已開飯,匆匆下山,未及細談。弟意不願以此益諸生勞費,此猶是俗諦。實則衰老之軀,違遠邱墓,每遇歲時,感愴不能自已。况方行乎患難,何心更以生日言慶?以風諸子未胥鄙懷,乃使來學諸生聞之。渠等以世俗所重,將謂以此爲敬,而不知其未當於禮也。今若猶可中止,請兄亟屬以風婉爲謝却,毋重弟之不安,非是拂人之情也。至諸生要求照相,於義無害,但不必以此日行之。遇天氣晴朗,在星期一、三、五弟在院時較便,無論何日均可。此間事幸兄見告,然已多此一番曲折。寫來不覺詞費,望告以風諸子深諒之。④

馬一浮提到三個原因:一是遇生日時追慕思親增悲;二是年老日衰、歲時感愴,不以生

---

① 馬一浮:《爾雅臺答問續編》卷一《示王星賢》,《馬一浮全集》第1册(下),第450頁。

② 馬一浮:《爾雅臺答問續編》卷五《答張伯衡》,《馬一浮全集》第1册(下),第552頁。

③ 馬一浮:《爾雅臺答問補編》卷一《示吴敬生》,《馬一浮全集》第4册,第16頁。

④ 馬一浮:《書札》卷二《致親戚師友(下)》,《馬一浮全集》第2册(下),第568頁。

日爲樂;三是時值患難,無生日言慶的心情。生日不慶的古禮之道與慶生的"不合時宜"都是以"情感安否"作爲決斷之義,"遇變則行其所安,斯可矣",不願諸生勞費只是俗諦,今俗以爲敬長尊師,却不知已與禮背道而馳。至於師生合影,無害於禮義,則可以准允。

馬一浮"禮以義起"的實踐決斷,體現了他以義理爲判事根基,"知遇事能以義理自勘,從此必可得力",[①]"在書院所談經術,一以義理爲歸"。[②] 但是要切忌空談,"講義理之學者,有一大病,即是出入口耳,講了便休。學者聽人説天理,便以爲已經領會得,更不自家用力。如是,則其所領會之天理,乃是人家説與的,自己都無分"。[③] 程頤臨終之時,"門人進曰:先生平日所學,正今日要用。伊川曰:道著用便不是",[④]馬一浮認爲"想當時從明道遊者,亦不免有此一類人。似謂一入先生之門,天理便有之於己了。故明道説'吾學雖有所受,天理二字却是自家體貼出來',乃是警學者只圖口耳,全不用力,不知天理非可從人受者,須著眼'自家'二字。所謂學以致用者,乃自然之效。學養有素,則事至物來,自有一個當然之則,不待安排。所謂'舉而措之,謂之事業'也。如著意用上,則不免鶩外,計較之心生,必墮入功利去矣。學者大病,只是學來要用,一心只在用上,末稍便流入功利去。伊川臨終之言,警切極矣"。[⑤] 馬一浮主張義理定要落在"自家",方爲有根基。

義理要落於自家,其方法一爲讀經,一爲實踐,"學者用力之方,讀經最爲要緊,蓋經爲義理之總匯,薰習既久,則知見、習氣不知不覺間可逐漸消除,初念亦可逐漸發露。然亦必須將經義一一切己體會,返躬實踐,方有益處。否則專求文字訓詁,轉增知見,無益也"。[⑥] 讀經與實踐並非二分的關係,切己體會是實踐,作用于行爲日常亦爲實踐,在馬一浮看來,"心性義理本是切實,而人以爲空虚,事功本是虚幻,而人以爲真實,正是顛倒見",因此他對别人批評自己"專講心性義理之學爲空虚"頗不以爲然。[⑦] 事實上,書院以"講求經術義理"爲本,也是基於馬一浮對現世的觀察,"聞寇勢復張,未來事黑如漆,而人心之晦盲否塞,雖十重鐵甲,未足以喻,聖人復起,亦不奈他何。義理不明之害,至於今日爲極致矣"。[⑧]

---

① 馬一浮:《爾雅臺答問續編》卷五《答吴敬生》,《馬一浮全集》第1册(下),第551頁。
② 馬一浮:《爾雅臺答問》卷五《答王君》,《馬一浮全集》第1册(上),第421頁。
③ 馬一浮:《爾雅臺答問續編》卷四《示袁竹漪》,《馬一浮全集》第1册(下),第538頁。
④ 程顥、程頤:《二程集》之《河南程氏遺書》附録"明道先生年譜",第345頁。
⑤ 馬一浮:《爾雅臺答問續編》卷四《示袁竹漪》,《馬一浮全集》第1册(下),第539頁。
⑥ 烏以風輯録:《問學私記》,《馬一浮全集》第1册(下),第729頁。
⑦ 烏以風輯録:《問學私記》,《馬一浮全集》第1册(下),第763頁。
⑧ 馬一浮:《爾雅臺答問補編》卷一《示吴敬生》,《馬一浮全集》第4册,第15頁。

結 語

馬一浮編纂的書目體現了其"六藝該攝一切學術"的觀念,各門類相互統攝,功能互爲補充,他將六藝比作"華嚴家帝網珠",交光相羅,重重無盡,一一珠中遍含百千珠相,交參互入,不雜不壞。[①] 作爲六藝一門的"禮",自不能割裂視之,尤其要注意詩、樂、禮的關係,言詩則攝禮,言禮則攝樂。馬一浮承朱子之説,認爲"興於詩,立于禮,成于樂"非指求學自修的三階段,而是齊頭並進、相互統合,"詩者,志也;禮者,履也。在心爲志,發言爲詩;在心爲德,行之爲禮。故敦詩説禮,即是蹈德履仁","詩之所志,禮亦至焉","言而履之,禮也,行其所言,然後其言信而非妄。行而樂之,樂也。樂其所志,然後其行和而中節,此謂禮之所至,樂亦至焉。故即詩即禮,即禮即樂"。[②] 又言《易》統禮樂,"《易》中凡言亨者,即樂義;凡言貞者,即禮樂",禮樂關係皆陰陽合德之理。[③]

基於六藝之間相互統合緊密的關係,馬一浮强調學者應遍讀群經,"必通群經而後能通一經,故專治一經,不是偏曲",[④]推崇"求通"的讀書法。正是由於馬一浮接觸了廣博的知識,嘗試過不同的學問取徑,當折返儒學,深研六經之時才能提綱挈領、觸類旁通,將獨到的思想注入到對六藝的再闡釋中,並以此整合龐大的知識體系。馬一浮主張遍讀群經,還在於他反對將義理懸置,反對涵養不足就急於用事,儘管他留心於書目編纂,一生致力於刻書事業,但是却與傳統目録學的追求有别,在他看來,知識的整理分類,不是僅僅爲了利於尋檢庋藏,甚或辨章學術、考鏡源流,而在於相互融通以追求更高價值的義理。以義理爲宗,舉一反三,馬一浮以此指導學禮與治禮,認爲掌握了"禮以義起"自能超越門户之見,不僅可以幫助學者判定文獻價值與觀點優劣,還可解決禮儀實踐中的難題。從解讀到運用,馬一浮超越書齋内外的界限,最終將目標定位在形成"完善的人",這恰好反映了馬一浮對書院學生提出的期待,即通經目的在於"變化氣質,去其習染","重體驗,崇踐履,記誦知解雖非不重要,但視爲手段而非目的",[⑤]對於現世的關懷自然熔鑄其中。馬一浮的上述觀點正是基於對六藝之學"可推

---

① 馬一浮:《復性書院講録》卷四《禮教緒論》,《馬一浮全集》第 1 册(上),第 248 頁。

② 馬一浮:《復性書院講録》卷四《禮教緒論》,《馬一浮全集》第 1 册(上),第 248 頁。

③ 馬一浮:《書札》卷三《與學生晚輩(張立民)》,《馬一浮全集》第 2 册(下),第 792 頁。

④ 馬一浮:《爾雅臺答問續編》卷四《示袁竹漪》,《馬一浮全集》第 1 册(下),第 539 頁。

⑤ 葉聖陶:《致諸翁》(1939 年 4 月 5 日),《馬一浮全集》第 6 册(上),第 353 頁。案:葉聖陶極其贊成踐履的觀點,但是認爲所憑藉的教材爲古籍,爲心性之玄理,則所體驗所踐履者,至少有一半不當於今之世也。

行於全人類,放之四海而皆準"①的自信,不僅可以發揮民族精神,更可以普及並革新世界的自信,彰顯着近現代世界觀念引入後,學人對傳統學術和中華文化的再認知與全新定位,這使得馬一浮的學術思想雖承宋明理學,却也展現出與之迥然不同的時代色彩。

作者簡介:

姚永輝,女,1980年生,四川瀘州人,杭州師範大學副教授,杭州國際城市學研究中心浙江省城市治理研究中心客座研究員。主要研究方向爲禮學、宋代社會文化史、宋代城市史,近年代表論著有《重尋"吾禮之柄":丘濬〈文公家禮儀節〉的文本生成理路》(吴震、郭曉冬主編《視域交匯中的經學與家禮學》,上海古籍出版社,2022年),整理古籍有《纂圖集注文公家禮》(上海古籍出版社,2024年)、《文公家禮儀節》(上海古籍出版社,2024年)、《家禮集説》(上海古籍出版社,2024年)。

① 馬一浮:《泰和會語》之《論西來學術亦統於六藝》,《馬一浮全集》第1册(上),第19頁。

多維要素中的理論探求:《禮學文獻八講》讀後

胡雅静

《禮學文獻八講》2023 年 10 月由商務印書館出版,爲浙江大學文獻學研究生教程叢書第一種。作者關長龍現任浙江大學古籍研究所教授,馬一浮書院、漢語史研究中心兼任教授,主要從事禮學文獻、數術文獻及漢語史研究,曾著《中國學術史述論》《兩宋道學命運的歷史考察》等書,更有《敦煌本數術文獻輯校》《敦煌本堪輿文書研究》等,並合著《敦煌經部文獻合集》,主撰"韵書之屬"。作者熟於文獻整理,兼具宏觀視野,雙重優勢在新著《禮學文獻八講》中有鮮明體現。

該書並非常見的普通教材,在基本知識講授之外,大量融入作者研究心得與個人創見,表現出與此前同類經學、禮學教材或概論性著作的顯著差異。作者立足於、同時不囿於禮學的經學屬性,將禮上升爲中華民族生活方式的高度,努力揭示禮的文明史意義,並指出中華禮樂文明的當代轉化與重建"必然要在人類文明的視野中才能完成"(第 23 頁。該書頁碼,下同)。在此指導下,作者綜合運用多種學科方法,對禮學進行了饒富新意的分疏與闡釋。

經書内容的分類是經學研究的重要話題,不同時代有不同的理解。作者借鑒社會學、民俗學、人類學、宗教學等學科視角與成果,嘗試證成禮學是包括禮樂、禮意、禮義、禮儀、禮器、禮術、禮法七要素的結構系統這一新命題(第 28 頁)。全書不但論及三禮及《大戴禮記》等禮經類文獻,更花費不小篇幅講授禮制、禮俗等禮儀類文獻和禮論、禮器等類文獻,而對禮意、禮義、禮術三類文獻的提煉衍釋,尤見作者的學術匠心和理論構建的雄心。

在該書的章節標題中,作者凝練出"終極關懷""禮義覺醒""禮義踐行""禮學反思""禮意冥契""禮儀表達""禮儀流行"等術語,這些獨特的術語在既往概論與研究性著作中並不常見,但却很能展現禮之貫通人類思想、生活與文明進化多重維度的特性。作者並不滿足於對禮學文獻進行文本層面的研究,而是竭力挖掘文獻背後的意義與在真實世界中的價值。

對於筆者最感興趣的"禮樂",作者做了細緻分疏。該書指出,狹義的禮樂是指音、歌、舞活動及其表達出的情志,而廣義的禮樂則是指行禮主體在踐履時所産生的快樂覺受,yuè 與 lè 的音讀改變標志着從具體活動、形態到主體心性體認的過渡,並根據主體參與與否而區分了禮樂與器樂兩種類别(第 197—199 頁)。作者更介紹王國維、項陽、賈海生等近現代學者相關著作,點明禮樂在古代政治儀式中的核心地位,對禮樂"感物而動"的致用要素和"率神從天"的呈現境界有很好的論述。這樣一種整全的禮樂觀,較之當下普遍流行的源自近代西方的推崇"音本體"的音樂研究話語體系,更爲吻合中國經學理念影響下的音樂觀念,也更能彰顯中國音樂傳統的豐富意藴。目前,音樂學界已逐漸認識到中國音樂傳統在當代藝術實踐中的重要作用,而對中國音樂教化、治理功能的發揮尚不充分。正如作者所説,"傳統禮學生態的修復與重建,還有很長的路要走"(第 330 頁),而該書則爲修復並重建禮學生態作出了積極的努力,其在多維度、多要素中對禮學的理論探求,值得不同學科研究者關注。

(本文爲北京市教委社科計劃一般項目"先秦樂事活動及其教化思想研究"(SM202410046001)階段成果。作者單位:中國音樂學院、中國音樂研究基地)

出土文獻與《尚書·君奭》"召公不悦"考論*

劉光勝

内容摘要 由於《書小序》言之不詳,且《尚書·君奭》文辭古奥,"召公何時、何因不悦"遂成爲聚訟千年的學術公案。從《君奭》主旨、周公政治境遇以及周、召二公關係史看,"召公不悦"當發生在周公攝政之時。郭店簡《成之聞之》引《君奭》"毀我二人,毋有合才(在)音(焉)",是《書小序》所記"召公不悦"在《君奭》篇中的典型體現。劉起釪、傅斯年質疑《書小序》"召公不悦"爲無稽之談,而以郭店簡《成之聞之》引《書》爲參照,可知《書小序》所言不虚。《君奭》文本在流傳過程中發生了諸多改變,音近通假、字形訛誤乃至句讀失當,可能是朱熹等人誤讀該篇的重要緣由。

關鍵詞 《君奭》 郭店簡 清華簡 召公

周公、召公同爲西周宗室、姬姓重臣,兩人之間的矛盾如果長期積澱,無疑將對西周新生政權産生難以估量的消極影響。《尚書·君奭》篇的發佈,成功地化解了召公的疑慮,使周、召二公由分歧重新走向合作,在西周開國史上佔據着極爲重要的地位。

《書》説之謬悠,莫如《君奭》篇。① 由於《書小序》語焉不詳,學者對於《君奭》"召公不悦"的時間、緣由,乃至該篇主旨疑竇叢生。"召公不悦"發生在周公攝政時,還是歸政成王之後?《書小序》説《君奭》之作緣於"召公不悦",但爲何朱熹、劉起釪等名家碩儒却在《君奭》文本中没有發現對應的内容?筆者藉助郭店簡、清華簡等出土文獻,梳理"召公不悦"的真相,探尋南宋以降儒者誤讀《君奭》的原因,進而對《君奭》文本做出新的解讀。筆者行文不當之處,敬請方家不吝批評、賜教。

---

* 本文係國家社科基金冷門絶學研究專項學術團隊項目"先秦兩漢出土易類文獻匯纂通考與話語體系建構研究"(23VJXT002)的階段性成果。

① 方苞之語,參見方苞:《望溪先生全集》卷一,四部備要本,第3頁。

一 以往學界諸説的回顧與檢討

對於《尚書・君奭》"召公不悦"發生的時間,學界主要有兩種意見:一是周公攝政之時。《史記・燕召公世家》云:"成王既幼,周公攝政,當國踐祚,召公疑之,作《君奭》。"①周成王年幼,周公攝政當國,召公懷疑周公。周公爲打消召公的疑慮,作《君奭》。《列子・楊朱》篇説"武王既終,成王幼弱,周公攝天子之政。邵(召)公不悦,四國流言",②可見史遷之説淵源有自。此後《漢書・王莽傳》《孫寶傳》及《後漢書・申屠剛傳》,乃至清儒皮錫瑞、王先謙等皆服膺《史記》之言。

二是周公歸政成王之後。《史記集解》引馬融注曰:"召公以周公既攝政致太平,功配文、武,不宜復列在臣位,故不説。"③召公不高興的原因,是周公功勳卓著,堪比文、武,不應復居於人臣之位,所以時間自然在周公還政成王之後。《君奭》孔穎達疏亦云:"成王即政之初……召公以周公嘗攝王之政,今復在臣位,其意不説。"④周公曾經攝王政,居功至偉。今復居臣下之位,恐不合適。孔穎達與鄭玄、王肅等人意見一致,⑤皆認爲召公不悦,發生在周公歸政成王之後。

清儒陳喬樅云:"周公以成王爲沖子,自是幼少之時,若在復辟之後,則成王年逾二十,早有成人之道,豈得稱爲沖子哉!"⑥《盤庚下》孔穎達疏:"'沖''童'聲相近,皆是幼小之名。"⑦沖子即是童子,成王年逾二十,不宜稱爲沖子。陳喬樅從成王稱謂的角度出發,推定《君奭》作於周公攝政期間。夏含夷將《君奭》"誕無我責收",訓釋爲(周公)請召公不要責備他,不應該請他引退,放棄攝政。⑧ 葛志毅認爲《君奭》"小子同未在位"之"小子"是周公自稱,"汝明勖偶王"的"偶王"爲假王周公⑨。他們從文辭訓詁的角度,支持陳喬樅的意見。

---

① 司馬遷:《史記》卷三四《燕召公世家》,北京:中華書局,2014年,第1875頁。

② 《列子》成書雖備受學界質疑,但不能因此全盤否定其史料價值,其書當存有先秦時期的文獻信息。參見楊伯峻:《列子集釋》卷七《楊朱》,北京:中華書局,2013年,第244頁。

③ 參見司馬遷:《史記》卷三四《燕召公世家》,第1876頁。

④ 孔安國傳,孔穎達疏:《尚書正義》卷一六《君奭》,《十三經注疏》,北京:中華書局,1980年,第223頁。

⑤ 孔穎達疏云:"鄭、王皆云周公既攝王政,不宜復列於臣職,故不説。"參見孔安國傳,孔穎達疏:《尚書正義》卷一六《君奭》,第223頁。

⑥ 轉引自皮錫瑞:《今文尚書考證》卷二一《君奭》,北京:中華書局,1989年,第383頁。

⑦ 孔安國傳,孔穎達疏:《尚書正義》卷九《盤庚下》,第172頁。

⑧ 夏含夷:《周公居東新説——兼論〈召誥〉、〈君奭〉著作背景和意旨》,郭偉川編:《周公攝政稱王與周初史事論集》,北京:北京圖書館出版社,1998年,第139頁。

⑨ 葛志毅:《譚史齋論稿續編》,哈爾濱:黑龍江人民出版社,2004年,第172—173頁。

但孫星衍、曾運乾、楊筠如等學者持反對意見,他們依據《書小序》編次,《君奭》編於《多士》篇之後,推斷其作於成王即政之初。① 陳衍指出,太公、周公、召公並稱三公,《君奭》屢言"襄我二人""在時二人",皆不及太公,説明該篇作於太公已薨之後。② 陸建初説:"(《君奭》)此篇之章節每以'周公曰'啓首,不再擬成王口吻,可知已還政也。"③《君奭》稱"公曰"而不稱"王曰",暗示它當在歸政周成王之後。

至於"召公不悦"的原因,《書小序》云:"召公爲保,周公爲師,相成王爲左右。召公不説,周公作《君奭》。"④《書小序》只是説召公不悦,未説緣於何事。《史記集解》引馬融之説:"(召公)以爲周公苟貪寵也。"⑤周公既然還政成王,就應當功成身退,不應再貪戀權位,擔任成王之師。⑥ 周公乃聖人,自然不會貪戀權勢。後儒於是紛紛提出新的猜測。蘇軾《書傳》曰:

> 舊説或謂召公疑周公,陋哉斯言也! 方周公攝政,管、蔡流言,周公晏然不自疑,當時大臣亦莫之疑者,何獨召公也? 今已復子明辟,召公復何疑乎? 然則何爲不悦也? 功成身退,天之道也。故伊尹既復政則告歸,而周公不歸,此召公所以不悦也。⑦

在蘇軾看來,周公攝政、管蔡流言之際,没有大臣懷疑周公。周公歸政成王之後,召公自然更不會懷疑他。所謂"召公懷疑周公"根本不存在。功成身退,天道如此,"召公不悦"則是"以滿溢爲憂",指周公未能仿效伊尹還政後告歸,没有遵循天道法則。清儒俞樾的意見恰好相反,他説:"召公以主少國疑,欲周公循殷家兄終弟及之制。"⑧周初政局動盪不安,而周公不能效法殷人繼承制度,纂承大統,早定大業,所以招致召公不悦。⑨ 孫星衍云:"不説周公之歸政,而不去位之魯也。"⑩他認爲"召公不悦"的緣

---

① 參見孫星衍:《尚書今古文注疏》,北京:中華書局,1986 年,第 446 頁;曾運乾:《尚書正讀》卷五,北京:中華書局,1964 年,第 226 頁;楊筠如:《尚書覈詁》卷四《周書下》,西安:陝西人民出版社,2005 年,第 362 頁。

② 陳衍撰,陳步編:《陳石遺集》(中),福州:福建人民出版社,2001 年,第 774 頁。

③ 陸建初:《歌叙而賦政而祝史:〈尚書〉新儒考釋》,上海:學林出版社,2016 年,第 391 頁。

④ 孔安國傳,孔穎達疏:《尚書正義》卷一六《君奭》,第 223 頁。

⑤ 司馬遷:《史記》卷三四《燕召公世家》,第 1876 頁。

⑥ 《後漢書·申屠剛傳》注曰:"周公既還政成王,宜其自退,今復爲相,故不悦也。"參見范曄撰,李賢等注:《後漢書》卷二九,北京:中華書局,2019 年,第 1013 頁。

⑦ 蘇軾著,李之亮箋注:《蘇軾文集編年箋注》,成都:巴蜀書社,2011 年,第 443 頁。

⑧ 轉引自李慈銘:《越縵堂讀書記》,沈陽:遼寧教育出版社,2001 年,第 754 頁。

⑨ 洪國樑贊成俞樾之説,參見洪國樑:《〈尚書·君奭〉篇旨探義》,虞萬里主編:《經學文獻研究集刊》第 24 輯,上海:上海書店出版社,2020 年,第 16—29 頁。

⑩ 孫星衍:《尚書今古文注疏》卷三〇下,第 603 頁。

由,是指周公致政後而不去魯國就位。

宋儒程頤云:"師保之任,古人難之。故召公不説(悦)者,不敢安於保也。"①"召公不悦"的原因,與周公無關,而是召公擔心自己不能勝任太保之職。蔡沈《書經集傳》:"召公自以盛滿難居,欲避權位,退老厥邑,周公反復告諭以留之爾。"②成王命召公爲太保,召公不願高居權位,志在歸隱封邑。周公反復喻告,竭力勸阻、挽留。陳第、胡廣、吕柟等與蔡沈意見相近。章如愚將"召公不悦"理解爲不樂高位,欲辭歸就位於燕。③ 實際上,召公年少於周公,周公去世後,他繼續輔弼成王、康王,因此没有理由在成王繼位之初便提出辭歸。④

成王年幼,才能中等,能否勝任文武之業,尚難以預料。王安石云:"成王,可與爲善,可與爲惡者也。周公既復辟,成王既即位,蓋公懼王之不能終而廢先王之業也,是以不悦焉。"⑤在王安石看來,召公不悦的理由是擔心周公還政成王后,成王不能將文武之業發揚光大。蘇轍、林之奇皆持類似的意見。

簡言之,對於《君奭》"召公不悦"的時間,主要有周公攝政時、還政成王后兩種説法。至於"召公不悦"的緣由,學者的解釋可謂是衆説紛紜:或質疑周公歸政後却不退位;或云召公欲致仕歸隱,周公竭力勸阻;或對成王執政能力持懷疑態度。南宋以後,蔡沈"挽留説"逐漸成爲學界的主流意見。對於《君奭》同一語詞"偶王",孫星衍主張"偶"訓讀爲"侑","偶王"乃輔助天子之義,⑥陳衍認爲是指周公、召公分陜而治,出爲二伯,⑦葛志毅解釋爲假王周公。⑧《尚書》佶屈聱牙,文辭古奥,對《君奭》文字訓解、辭例歸納的不同,是造成學者分歧的癥結所在。經過學者激烈的争鳴,雖未達成一致意見,但却啓示我們對於"召公不悦"時間、原因的考察,要把關注的重點轉向《君奭》經文本身,去尋找更加堅實的證據。

---

① 程顥、程頤:《二程集》,北京:中華書局,1981年,第72頁。

② 《朱子語類》卷七九朱熹説:"召公要去後,周公留他,説道朝廷不可無老臣。"蔡沈是在其師基礎上的繼續發揮。參見蔡沈:《書經集傳》,北京:中國書店,1994年,第164頁。

③ 章如愚説:"召公已封於燕,身留相周而不得優遊。"轉引自程元敏整理:《王安石全集》第2册,上海:復旦大學出版社,2016年,第253—254頁。

④ 劉沅説:"召公年下於周公,周公没後,召公事成王及康王,何緣成王初年即欲退老邪?"參見劉沅:《十三經恒解》卷四《書經恒解》,成都:巴蜀書社,2016年,第20頁。

⑤ 傅雲龍、吴可主編:《唐宋明清文集》第1輯《宋人文集》卷二,天津:天津古籍出版社,2000年,第1112頁。

⑥ 孫星衍:《尚書今古文注疏》卷二二,北京:中華書局,1986年,第455—456頁。

⑦ 陳衍撰,陳步編:《陳石遺集》(中),第774頁。

⑧ 葛志毅:《譚史齋論稿續編》,第172—173頁。

二 "召公不悦"的時間與緣由

(一)"召公不悦"發生在周公攝政之時

王肅、孔穎達主張《詩經・周頌・敬之》爲周公致政、成王嗣位時所作,[①]李學勤、張利軍又詳細補充論證,其説可信。[②] 清華簡《周公之琴舞》與《敬之》篇内容直接對應,可知其雖不免後世增删潤色,但主體形成時間當在周初。

清華簡《周公之琴舞》周成王云:"弼寺(持)其又(有)肩,䏌(示)告余顯德之行。"[③]弼持,輔弼之臣。又(有)肩,承擔職責。成王要求重臣恪盡職責,告訴他彰顯德行的方法。成王又曰:"亘(恒)稱其有若,曰亯(享)答余一人。"[④]享,進獻。答,報答、酬答。余一人,天子自稱。[⑤] 成王踐祚之時,勉勵群臣進善言、行善德,以竭誠輔弼自己。

簡本《周公之琴舞》周公曰:"無悔享君,罔斁(墜)其考。享惟滔(慆)帀(思),考(孝)惟型帀(思)。"[⑥]孝親,則效法祖考之德行。享君,則忠誠地進獻國君。君,這裏指的是成王。成王謙卑蒞政,周公敦促群臣盡心輔佐成王,[⑦]此乃周公歸政、成王嗣位時的政治場景。

爲何周文王能得到天命的眷顧? 除了德行出衆外,重要的緣由在於虢叔、閎夭、泰顛、散宜生、南宫括等賢臣輔佐。武王之時,多得散宜生等人輔助,才能剪滅商邑。《尚書・君奭》周公曰:"今在予小子旦,若遊大川,予往暨汝奭其濟。"[⑧]我現在的處境像横渡大川,迫切需要君奭你的輔弼,才能渡過難關。"告君乃猷裕我"[⑨],你要貢獻你的謀略來輔助我。周公作《君奭》,追憶商湯、太甲、祖乙、武丁、文王及武王之事蹟,其

---

① 參見毛亨傳,鄭玄箋,孔穎達疏:《毛詩正義》卷一九,《十三經注疏》,北京:中華書局,1980年,第598頁。

② 李學勤:《再讀清華簡〈周公之琴舞〉》,《紹興文理學院學報》2014年第1期,第1—2頁;張利軍:《清華簡〈周公之琴舞〉與周公攝政》,《中國史研究》2018年第1期,第5頁。

③ 清華大學出土文獻研究與保護中心編:《清華大學藏戰國竹簡(叁)》,上海:中西書局,2012年,第133頁。

④ 清華大學出土文獻研究與保護中心編:《清華大學藏戰國竹簡(叁)》,第133頁。

⑤ 《禮記・玉藻》云:"凡自稱,天子曰予一人。"

⑥ 清華大學出土文獻研究與保護中心編:《清華大學藏戰國竹簡(叁)》,第133頁。

⑦ 《尚書・立政》爲成王親政之時,清華簡《四告(周公之誥)》與之文句多處相似,大約爲同時之作。清華簡《四告》周公曰"允(選)厥元良,以傅輔王身",選拔賢臣輔助成王,切合周公歸政成王時的政治主張。參見清華大學出土文獻研究與保護中心編:《清華大學藏戰國竹簡(拾)》,上海:中西書局,2020年,第110—111頁。

⑧ 孔安國傳,孔穎達疏:《尚書正義》卷一六《君奭》,《十三經注疏》,第225頁。

⑨ 孔安國傳,孔穎達疏:《尚書正義》卷一六《君奭》,《十三經注疏》,第225頁。

作誥主旨是勸告召公像虢叔等人一樣協助他。表面上還政成王,暗地裏却勸召公盡力輔佐自己,如此陽奉陰違之事,絶非聖人周公所爲。此乃《君奭》作於周公攝政期間的關鍵性證據。

剪滅三監、征伐淮夷、遷移殷頑民、營建洛邑,周公在幾乎把所有的政治難題解決之後,才把政權交付給成王。此爲後世史家所豔稱的"惟周公誕保文武受命,惟七年"①。周公歸政成王之後,西周政權進入平穩發展期,已基本上没有什麽重大的政治難題了。周公是傑出的政治家,他説自己當前處境"若遊大川",必然是遭遇巨大的政治困難。周公説只有召公與他和衷共濟,才能渡過難關,也同樣暗示自己處境的艱險。成王年幼,缺乏應對能力。周公不可能在自己覺得險阻重重、危機四伏的情况之下,將政權交給孺子成王。因此從周公當時所處的政治境遇看,《君奭》發佈的時間也應在歸政成王之前。

《尚書·大誥》發佈時間,在三監之亂爆發之際。現將《君奭》與《尚書·大誥》共同的内容,列表對比如下:

《尚書·大誥》與《君奭》内容對照表

篇目 内容	《尚書·大誥》	《君奭》
周公當時的處境	有大艱于西土……艱大,民不静。	我受命無疆惟休,亦大惟艱。
譬喻	若涉淵水,予惟往求朕攸濟。	今在予小子旦,若遊大川,予往暨汝奭其濟。
政治目標	不可不成乃寧考圖功。	我咸成文王功于不怠。

對於周公當時所處嚴峻的局勢,《大誥》《君奭》皆用"大艱"或"艱"來形容。《大誥》"若涉淵水",與《君奭》"若遊大川"喻體相同。《大誥》"予惟往求朕攸濟",《君奭》"暨汝奭其濟",都是周公希冀别人輔助自己達到彼岸。至於政治目標,《大誥》説"不可不成乃寧考圖功",《君奭》云"我咸成文王功於不怠",周公都以完成文王、武王未竟的事業爲己任。當時處境、譬喻方式、政治目標相同,且《君奭》與《大誥》關鍵性的語詞,如艱、大艱、濟等,基本一致。由於《大誥》"若涉淵水",明確譬喻的是三監之亂,因而我們懷疑《君奭》周公曰"若遊大川"也應如此。

從文獻記載看,周公、召公唯一一次不睦,見於《尚書·金縢》。《金縢》篇説:"周

① 孔安國傳,孔穎達疏:《尚書正義》卷一五《洛誥》,《十三經注疏》,第217頁。

公乃告二公曰:‘我之弗辟,我無以告我先王。’”[①]周公説自己之所以攝政,是因爲不如此無法告慰先王。周公向召公(包括太公)表明心跡,暗示召公此時對他有所誤會。此後誤解消除,召公輔助周公“内弭父兄,外撫諸侯”(《逸周書・作雒》),共克時艱。二次東征,武庚北奔,召公協助周公剪滅武庚(見大保簋銘文)。二次東征結束後,兩人攜手營建洛邑(見《尚書・洛誥》)。成王親政,兩人精誠合作,互相扶持,夾輔成王,再無抵牾傳言。所以從周公、召公兩人關係史看,“召公不悦”很可能發生在武王辭世、周公剛剛攝政之際。

《君奭》編在《多士》篇之後,馬融、鄭玄等遂言“召公不悦”發生在成王親政之後。但《書小序》有時候會兼顧《書》篇的性質與作者的身份地位,[②]它的篇目編次並非嚴格遵循時間之序,如《成王政》《將蒲姑》事本在前而編排於後。[③] 武王有意讓周公繼承王位,他都予以拒絶,[④]周公歸政後反而貪戀師保之位,馬融、鄭玄等學者的解釋難以自圓其説。與馬、鄭之説相比,《史記・燕召公世家》早出,且與《金縢》周公向召公表明心跡的記載互相發明,因此“召公不悦”發生在周公攝政期間,可信度更高一些。

(二)“召公不悦”可能與周公“假爲天子”有關

一旦時間確定,則“召公不悦”的原因便明朗了。《尚書・康誥》是册命康叔的命辭,[⑤]該篇云:“王若曰:‘孟侯,朕其弟,小子封,惟乃丕顯考文王。’”[⑥]康侯封是周公之弟,《康誥》時王稱康叔爲弟,自然是周公無疑。從“王若曰”看,周公很可能以王的名義發佈了册封康叔的誥命。《尚書・大誥》“王若曰”之“王”,同樣是指周公。《大誥》是周公召集諸侯,以王的名義發佈二次東征的動員令。清華簡《皇門》記載周公面對大門宗子(宗族成員)時,稱“公若曰”,而不稱“王若曰”。簡言之,要區分不同場合,處理國家大政時稱“王”,而管理宗族内部事務時稱“公”,此應爲“周公稱王”的歷史真相。學者或認爲周公稱王,[⑦]或堅決否定之,[⑧]周公攝政,“假爲天子”才是較爲可信的事實。

在金縢之書未出之前,懷疑周公的並非只有成王一人。《荀子・儒效》記載:“(周

---

① 孔安國傳,孔穎達疏:《尚書正義》卷一三《金縢》,《十三經注疏》,第197頁。

② 程浩:《從出土文獻看〈尚書〉的篇名與序次》,《史學集刊》2018年第1期,第113—118頁。

③ 此處採用陳喬樅之説。參見皮錫瑞:《今文尚書考證》卷二一,第383頁。

④ 《逸周書・度邑》武王説“乃今我兄弟相後”,周公恐,表示拒絶。參見黄懷信等:《逸周書彙校集注(修訂本)》卷五《度邑解》,上海:上海古籍出版社,2007年,第478—479頁。

⑤ 《左傳》定公四年説“命以《康誥》而封于殷墟”。

⑥ 孔安國傳,孔穎達疏:《尚書正義》卷一四《康誥》,《十三經注疏》,第203頁。

⑦ 劉起釪:《由周初諸〈誥〉的作者論“周公稱王”的問題》,《人文雜誌》1983年第3期,第66—74頁。

⑧ 劉國忠:《清華簡與西周史研究》,《中國社會科學》2021年第1期,第68—82頁。

公)履天子之籍,負扆而坐(立),諸侯趨走堂下。"[①]周公踐登天子之位,背對屏風站立,諸侯快步前來朝見。《儒效》篇又曰:"(周公)履天子之籍,聽天下之斷,偃然如固有之。"[②]商代兄終弟及制一度盛行,周初影響尚存。召公耳聞管、蔡流言,目見周公踐居王位,"偃然如固有之",而成王却被冷落一旁。武王臨終時"命詔周公旦立後嗣(成王)",召公誤以爲周公要違背武王遺命,兄終弟及,僭越稱王,所以心生不悦。《君奭》周公曰:"在今予小子旦,非克有正,迪惟前人光,施于我沖子。"[③]沖子,指成王。周公説自己不足以做表率,只是將先王的美德傳延給成王。面對召公不悦,周公特意申明"讓成王做接班人"的政治意圖,始終未曾改變。

《漢書・王莽傳》云:"周公服天子之冕,南面而朝群臣,發號施令,常稱王命。召公賢人,不知聖人之意,故不説(悦)也。"[④]管、蔡及武庚作亂,淮夷叛周,周初政治形勢極爲艱險。成王年幼,根本無力應對當時複雜的政局,所以周公攝政,南面號令群臣,身着天子之冕服,以王的身份發佈政令。召公不知周公之意,疑其僭越,因此内心不悦。筆者認爲,《王莽傳》的解説基本符合歷史真實的情形。[⑤]

綜上,《君奭》"召公不悦"發生在武王去世、周公攝政之時。武王遺囑立成王,而周公"屏成王",服冕服,以王的身份發佈政令,朝見諸侯與天子禮儀同,加之管蔡流言於國,召公誤會周公圖謀僭越,因而不悦。三監之亂爆發後,周人内部也頗爲"不静"。周公採取的應對措施,首先告喻召公,争取領導核心集團的團結(見《君奭》);其次誥大門宗子,加強宗族内部團結(見《皇門》);最後宣佈成王之命,誥友邦諸侯,建構"統一戰綫"(見《大誥》)。《尚書・君奭》、清華簡《皇門》《尚書・大誥》宛若内外兼顧的"組合拳",直指三監之亂。過去我們只是以清華簡《皇門》《尚書・大誥》爲文獻依據,揭示周公高超的組織應變能力。[⑥] 現補入《君奭》篇,將周公應對三監之亂的政治智慧更加全面地揭櫫出來。

三　朱熹、劉起釪等誤讀《君奭》的根源

很多學者並不相信《書小序》之言,宋儒朱熹曰:"召公不悦,只是《小序》恁地説,

① 王先謙:《荀子集解》卷四《儒效》,新編諸子集成本,北京:中華書局,1988 年,第 134 頁。

② 王先謙:《荀子集解》卷四《儒效》,新編諸子集成本,第 114 頁。

③ 孔安國傳,孔穎達疏:《尚書正義》卷一六《君奭》,第 223 頁。

④ 班固:《漢書》卷九九上《王莽傳》,北京:中華書局,2019 年,第 4080 頁。

⑤ 《王莽傳》先"《書》曰",後"説曰",此種體例,估計乃擇取漢代經學家的意見。

⑥ 參見拙作:《三監之亂與周公治國謀略的展開——以清華簡〈皇門〉爲中心的考察》,《古代文明》2020 年第 3 期,第 63—70 頁。

裹面却無此意。"[①]《書小序》雖云"召公不悦",但朱熹在《君奭》文本中,却没有找到"召公不悦"的具體内容。蔣伯潛強調綜觀《君奭》全篇,並無一語以釋召公之疑者。[②] 從《墨子·非命中》引召公之言看,召公不相信天命,與《君奭》周公"天難諶,乃其墜命"相同,龍偉據此認爲《君奭》没有"召公不悦周公"之意。[③] 由於在《君奭》篇没有發現"召公不悦"的緣由,張英、崔述等認爲周、召二公相處,"必有互相勉厲之語"。至於"召公不悦"的原因,他們以"人情之常"予以遮掩、搪塞。[④]

自南宋始,蔡沈、郝敬、王筠等相繼質疑《書小序》不可信。劉起釪斷言召公協助周公力征經營,討平叛亂,重新穩定了周王朝,這就足以徹底否定所謂召公不悦周公攝政當國的無稽之談。《書小序》"召公不悦"是《君奭》篇中所無之義,是先秦兩漢談《君奭》篇者所強加上去的。[⑤] 傅斯年語辭尤爲激烈,他斥責僞《書序》以爲"召公不悦,周公作《君奭》",真閉眼胡説矣。[⑥]

出土文獻爲《書小序》之説提供了證據支撑,郭店儒簡《成之聞之》篇曰:

> 《君奭》曰"嬰(襄)我二人,毋有合才(在)音(言)",害(蓋)道不悦之司(詞)也。君子曰:"唯有其恒而可,能終之爲難。"[⑦]

"我二人",指的是周公、召公。王暉、陳偉認爲"毋有合在言",是説周、召二公在言語觀點方面没有相合的。[⑧]《墨子·非命中》:"於召公之執令於(亦)然,且(曰):'敬哉!無天命,惟予二人,而無造言,不自降天之哉得之。'"[⑨]召公不信"天命既定",與周公"天命靡常""天難諶"觀點一致。觀《尚書》之《召誥》《洛誥》諸篇,未見召公與周公思

① 朱熹撰,朱傑人等主編:《朱子全書》第17册,上海:上海古籍出版社;合肥:安徽教育出版社,2002年,第2725頁。

② 蔣伯潛:《十三經概論》,上海:上海科學技術文獻出版社,2019年,第157頁。

③ 龍偉:《〈尚書〉觀心》,成都:四川大學出版社,2013年,第201頁。

④ 張英認爲:"(《君奭》)大約是當日共相勉勵,扶翼成王之言。"崔述云:"今周公既作《立政》《無逸》以勉成王,召公亦作《召誥》以勉成王矣,則二公之相處亦必有互相勉厲之語,乃人情之常,大臣憂國之心之所必至。"參見張英:《張英全書》(上),合肥:安徽大學出版社,2013年,第186頁;崔述撰,顧頡剛編訂:《崔東壁遺書》(上),上海:上海古籍出版社,2013年,第257頁。

⑤ 顧頡剛、劉起釪:《尚書校釋譯論》第3册,北京:中華書局,2005年,第1596—1602頁。

⑥ 傅斯年:《性命古訓辨證》,上海:上海三聯書店,2018年,第121頁。

⑦ 裘錫圭先生指出,"音"或是"言"之誤。筆者斷句與整理者略有不同。參見荆門市博物館:《郭店楚墓竹簡》,北京:文物出版社,1998年,第168—170頁。

⑧ 參見王暉:《周原甲文"汝公用聘"與魯國初封地新證》,陝西師範大學古籍整理研究所編:《陝西師範大學古代文獻研究論集》,西安:陝西師範大學出版社,2002年,第43—44頁;陳偉:《郭店簡書〈德義〉校釋》,丁四新主編:《楚地出土簡帛文獻思想研究(一)》,武漢:湖北教育出版社,2002年,第84頁。

⑨ 孫詒讓:《墨子閒詁》,北京:中華書局,2001年,第276—277頁。

想嚴重齟齬。郭店簡《成之聞之》引《君奭》"毋有合在言"之"言",當爲句末語氣助詞,用法同於郭店簡《六德》篇"男女辨生言,父子親生言,君臣宜(義)生言"之"言"。[①] 王、陳兩位先生將"毋有合在言"之"言",訓釋爲"言語",指周公、召公兩人言語觀點皆抵牾,恐有所不妥。

《君奭》"割申勸寧王之德","割"讀爲"蓋"。[②] 以此推之,郭店簡《成之聞之》"害(蓋)道不悦之司(詞)也"之"害",當讀爲"蓋"。[③] 簡本《成之聞之》作者認爲《君奭》"襄(囊)我二人,毋有合才(在)音(言)",講的是二公中一方對另一方不滿意。郭店簡引《君奭》"襄(注:囊)我二人,毋有合才(在)音(注:焉)",[④]此句大意是:周公説過去我們二人,難道不和睦嗎? 這説明兩人過去關係和睦,現在出現了隔閡。此乃《書小序》所記"召公不悦",在《君奭》篇中的典型體現。

《書小序》云:"召公爲保,周公爲師,相成王爲左右。召公不悦,周公作《君奭》。"[⑤]郭店簡《成之聞之》"不悦之司(詞)",與《書小序》"召公不悦"正相契合,證明了《君奭》"襄(囊)我二人,毋有合才(在)音(言)"説的是周公、召公兩人關係出現了裂痕。簡言之,郭店簡明確是引《君奭》,由於郭店簡《成之聞之》"不悦之司(詞)",與《書小序》"召公不悦"明顯對應,因此劉起釪、傅斯年等指責"《書小序》'召公不悦'爲無稽之談"的意見,是不足取的。

今傳本《君奭》與郭店簡《成之聞之》引《君奭》的區别,主要表現在以下三點:一是郭店簡引《君奭》"毋"字,今傳本作"汝"。《孔傳》將"汝"理解爲君奭,孔穎達則在其基礎上多有發揮:

> 我惟言曰:"當因我文武二人之道而行之。"汝所行事,舉動必當有所合哉!當與文王武王合也。汝所發言,常在是文王武王二人,則天美我周家,日日滋益至矣。其善既多,惟在是文武二人,不能勝受之矣。其汝能敬行德,明我賢俊之人在於禮讓,則後人于此道大且是也。[⑥]

周公對召公説:你的行事要與文王、武王相合;你的話語要與文王、武王相合;你要恭行

① 廖名春:《郭店楚簡〈成之聞之〉〈唐虞之道〉篇與〈尚書〉》,《中國史研究》1999 年第 3 期,第 33—38 頁。

② 參見孫星衍:《尚書今古文注疏》卷二二,第 452 頁。

③ 李天虹等學者已將"曷"讀爲"蓋"。參見武漢大學簡帛中心、荆門市博物館:《楚地出土戰國簡册合集(一)》,北京:文物出版社,2011 年,第 75 頁。

④ "音",當釋爲"言",相當於句末助詞"焉"。參見荆門市博物館:《郭店楚墓竹簡》,第 168—170 頁。

⑤ 孔安國傳,孔穎達疏:《尚書正義》卷一六《君奭》,《十三經注疏》,第 223 頁。

⑥ 孔安國傳,孔穎達疏:《尚書正義》卷一六《君奭》,第 225 頁。

明德,讓後人有所效法。按照《孔傳》、孔穎達的訓解,完全是周公告誡召公如何遵從文武之道,如何明德,根本找不到周公、召公兩人關係不合的内容。

二是郭店簡《成之聞之》引《君奭》"叚我二人",其中"叚"字,今傳本《君奭》作"襄"。"叚"當讀爲"曩",從前、昔時。[①] 而"襄"字,孫星衍等同於"成就",意爲"成人之美",[②]章太炎、周秉鈞解釋爲"除去、除了"。[③] "叚我二人,毋有合才(在)音(言)",原指周公、召公兩人從前關係如何,但蘇軾訓釋爲"王業之成,在我與汝二人而已",[④]黄式三理解爲"除去我二人,汝還有合意之人哉",[⑤]夏含夷闡釋爲"周公建議周、召兩個人共同來攝政"。[⑥] 由於叚(曩)、襄之别,導致他們對《君奭》文本的解讀,嚴重偏離了周公訓誥的本意。

三是句讀不同。今傳本《君奭》:"予惟曰:襄我二人,汝有合哉?言曰:在時二人。"[⑦]從郭店簡引《君奭》看,"言曰"的"言"字當從上讀。《孔傳》以及皮錫瑞、劉起釪等學者的斷讀,都是錯誤的。也就是説,"予惟曰""言曰"後面的内容,皆是周公而非他人所言。孫詒讓《尚書駢枝》説:"言曰,則指他人之言。"[⑧]劉起釪將"言曰",翻譯爲"有人説",[⑨]這些都是由於斷句失當而衍生出的句意理解錯誤。

今傳本《君奭》"天休滋至,惟時二人弗戡"[⑩],上天之休命降臨西周,如果我們二人不睦,恐不能勝任(大命)。周公、召公齊心協力輔佐文王、武王,如今關係出現了裂痕,周公迫切需要化分歧爲團結。筆者猜測《君奭》篇"襄我二人""在時二人""惟時二人""篤棐時二人",皆是指周公、召公二人而言。《孔傳》作者以及孔穎達、王鳴盛將"襄我二人""篤棐時二人"的"二人"訓釋爲文王、武王,則顯然有誤。[⑪]

《尚書》在流傳過程中,文本難免發生變動。"叚(曩)"與"襄"屬音近通假,"毋"

---

① 李學勤:《郭店簡"君子貴誠之"試解》,《中國歷史文物》2002年第1期,第30—32頁。

② 孫星衍:《尚書今古文注疏》卷二二,第456頁。

③ 參見章太炎:《太炎先生尚書説》,北京:中華書局,2013年,第167—168頁;周秉鈞:《尚書易解》,長沙:嶽麓書社,1984年,第250頁。

④ 蘇軾著,李之亮箋注:《蘇軾文集編年箋注》,第447頁。

⑤ 黄式三:《黄式三全集》第1册,上海:上海古籍出版社,2014年,第335頁。

⑥ 夏含夷:《周公居東新説——兼論〈召誥〉、〈君奭〉著作背景和意旨》,郭偉川編:《周公攝政稱王與周初史事論集》,北京:北京圖書館出版社,1998年,第139頁。

⑦ 孔安國傳,孔穎達疏:《尚書正義》卷一六《君奭》,《十三經注疏》,第225頁。

⑧ 孫詒讓:《大戴禮記斠補(外四種)》,濟南:齊魯書社,1988年,第45頁。

⑨ 顧頡剛、劉起釪:《尚書校釋譯論》第3册,第1595頁。

⑩ 孔安國傳,孔穎達疏:《尚書正義》卷一六《君奭》,《十三經注疏》,第225頁。

⑪ 孫詒讓已經提出此説,參見孫詒讓:《大戴禮記斠補(外四種)》,第45頁。

與“汝”因古文字形相似而致訛誤。①“言”字從下讀,則屬於斷句失當。由於今傳本《君奭》存在文字通假、字形訛誤,乃至後儒斷句失誤,致使朱熹、劉起釪等人没有在《君奭》中找到“召公不悦”的内容,此爲他們難以準確揭示該篇撰作主旨的根源所在。

南宋以降,由於朱熹、蔣伯潛等在《君奭》篇找不到“召公不悦”的内容,蔡沈直言諸家皆爲序文所誤,②劉起釪乾脆懷疑《書小序》“召公不悦”爲後儒附會之辭。郭店簡《成之聞之》評論《君奭》時説“蓋道不悦之詞”,與《書小序》“召公不悦”明顯對應,證明《書小序》所言不虚。《君奭》篇“襄我二人”“在時二人”“惟時二人”“篤棐時二人”,其中“二人”指的是周公、召公。這些話語,乃周公爲緩和與召公的關係所言。今傳本《君奭》不僅“予惟曰”的内容爲周公所言,“言曰”之後的内容也應出自周公。整篇皆爲周公所言,並没有夾雜召公或他人之語,我們對《君奭》文本的解讀焕然一新了。

綜上所述,從漢代“居攝説”“貪寵説”到宋代“挽留説”,間雜以今、古文糾紛,《君奭》“召公不悦”已成爲聚訟千年的學術公案。周公説他現在如同横渡大川一樣,迫切需要召公奭的幫助。如果是歸政成王之後,那麼周公應當勸説召公盡力輔佐成王,而不是輔佐自己。周公講自己目前“若遊大川”,與歸政成王后的政治形勢不合。從《君奭》與《大誥》“艱”“遊大川”“濟”等術語相似,乃至周、召兩人關係史看,史遷所言“召公不悦”在周公攝政之時,當爲可信。郭店簡《成之聞之》作者解釋《君奭》文句時説“蓋道不悦之詞”,與《書小序》“召公不悦”直接對應,可知《書小序》所言不虚。對照郭店儒簡《成之聞之》,今傳本《君奭》“嚴(曩)”寫作“襄”,“毋”訛作“汝”,乃至後儒“言曰”斷句失當,此爲學者誤讀“召公不悦”的癥結所在。

作者簡介:

劉光勝,男,1973年生,山東省濰坊市人,山東大學儒家文明省部共建協同創新中心教授,“古文字與中華文明傳承發展工程”協同攻關創新團隊成員。主要研究方向爲出土文獻與經學史,近年代表性論著有《清華簡〈系年〉與共伯和“干王位”考》(《中國史研究》2019年第4期)、《〈古文尚書〉真僞公案再議》(《歷史研究》2020年第4期)。

---

① “毋”,楚文字一般寫作“”(上博簡《彭祖》)。“汝(女)”,則寫作“”(清華簡《尹至》)。兩字字形相似,區别在有無中間的短横。

② 蔡沈:《書經集傳》,北京:中國書店,1994年,第164頁。

西周金文中的“對揚某休”補論*

于少飛　丁　鼎

内容摘要　西周金文中的“對揚某休”,學界多釋爲頌揚某人之休美,並視其爲作器目的。實則西周銘文多以作祖先祭器結尾,顯揚先祖才是普遍的作器目的。“對揚某休”與銘文所述内容密切相關,而且將“對揚”釋爲“頌揚”在很多情況下並不合適,而進一步引申爲“記録”,即將“對揚”句與作器句相連,釋爲記録某人之休美,作先祖之祭器,更普遍適用於大多數銘文。“對揚某休”在銘文中起到一個引起作器行爲的作用,所以在很多記録命賜的銘文中,記録某人之休美也可視爲作器目的之一,理解爲爲了記録某人之休,於是作先祖之祭器。金文中“拜手稽首”與“對揚某休”無論是否相連,都没有直接關係。“對揚某休”若緊接在“拜手稽首曰”之後,可以是拜賜時所説之語。

關鍵詞　西周金文　對揚某休　用乍　拜手稽首

現有西周青銅器銘文以周王或諸侯對下屬的賞賜爲主要内容,據學者統計,在115篇賞賜銘文中,有111篇在受賜者“拜稽首”之後出現了“對揚某休”之類的片語,①其中有97篇兩句前後相接。在其餘25篇紀念貴族之間社交或與祖先神靈溝通的銘文中,也有18篇使用了“拜稽首,對揚某休”的格式。② 此外還有一些“對揚某休”緊接在“拜手稽首曰”之後。

---

* 本文係國家社科基金重大項目“中國禮學大百科全書”(22&ZD226)的階段性成果。

① 這類詞語語句有多種形式,或單云“對”,或單言“揚”,或“對揚”連用。或云“對揚王休/命”,或云“對揚公休”,以“對揚王休”出現的次數最多。虞萬里先生在《金文“對揚”歷史觀》(《語言研究》1992年第1期)中有詳細分類,不再贅述。

② 此爲石安瑞《由銅器銘文的編纂角度看西周金文中“拜手稽首”的性質》(《青銅器與金文》第一輯,上海:上海古籍出版社,2017年,第548頁)一文根據吴鎮烽編《商周青銅器銘文暨圖像集成》(上海:上海古籍出版社,2012年,以下簡稱《銘圖》)以及1992年河南平頂山應氏墓地M242出土的西周早期偏晚的晏鼎銘文(河南省文物考古研究所、平頂山市文物管理局《平頂山應國墓地Ⅰ》,鄭州:大象出版社,2012年,第151頁,圖64)統計而來。

關於"對揚某休",前人多有論述,但觀點不一,主要涉及三個方面:

其一,"對揚"一詞的含義,"對揚某休"是否應釋爲頌揚某人之休美;

其二,"對揚某休"是否是作器目的,"對揚"句和"用乍"句有無因果關係,而關於"用乍"一詞的解釋也頗多争議;

其三,"對揚某休"究竟是受賜者在現場的實録還是作器時所用套語,若緊接在"拜手稽首曰"後,是否是拜賜時的頌揚之語。

這些問題不僅關乎西周銅器銘文的研究,還涉及周代的賞賜和拜賜制度,頗爲重要。有鑒於此,筆者擬結合前人觀點,從作用、含義及其與"拜手稽首"的關係這三個方面入手,對西周金文中的"對揚某休"問題作進一步考察。不當之處,敬請方家批評指正。

一 前人觀點

對"對揚某休"一句的考釋當追溯到漢代的鄭玄等人。關於《詩經·大雅·江漢》"虎拜稽首,對揚王休,作召公考"一句,鄭箋云:

> 對,答。休,美作爲也。虎既拜而答王册命之時稱揚王之德美,君臣之言宜相成也。王命召虎用召祖命,故虎對王亦爲召康公受王命之時對成王命之辭,謂如其所言也。如其所言者,"天子萬壽"以下是也。①

鄭玄釋"對揚"爲稱揚,"對揚王休"爲稱揚王之美德,"天子萬壽"諸語爲稱揚之辭,即認爲"對揚王休"是受賜者在受賜現場的實際行爲。②

關於"作召公考",鄭玄釋爲"虎對王亦爲召康公受王命之時對成王命之辭",孔穎達雖釋爲"對成王命之辭",③但二人皆認爲"對揚王休,作召公考"與作器無關。至朱

① 毛亨傳,鄭玄箋,孔穎達疏:《毛詩正義》卷一八,影印阮元校刻《十三經注疏》本,北京:中華書局,1980年,第574頁。毛傳釋"對"爲"遂",《爾雅》亦云:"對,遂也。"清人郝懿行《爾雅義疏》云:"遂者,申也,進也,達也,通也,俱與對答義近。……對者,《詩》'以對于天下''對揚王休''流言以對',毛傳並云:'對,遂也。'《祭統》云:'對揚以辟之。'鄭注亦云:'對,遂也。'對、遂古音相近,以聲爲義也。"(郝懿行:《爾雅義疏》卷上二,安作璋主編《郝懿行集》第四册,濟南:齊魯書社,2010年,第3099頁。)即認爲"遂"與"對"意同,毛傳與鄭箋所釋並不衝突。清人馬瑞辰也説:"傳、箋義正相承耳。"(馬瑞辰:《毛詩傳箋通釋》卷二七,北京:中華書局,1989年,第1021頁。)

② 孔安國釋《尚書·説命》"説拜稽首,曰敢對揚天子休命"一句亦云:"對,答也。答受美命而稱揚之。"孔安國傳,孔穎達疏:《尚書正義》卷一〇,影印阮元校刻《十三經注疏》本,北京:中華書局,1980年,第176頁。

③ 毛亨傳,鄭玄箋,孔穎達疏:《毛詩正義》卷一八,第574頁。

熹《詩集傳》雖也釋“對揚王休”爲“遂答稱天子之美命”，却開始將這兩句與作器聯繫起來。其曰：

> 言穆公既受賜，遂答稱天子之美命，作康公之廟器，而勒王策命之詞，以考其成，且祝天子以萬壽也。古器物銘云：“郝拜稽首，敢對揚天子休命，用作朕皇考龔伯尊敦。郝其眉壽，萬年無疆。”語正相類。①

朱熹將“作召公考”釋爲用王策命之辭鑄康公之廟器，以考康公之“成”。此“成”即明人朱謀㙔《詩故》中所説：“古者論撰其先祖之有德善、功烈、勳勞、慶賞、聲名列於天下，而酌之祭器，自成其名，以祀其先祖，是之謂考。”②

與鄭玄等人的觀點不同，朱熹以古器物銘文相類比，認爲前面的“虎拜稽首，天子萬年”是“召公拜稽首，以受王命之策書也。人臣受恩，無可以報謝者，但言使君壽考而已”，③屬於受賜現場的行爲。而後面的“虎拜稽首，對揚某休，作召公考”均是鑄器時的行爲。後人多從其説。④ 清人方玉潤在《詩經原始》中更明確指出《江漢》是“召穆公平淮銘器也”，⑤並云：“蓋穆公平淮夷，歸受上賞，因作成於祖廟，歸美康公，以祀其先也。”⑥

隨着西周青銅器銘文不斷被發掘和研究，很多學者發現《江漢》所載内容與册命銘文確實十分相似。郭沫若先生在《周代彝銘進化觀》中説道：“《大雅·江漢》之篇與存世《召伯虎簋》之一，所記乃同時事。《簋銘》云：‘對揚朕宗君其休，用作列祖召公嘗簋。’《詩》云：‘作召公考，天子萬壽。’文例相同，考乃簋之假借字。是則《江漢》之詩實亦《簋銘》之一也。”⑦高亨先生在《詩經今注》中也説《江漢》：“叙寫周宣王命召虎領兵征伐淮夷，取得勝利，因而册命召虎，賞賜他土地及圭瓚秬鬯等，酬答他的功勞。召虎乃作簋，銘記其事。”⑧准此，學界基本贊同《江漢》其實是召虎册命銘文内容韻律化的結果。

---

① 朱熹：《詩集傳》卷一八，北京：中華書局，1958年，第218頁。

② 朱謀㙔：《詩故》卷九，影印《文淵閣四庫全書》第79册，臺北：台灣商務印書館，1986年，第610頁。清人李光地也説：“落成之謂考，此言考者，告成功于祖也。”（李光地：《詩所》卷七，影印《文淵閣四庫全書》第86册，臺北：台灣商務印書館，1986年，第149頁。）

③ 朱熹：《詩集傳》卷一八，第218頁。

④ 元代劉瑾，明代曹學佺、朱朝瑛，清代郝懿行、李光地等人皆從朱熹之説。

⑤ 方玉潤：《詩經原始》卷一五，北京：中華書局，1986年，第562頁。

⑥ 方玉潤：《詩經原始》卷一五，第563頁。

⑦ 郭沫若：《青銅時代》，北京：中國人民大學出版社，2005年，第240頁。郭先生還舉了《尚書·文侯之命》與存世《毛公鼎銘》的例子，認爲二者如出一人之手。

⑧ 高亨：《詩經今注》，上海：上海古籍出版社，2017年，第606頁。

早期治西周金文諸家多從郭先生此説，但對於銘文中的"對揚某休"問題似並未做過專門的辨析。如陳夢家先生在《西周銅器斷代》中討論册命儀式時説："既已册命以後，則一般的都要拜稽首，對揚王休，繼之以作器紀念祖考並祈求福壽。"①似是將"對揚王休"釋爲拜賜後的現場言行。唐蘭先生在《西周青銅器銘文分代史徵》中譯遹簋銘文（《殷周金文集成》②04207）"遹拜首（手）稽首敢對揚穆穆王休，用乍（作）文考父乙尊彝"一句爲："遹拜揖叩頭，敢對揚穆王的休美，用以做文考父乙的祭器。"③在"敢對揚"之前用了逗號，似乎也認爲"對揚"句應與"拜手稽首"句連讀。

陳漢平先生在《西周册命制度研究》中説："金文言對揚天子休命或對揚王休命者，即受命者當廷面對天子或王而頌揚其册命。"④明確説"對揚某休"是受賜者現場行爲。但最早對"對揚王休"這一問題做專門考察的當屬沈文倬先生1993年發表於《考古》的《對揚補釋》一文。值得注意的是，沈先生雖然也認爲"對揚王休"應"承拜手稽首之後，自與上文同屬活動情狀的描述"，⑤但他釋"揚"爲舉，釋"對揚王休"爲：受命之臣拜後，手舉王所賜之物，口唤"敢王休"等句子。⑥ 其後林沄、張亞初二先生《〈對揚補釋〉質疑》和虞萬里先生《金文"對揚"歷史觀》等文章都對此説進行了反駁。王所賜之物甚多，如玉等物尚可舉於手中，車馬等物則萬萬不可。林、張、虞三氏之説很有道理，沈先生之説確有不當之處。

林、張二先生的《〈對揚補釋〉質疑》一文雖然也將"對揚某休"理解爲稱揚某人之休美，但却明確將"對揚"與"拜手稽首"句分開，指出"對揚王休"不是"描寫行禮時的活動情狀"，而是在行禮時或行禮後作器者所説的話。⑦ 其理由主要有三點：其一，很多情況下"對揚某休"已經脱離了賞賜時的情境；其二，有的例子中"對揚某休"緊接在"曰"字之後，明確爲作器者之語；其三，"對揚王休"表作器原因，應與下文"用作"一句相聯，與"拜手稽首"無必然聯繫。⑧ 虞萬里先生在《金文"對揚"歷史觀》一文中通過論證亦得出"'對揚'與册命禮無必然聯繫，已是銘文中常用套語，語義是稱揚、顯揚

① 陳夢家：《西周銅器斷代》，北京：中華書局，2004年，第408頁。

② 中國社會科學院考古研究所編：《殷周金文集成》，北京：中華書局，2007年。以下簡稱《集成》。

③ 唐蘭：《西周青銅器銘文分代史徵》，上海：上海古籍出版社，2016年，第373—374頁。

④ 陳漢平：《西周册命制度研究》，上海：學林出版社，1986年，第310頁。

⑤ 沈文倬：《對揚補釋》，《考古》1963年第4期，第182頁。

⑥ 沈文倬：《對揚補釋》，第186頁。

⑦ 林沄、張亞初：《〈對揚補釋〉質疑》，《考古》1964年第5期，第247頁。

⑧ 該文在引大盂鼎銘"盂用對王休，用作祖南公寶鼎"後曰："由此可見，'對王休'是作器時盂所説的感恩戴德之詞，是作器的原因。"詳見《〈對揚補釋〉質疑》，第246—247頁。

或頌揚”①的觀點，並在廷禮銘文的釋文中，於“拜手稽首”與“對揚”之間使用了句號。② 朱鳳瀚先生《也論西周金文中的“拜手稽首”》一文也認爲“對揚王休”是作器理由。

通過以上分析，首先可以先排除沈文倬先生以“揚”爲舉所賜之物於手中的觀點，虞先生等人已羅列其不合理之處數條，此處不再贅述。③ 其他學者基本上都認爲“對揚某休”是頌揚某人之休美，多是作器者的言行。而且林、張、朱三位先生更明確表示，“對揚某休”的作用是申述作器理由，引出作器行爲。

對於這種觀點，筆者尚有兩個疑惑：第一，現有西周銅器銘文多以作祖先之祭器結尾，則作器緣由究竟是“對揚某休”還是頌揚先祖？第二，“對”字在銘文中也用於其他類似句式，如大保簋銘文（《集成》04140）“用茲彝對令”，師旂鼎銘文（《集成》02809）“旂對厥貿于尊彝”，翏生盨銘文（《集成》04459—04461）“用對剌（烈）”等，“對”後面也接了“令”“貿”（概）和“剌（烈）”等類似於“休”的詞，與“對揚某休”所表達的意思是否相同？這些“對”是否也可以釋爲“頌揚”？而關於第二點，陳夢家先生曾在《西周銅器斷代》中指出，這些“對”字皆：

> 假爲述，對令即述命。䄷亦同對、揚，中尊“中䄷王休”而中方鼎“中對王令”，它器作“揚王休”“對揚王休”。④

認爲“對揚某休”應釋爲：記録某人之休。究竟何種觀點最爲恰當，以下筆者將從“對揚某休”的作用、含義及其與“拜手稽首”的關係這三個方面作具體考察。

二　“對揚王休”的作用

現有西周銘文中有一類專門爲記録王的戰績、恩德而作器的情況，如大保簋銘文載武庚叛亂，“王降征令于大保，大保克敬亡遣”，而後“王使大保賜土于余土之地”，⑤大保作此器以“對”王命，即“用茲彝對令”。再如明公簋銘文（《集成》04029）記

---

① 虞萬里：《金文“對揚”歷史觀》，第 93 頁。

② 石安瑞《由銅器銘文的編纂角度看西周金文中“拜手稽首”的性質》一文也在《〈對揚補釋〉質疑》觀點基礎之上進一步強調，“對”“對揚”有時針對已故祖先而言，顯然不是動作的描述或儀式中的話語，而是銘文中的套用之語。詳見石安瑞《由銅器銘文的編纂角度看西周金文中“拜手稽首”的性質》，第 549 頁。

③ 虞萬里：《金文“對揚”歷史觀》，第 91—92 頁。

④ 陳夢家：《西周銅器斷代》，第 83 頁。

⑤ 陳夢家：《西周銅器斷代》，第 47 頁。唐蘭《西周青銅器銘文分代史徵》釋“余”爲大保，即王賜大保土地。（《西周青銅器銘文分代史徵》，第 73 頁。）此處從陳氏之説。

王令明公遣三族伐東國,明公"用作旅彝"。這類情況比較少見,銘文也較簡單,前半部分記王之功績或命令,結尾言明將此功績或命令"對"於彝鼎中,多未見"對揚王休"的語句。

還有一類銘文也頗爲特别。如天亡簋銘文(《集成》04261)記武王克商之功,末尾言"隹朕又慶,每(敏)啓王休于尊簋"。[①] 據郭沫若先生《兩周金文辭大系圖録考釋》考證,"又慶"即"有慶"。[②] 陳夢家先生據《周語》"晉既克楚於鄢,使郤至告慶於周"之注"告慶,以勝楚之福告王也"推斷:"又慶者有成,似指告成功於先王。朕應釋作賸,《説文》'賸迻書也'。"[③]"賸"意爲鈔寫、書寫,而"啓"也作告訴、講述之意,准此末尾兩句當理解爲:書寫武王之功績,並將其刻於尊簋之上,以告文王。

除了上述情況,其他青銅器基本上都是爲先人所作之祭器,銘文中多以"用乍厥文考奠彝"的語句結尾。而這類情況根據銘文内容形式又可分爲三類:

第一,某人受王或侯伯之賜,作先祖之祭器。這一類是大多數西周銅器銘文的内容形式。册命賞賜如頌鼎銘文(《集成》02827—02829)"頌敢對揚天子不(丕)顯魯休,用乍朕皇考龏叔、皇母龏始(姒)寶尊鼎",非册命賞賜如作册䰧卣銘文(《集成》05400)"䰧揚公休,用乍(作)父乙寶尊彝"等。

第二,單純追念先人之德行與功業,作先祖之祭器,與賞賜無關。如䢅簋銘文(《集成》04322)"乃子䢅拜稽首,對揚文母福剌(烈),用乍(作)文母日庚寶尊簋"、格仲簋銘文"𠃢(揚)且(祖)孝(考)福,作寶簋"等。[④]

第三,在追念先祖恩德的同時,回憶了王對先祖的恩賜,作祭器。如孟簋銘文(《集成》04162—04164)"朕文考眔毛公、遣(遣)仲征無需,毛公賜朕文考臣,自厥工(功),對揚朕考賜休,用宣(鑄)茲彝,乍(作)厥,子子孫孫其永寶"等。

關於古銘器所作之緣由,《禮記・祭統》云:"夫鼎有銘,銘者自名也。自名以稱揚其先祖之美,而明著之後世者也。……銘者,論撰其先祖之有德善、功烈、勳勞、慶賞、聲名,列於天下,而酌之祭器,自成其名焉,以祀其先祖者也。顯揚先祖,所以崇孝也,身比焉。"[⑤]認爲鼎銘所作皆爲"自名",而"自名"皆爲稱揚祖先之美。郭沫若先生在

① 該句陳夢家《西周銅器斷代》録爲"每揚王休于尊彝",第3頁。

② 郭沫若:《兩周金文辭大系圖録考釋》,《郭沫若全集・考古編》第八卷,北京:科學出版社,2002年,第519頁。以下簡稱《大系》。

③ 陳夢家:《西周銅器斷代》,第6頁。

④ 《2010年山西重要考古發現》,《中國文物報》2011年1月7日,第6—7版。

⑤ 鄭玄注,孔穎達疏:《禮記正義》卷四九,影印阮元校刻《十三經注疏》本,北京:中華書局,1980年,第1606頁。

《周代彝銘進化觀》一文中指出此“銘者自名”説爲“終古不刊之論”，但“世存古器，其名己之功烈慶賞者實多，追述其祖若考者尚在少數。……是知《祭統》僅據《孔悝鼎銘》所附與之銘義，實偏隘而未能得當”。[①] 認爲《祭統》所謂鼎銘所作爲顯揚先祖之説僅適用於《孔悝鼎銘》的情況，大多數古器銘文是頌己之功業、恩賜而作。

觀《祭統》所載蒯聵回憶孔悝先祖之功業，可知此鼎銘爲孔悝追念先祖所作，符合上述第二類銘文。其實上述第二、三類銘文所作之目的顯然都是顯揚先祖，第二類如班簋銘文（《集成》04341）前半部分記王命毛公伐東國，並令毛公之子班率族人從父出征，三年而東土畢定，毛公將作戰經歷告知於王。後面載：

> 班拜稽首曰：烏虖（乎），不（丕）伓（丕）丮皇公受京宗懿釐，毓（后）文王、王娎（姒）聖孫，隥於大服，廣成厥工（功），文王孫亡弗褱（懷）井（型），亡克競厥剌（烈），班非敢覓，唯乍（作）邵（昭）考爽，益（謚）曰大政，子子孫多世其永寶。

“覓”，唐蘭先生釋爲“抑”，意爲“隱藏”。[②] 陳夢家先生以《説文》“謚，行之跡也”而釋“益”爲“謚”。[③] 依照二位先生的解釋，這段話是講班在拜稽首後述其父毛公爲文王之孫，登於大服，三年静東國之舉。然後言自己不敢隱藏其父之功績，作簋以記其行跡，名之曰“大政”，子孫永寶，也可理解爲：不敢隱藏，唯有鑄父親爽（名之曰“大政”）的行跡於簋。

即使是第三類銘文，如孟簋銘文主要内容記毛公賜命其父，而末尾却也是“對揚”其父被賜之休。而第一類雖未與祖先功業直接關聯，而結尾却仍爲作先祖之祭器，其意在以王或諸侯之命賜來顯揚先祖，崇孝身比。即虞萬里先生所説：“按理，親受恩賜，稱揚授者，與父母祖上無甚關係，而均説作父母祖上的尊彝，這完全是爲了‘顯揚先祖’，以達到‘崇孝’的目的。”[④]所以筆者認爲，《祭統》所謂鼎銘所作爲顯揚先祖之説與存世古器之銘並無不合。“顯揚先祖”是青銅器銘文所要傳達的主要意圖之一。

關於銅器所作之由，朱鳳瀚先生將“用乍”釋爲“因而作”，即爲了頌揚某人之休美，因而作父母之祭器，二者存在因果關係。並解釋道：“作器之緣由雖是爲了‘對揚’王或上級貴族之休美，但器物却是爲作器者先人所作。可見，作器本身即有兩重含義，其一是直接對王或上級貴族表示感激之情，而這點是通過器銘來顯示的，即器銘轉載

---

① 郭沫若：《青銅時代》，第 239 頁。

② 唐蘭：《西周青銅器銘文分代史徵》，第 364 頁。郭沫若《大系》釋爲“希翼”。（《兩周金文辭大系圖録考釋》，第 63 頁）從下文作器以記其父之行跡，可知將“非敢覓”釋爲不敢隱藏，更加合理，故此處從唐氏之説。

③ 陳夢家：《西周銅器斷代》，第 27 頁。

④ 虞萬里：《金文“對揚”歷史觀》，第 92 頁。

廷禮册命或賞賜語，賴以銘記恩德，這正是回應‘對揚’句要表達的意思；其二是器用則是爲祭祀先人，蓋因在觀念上認爲所以有上述受册命、受賞賜之榮耀，全賴先人所賜福佑與蔭庇。”①體味其中之意，朱先生認爲頌揚王休和顯揚先祖都是作器目的。

“銘者自名”，顯揚先祖也是作器所達到的目的，而並非所有銘文都出現的“對揚某休”究竟在銘文中起到一個什麽作用？若想深入辨析這一問題，筆者認爲應從以下兩個方面入手：

（一）“對揚某休”與“用乍”句的關係

探討“對揚某休”與作器句的關係，首先需要理清“用乍”的含義。“乍”爲“作”，這一點學界並無異議，但對於“用”却有不同看法。大多數學者從朱鳳瀚先生之説，釋其爲“因而”“於是”之意，這就明確給“對揚某休”和作器句之間加上了因果關係，即爲了對揚某人之休，因而作器。但也有學者如唐蘭先生在《西周青銅器銘文分代史徵》中幾乎將所有“用乍”之“用”都釋爲“用來”。

據學者考證，“用”在西周銘文中有多種用法，而以“用於”“用來”之意居多，多出現於“作+器名，用……”的形式中；而作“因而”之意講則主要出現在“命/賜……，用乍+器名”和“命/賜……，對揚某休，用乍+器名”兩種形式之中。② 還有一類銘文如曶鼎銘文（《集成》02838）曰：

> 井叔賜曶赤金、鬱，曶受休（命于）王，曶用茲金乍（作）朕文孝（考）宄（宫）白（伯）𩱛牛鼎。

明確記載曶用茲金（即所賜之物）作祖先之器，屬於“用”與“乍”中間有作器所用材料的情況。“用”在這裏很明顯應理解爲“使用”。據考此類銘文並不多，且主要出現於西周中晚期。③ 所以學者蓋因一般情況下“用”與“乍”之間並無作器材料，“用”字並無具體賓語，所以判定“賜……，用乍+器名”和“賜……，對揚某休，用乍+器名”兩種形式中“用”爲“因而”之意。

吴紅松在《西周金文賞賜物品及其相關問題研究》中統計：“貝在諸物中出現頻率最多，占賞賜類銘文中將近三分之一的篇幅。其出現的時代多爲西周早期。……

---

① 朱鳳瀚：《也論西周金文中的“拜手稽首”》，《青銅器與金文》第三輯，上海：上海古籍出版社，2019年，第14頁。

② 武振玉：《兩周金文中“用”的詞性和用法》，《廣州技術師範學院學報》2009年第6期，第25—26頁。據文章考證，此類銘文多達521例。

③ 本文對西周青銅器年代的判定主要依據陳夢家《西周銅器斷代》和唐蘭《西周青銅器銘文分代史徵》之説。

(金)西周早期其出現次數僅次於貝,西周中期開始減少。"[①]考之現有銘文,西周早期銘文確實多賜貝、金,除了個別情況省略了"用"字,[②]其他均以"賜貝/金+用乍+器名"的形式出現,如:

周公賜小臣單貝十朋,用乍(作)寶尊彝。(小臣單觶銘文,《集成》06512)

王賜德貝廿朋,用乍(作)寶尊彝。(德方鼎銘文,《集成》02661)

王賜金百寽(鋝),禽用乍(作)寶彝。(禽簋銘文,《集成》04041)

臣卿賜金,用乍(作)父乙寶彝。(臣卿簋銘文,《集成》03948)

等等,有時也如禽簋銘文在"用乍"前加上作器者的名字。諸如此類,唐蘭先生皆釋"用"爲"用來",並云:"卿所作器,現在所知有上面六件,所賜的銅應不少。"[③]明確表示此類銘器正是作器者用所賜之貝/金所鑄。

馬承源先生在論亢鼎銘文(《新收殷周青銅器銘文暨器影彙編》[④]1439)所記西周早期貝幣交易時也説:"西周銘辭内容豐富,也普遍有錫貝作器的記載。"[⑤]趙誠先生在《甲骨文至戰國金文"用"的演化》一文中也説:"周代銘文記載了不少賜金作器的事實,也記載了相當數量賜貝作器的現象。"[⑥]並舉遽伯睘簋銘文(《集成》03763)"遽伯睘乍(作)寶尊彝,用貝十朋又四朋"爲例,指出這一句是突出了"用貝",所以將其放在最後,而從金文的慣用敘述方式來看,實際語順應是:遽伯睘用貝十朋又四朋作寶尊彝。[⑦] 按照這種解釋,則其他用賜貝作器的情況僅是在"用"和"乍"之間省略了貝/金而已。

其實不僅遽伯睘簋銘文,西周早期還有史䞈簋銘文(《集成》04030)"賜史䞈貝十朋,䞈由于彝",唐蘭先生以《爾雅·釋詁》"由,用也"而釋"由于"爲"用于"。[⑧] 史獸鼎銘文(《集成》02778)"賜豕鼎一、爵一,對揚皇尹不(丕)顯休,用乍(作)父庚永寶尊彝",鼎即爲所賜之物,可直接用作尊彝。更有師眉鼎銘文(《集成》02705):

---

① 吴紅松:《西周金文賞賜物品及其相關問題研究》,安徽大學博士學位論文,2006年,第181頁。

② 如保侃母簋銘文(《集成》03744)"保侃母賜貝于庚宫,乍(作)寶簋"等情況。

③ 唐蘭:《西周青銅器銘文分代史徵》,第62頁。《説文解字》以"銅"爲"赤金",所以唐氏以"銅"釋"金"。

④ 鍾柏生等編:《新收殷周青銅器銘文暨器影彙編》,臺北:藝文印書館,2006年。以下簡稱《新收》。

⑤ 馬承源:《亢鼎銘文——西周早期用貝幣交易玉器的記録》,《上海博物馆集刊》第8期,上海:上海書畫出版社,2000年,第122頁。亢鼎銘文結尾"亞/賓(儐)亢騂、金二勻(鈞)。亢對亞休,用乍(作)父己"也符合上述"賜貝+用作+器名"的形式。

⑥ 趙誠:《甲骨文至戰國金文"用"的演化》,《語言研究》1993年第2期,第146頁。

⑦ 趙誠:《甲骨文至戰國金文"用"的演化》,第146頁。

⑧ 唐蘭:《西周青銅器銘文分代史徵》,第178頁。

> 祝(兄)人師眉贏王爲周客,賜貝五朋,用爲寶器鼎二,簋二,其用享于厥帝(嫡)考。

明確以“用爲”二字表明所賜貝的用途。[①] 此外還有員卣銘文(《集成》05387)、過白簋銘文(《集成》03907)等記作器者隨王出征“孚(俘)”獲貝/金,“用乍”尊彝的情況。

另有幾則西周早期銘文如:

> 啓從征,堇(謹)不擾,乍(作)祖丁寶旅尊彝。(啓卣銘文,《集成》05410)
>
> 鳿叔從王南征,唯歸,唯八月在皕(頭)应,誨(諆)乍(作)寶鬲鼎。(鳿叔鼎,《集成》02615)

等記作器者從征或狩獵,無關賞賜,結尾僅有“乍”而無“用”,因爲這裏没有“貝”可以用。而沈子它簋銘文(《集成》04330)中記載了“沈子肇斁狃貯嗇,乍(作)兹簋,用䚄鄉(饗)己公”,即無貝類賞賜,所以自己搜集錢財作簋。這些銘文都是西周早期以所賜貝/金鑄器之明證。

《説文解字》釋“用”爲“可施行也”。[②] 孔穎達疏《易・乾卦》“潛龍勿用”也云:“唯宜潛藏,勿可施用。”[③]而據學者考證,殷商甲骨文的“用”基本上都作“施用”“使用”之意,如“翌于亥用五牛于丁”(《甲骨文合集》[④]1987)、“其用兹卜”(《合集》30439)等。[⑤] 再結合上述銘文材料及諸家解釋以及西周早期這類銘文的大量存在,筆者認爲有理由相信,西周早期“用乍”之“用”應當釋爲“使用”而非“因而”,“用乍”句意爲用所賜之貝/金作先祖之祭器。[⑥]

---

① 《集成》無“用”字,僅録爲“爲寶器鼎二、簋二”,但唐蘭先生《西周青銅器銘文分代史徵》第350頁録爲“用爲寶器”。據師眉鼎拓片可知,“爲”前確實有“用”字,故本文從唐先生之説,録爲“用爲寶器”。

② 許慎:《説文解字》卷四上,北京:中華書局,1963年,第70頁上。

③ 王弼注,孔穎達疏:《周易正義》卷一,影印阮元校刻《十三經注疏》本,北京:中華書局,1980年,第13頁。

④ 郭沫若主編:《甲骨文合集》,北京:中華書局,1978—1982年。以下簡稱《合集》。

⑤ 趙誠:《甲骨文至戰國金文“用”的演化》,第144頁。

⑥ 正如趙誠先生所説:既然“用兹彝對命”的“用”是動詞,“用兹金作鼎”不也可以看成是動詞嗎?有的學者也就將這個“用”看成動詞(《金文常用字典》398頁)。僅就表面的結構形式而言,這種看法不能説毫無道理。但如果從“用”在銘文中的實際意義而言,則這個“用”不是用作動詞。銘文是説邢叔賜給曶赤金,拿這些赤金來作鼎,也就是説,“用兹金作鼎”是“拿兹金作鼎”,“用兹金”即“拿兹金”,只是一個介賓結構,“作”是主要動詞用作謂語。而這裏的“用”只是一個介詞。“用兹彝”和“用兹金”表面結構相同,而其中的“用”却是一用作動詞,一用作介詞,就某種意義上而言表現了“用”在當時正處在轉化的過程之中。……而“用”字本身,用作動詞或用作介詞,並没有一個固定的界綫,也並不是由“用”字本身所決定。……事實也是“用”在早期本用作動詞,到了周代金文才又用作介詞。(《甲骨文至戰國金文“用”的演化》,第146頁。)“用”字在金文中的詞性十分複雜,但不影響本文的論述,故不對這一問題作詳細界定。

西周中後期賜貝/金的情況逐漸減少,册命賞賜逐漸成爲銘文主題内容。但無論是否賜貝/金,大多數銘文均套用了早期的形式,仍以“用乍”引作器之句,並多在“用乍”之前加上“對揚某休”,形成了“命/賜+對揚某休+用乍+器名”的固定形式。趙誠先生釋大保簋銘文“用茲彝對命”一句云:“書寫這篇銘文時,‘茲彝’即這一件銅器尚未鑄成,不可能用來對命。很顯然,這裏的‘用’實是鑄或作之意。‘用茲彝對命’即‘鑄(或作)茲彝對命’。”①所以筆者認爲,西周中後期銘文中普遍使用“用乍”一句結尾,是套用早期銘文形式並逐漸固化的結果,不再有“使用”之意,有時等同於“作”,所以有相當一部分銘文直接省略了“用”字。

雖然“用乍”之“用”在西周中後期的銘文中逐漸失去了“使用”這一含義,但銘文所述事情與作器句之間仍可存在一種因果聯繫,無論是否有“對揚某休”這一片語,“用乍”句銘文對王命、王賜、祖先之功業或自己隨王征戰經歷的記載,確實引起了作器這件事情的發生。如壴鼎銘文(《集成》02731):“壴肈從遣征,攻龠無啻(敵),省于人身,俘戈,用乍(作)寶尊。”記壴隨遣出征,有所俘獲,於是(因而)作了寶尊來記録這件事情。所以朱鳳瀚先生釋“用乍”爲“因而作”也未嘗不可,這種情況下“因而”可視爲“用”字從動詞“使用”引申而來的新義。有的銘文省略“用”,但這之間的因果聯繫却依然存在。

(二)“對揚某休”與銘文主體所述内容有關

考之西周銘文内容不論是記録上級賜命,還是單純追記先人功績,多以“用乍厥文考尊彝”的形式作結。而且西周早期的很多銘文,如士上盉銘文(《集成》09454)之類,雖涉及賞賜,却省略了“對揚某休”。

實際上西周早期銘文多簡單,一般講到“作……器”爲止,而且較少出現“對揚某休”,而中後期銘文中因多涉及册命賞賜而更加複雜和程式化。據學者考證,至早在康王時期於作器句之後出現了“子子孫孫永寶”等内容,稍後更於此句之後出現了一個甚至多個“用……”等明確表示作器用途的内容。② 如:

> 乍(作)册令敢揚明公尹厥宄(貯),用乍(作)父丁寶尊彝,敢追明公賞于父丁,用光父丁。(矢令方彝,《集成》09901)
>
> 小子生賜金、鬱鬯,用乍(作)簋寶尊彝,用對揚王休,其萬年永寶,用鄉(饗)出内(入)事(使)人。(小子生尊,《集成》06001)
>
> 衛肈乍(作)厥文考己仲寶[illegible],用𡴂(祓)壽、匄永福,乃用鄉(饗)王出入事

① 趙誠:《甲骨文至戰國金文“用”的演化》,第145頁。

② 趙誠:《甲骨文至戰國金文“用”的演化》,第147頁。

(使)人,罘多倗友。(衛鼎,《集成》02733)

顯耀父親之德,祈求永壽、永福,饗王之使者、朋友,或者小子生尊銘文中的"對揚王休"皆在"用"之後,明顯都可以視爲作器用途。但若深究作器之緣起,仍是某人之賜命或祖先之功業。那除了放在"用"之後明確表作器目的、用途,大多數情況下至於"用乍"句之前的"對揚某休"又起到一個什麽作用呢?

再來比較下面兩則銘文:

> 㦔拜稽首,對揚王令(命),用乍(作)文母日庚寶尊䵼彝。(㦔方鼎銘文,《集成》02824)
>
> 㦔拜稽首,對揚文母福剌(烈),用乍(作)文母日庚寶尊簋。(㦔簋銘文,《集成》04322)

這二則銘文作器者相同,"用乍"之後的内容幾乎一致。區别是前者"對揚王令",後者"對揚文母福烈"。仔細觀察全文可知,㦔方鼎銘文作於征戰前,記述了王對他的任命,希望母親神靈庇佑。而㦔簋銘文作於征戰歸來,前面記述了自己在戰争中得母親神靈庇佑而"無眈(尤)"。這説明在作器對象相同的情況下,"對揚"的對象取決於銘文前面所述之事,"對揚某休"即是對前文内容的一句交代。

綜上所述,"用乍"之"用"在很多明確有貝類賞賜的銘文中作"使用"之意講,即用所賜貝/金作先祖之祭器。而在其他情況下,因爲銘文主體内容與"用乍"句之間仍有一種因果聯繫,所以"用"字可釋爲"因而",整體理解爲:作器者(或其先祖)被賜命或從王征,爲了"對揚"這種恩賜/美德,因而作先祖之祭器,用於某種用途。而"對揚某休"在銘文中其實只是對所述之事的一句交代,可以省略。如息伯卣銘文(《集成》05385—05386)"唯王八月,息伯賜貝于姜,用乍(作)父乙寶尊彝",直接説王姜賜貝於息伯,息伯於是作了父親的祭器,但息伯"對揚"王姜休的意圖依然存在。

三 "對揚某休"的含義

從現有銘文來看,晚商時期始用"揚",西周初期始用"對",之後多"對""揚"連用。根據金文中"對"的字形,諸家多釋其爲"手持發光之物"之意。虞萬里先生推演朱芳圃先生之説,認爲:"手持燃燒發光之物,必上舉才能昭明,因有'舉'義;二,持燃燒發光之物以昭明,可使不彰的事或物藉以顯明,因又有'顯明'義。"[①]又《説文解字》

① 虞萬里:《金文"對揚"歷史觀》,第85頁。

釋曰:"𡭊,應無方也。从丵从口从寸。對,對或从士,漢文帝以爲責對而爲言,多非誠對,故去其口以从士也。"①而核之甲骨文、金文,並無從口之"𡭊"。所以虞先生認爲,"應答"似是"對"字在西周以後出現的引申義。

金文中"揚"的字形也頗多,諸家多釋爲"以手持物"之意。②《廣雅》也釋"對"爲"揚也",③因而學者多認爲"對"與"揚"作"顯明"之意講時是相通的,"對揚"連用則是爲了加強語氣,"對王休""揚王休"和"對揚王休"諸類均應釋爲頌揚、顯揚王之休美。④

再比對銘文中的一些例子,如中方鼎銘文(《集成》02785)"對王休令"、庚嬴鼎(《集成》02748)"對王休"、守宮尊(《集成》05959)"揚王休"等,均與衆多"對揚王休/命/令"所表達的含義一致,所以筆者認同"對"與"揚"本意相同的觀點,但却發現將"對揚"釋作"顯揚"之意在很多銘文中無法講通。以作册睘卣和叔簋銘文爲例:

唯十又九年,王才𢊁(斥),王姜令乍(作)册睘安尸伯,尸伯賓(儐)睘貝、布,揚王姜休,用乍(作)文考癸寶尊器。(作册睘卣銘文,《集成》05407)

王姜史(使)𣃔(叔)於大(太)保,賞𣃔(叔)鬱鬯、白金、趨(芻)牛,𣃔(叔)對大(太)保休,用乍(作)寶尊彝。(叔簋銘文,《集成》04132—04133)

這兩件器的作者都是王姜的使者,也都受到受賜者的賞賜。按照常理,頌揚的對象當爲授賜者,如叔的授賜者爲大保,所以"對大保休",但睘的授賜者爲尸伯,却"揚王姜休",若釋"對揚"爲"頌揚",於理不合。

如前所論,"對揚某休"與銘文所述之事有關。而"顯揚"即"顯明",進一步可引申爲陳夢家先生所説的"記録""講述",而核之大多數銘文皆可適用。也即是將"對揚某休"與"用乍厥文考奠彝"連起來釋爲:記述某人之事蹟、休美,作先祖之祭器。則上述"揚王姜休"便可釋爲"記述王姜對尸伯的安撫","對大保休"釋爲"記録大保對我的賞賜",於兩處銘文皆可通。

這一觀點陳夢家先生僅在解讀井侯簋銘文(《集成》04241)時有所提及,而於書中其他地方多釋"對揚王休"爲頌揚王休。井侯簋銘文曰:

唯三月,王令燮(榮)眔内史曰:"䔍井疾服,易臣三品:州人,重人,庸人。"拜稽首,魯天子"㝅厥瀕福,克奔走上下,帝無冬令於右周"。追考,對不敢㒸,邵朕福

① 許慎:《説文解字》卷三上,第58頁下。

② 虞萬里:《金文"對揚"歷史觀》,第85頁。

③ 王念孫:《廣雅疏證》卷四下,北京:中華書局,1983年,第131頁。

④ 虞萬里:《金文"對揚"歷史觀》,第85—86頁。

盟,朕臣天子。用册王令,乍周公彝。①

陳先生認爲末句之"册"爲動詞,册王命即述王命,而大保簋銘文"用茲彝對令"、師旂鼎銘文"旂對厥賢于尊彝"、𦣼生盨銘文"用作旅盨,用對剌(烈)",以及類似的"揚""對揚"都作"記述"講,②後面所接均是王或諸侯之命,其他作"揚王休"或"對揚王休"。並云:"西周金文所記内容有許多種,其中記述王命的最有關於歷史而實具有古代檔案官文書的價值。"③如此則井侯簋銘文末句"用册王命,乍周公彝"就是記述王的賜命,作周公之彝。而且陳先生考證周公爲作器者井侯之祖輩,則"用册王命,乍周公彝"的形式確實和"對揚王休,用乍厥考文奠彝"十分相似。

而進一步觀察便可發現,井侯簋銘文"用册王命,作周公彝"、大盂鼎銘文(《集成》02837)"用對王休,用乍(作)且(祖)南公寶鼎"這兩則,與𦣼生盨銘文"用作旅盨,用對剌(烈)"、小子生尊銘文"用乍(作)簋寶尊彝,用對揚王休"的形式基本一致,完全可倒過來理解成"作周公彝,用册王命"和"作祖南公寶鼎,用對王休"。則"用册王命""用對(揚)王休"和"用對剌(烈)"的意思相同,其中的"用"都應釋爲表目的的"用來"之意,而其中的"對"皆可釋爲"記録"。

後來沈文倬、林沄諸位先生在討論"對揚某休"問題時都没有提及陳先生的這一觀點。④ 儘管有些例子中的"對"釋爲"頌揚"也能講通,如"用茲彝對令"可以理解爲大保用這件彝器來記録王的命令,也可以引申爲大保用這件彝器來頌揚王之命令。但筆者贊同陳夢家先生此説,認爲將"對""揚""對揚"釋爲"記録""講述"更加合理,其理由可以歸納爲以下三點:

第一,"記録""記述"之意幾乎適用於所有"對揚某休"的情況。不論涉及賞賜還是單純追念先祖,"對揚某休"皆與銘文前面所述内容有關,都可以釋爲:記録某人之功業、功德、休美、休令。

第二,在一些例子中,將"對"釋爲"頌揚"並不合適。除了前述作册睘卣銘文,還有柞鐘銘文(《集成》00133—00139):

唯王三年,四月初吉甲寅,仲大(太)師右(佑)柞,柞賜𢦏、朱黄(衡)、䜌(鑾),𤔲五邑甸人事,柞拜手對揚仲大(太)師休,用乍(作)大𨱆(林)鐘。

---

① 此器在《集成》中題爲"熒作周公簋"(04241),末句作"用典王令(命),乍(作)周公彝"。從意思推知,此"典"應該也作記録講。

② 具體例子詳見陳夢家《西周銅器斷代》,第83頁。

③ 陳夢家:《西周銅器斷代》,第83頁。

④ 虞萬里先生將上述例子歸爲"對揚某休"的"特殊式"。詳見《金文"對揚"歷史觀》,第89頁。

柞受王册命時,仲大師爲其“右”。“右”即在册命儀式中負責引導、陪同和延進受册命者之人,文獻中多稱爲“儐者”。然而柞之命服與官職皆爲王所賜,若釋“對揚”爲“頌揚”,受王賜命却頌揚儐者,於理不合。所以銘末兩句連起來應理解爲:柞作鐘,記録仲大師爲其“右”之事。

最具有代表性的當屬師旂鼎銘文,其銘曰:

> 唯三月丁卯,師旂衆僕不從王征於方,雷吏氒(厥)友弘以告於伯懋父。才莽,伯懋父迺罰得𡉏古三百寽。……弘以告中史書,旂對氒(厥)貿(概)于隮彝。①

此銘記師旂衆僕不隨王出征,雷使他的友人弘將此事告知伯懋父。伯懋父本應懲罰師旂及其衆僕,但最終僅是令他們出征抵罰。郭沫若先生釋最後兩句爲:弘將此事告知當時的史官,並由史官記録在案,“師旂受罰,遂鑄器以紀其梗概也”。② 這裏的“對”無疑應該與上句中的“書”相對應,而且後面的賓語是“概”,所以應該理解成“記録”,而不能是“頌揚”。

第三,“對揚王休”多出現於西周銅器銘文中,傳世文獻僅《江漢》這類套用銘文形式的詩句和衛孔悝鼎等銘文中有。關於《江漢》是否與銘文有關,雖然古代學者尚有疑惑,但隨着銅器銘文的不斷出現,學界基本認可“作召公考”即作召公器的觀點。關於“對揚王休,作召公考”,朱熹釋爲:“作康公之廟器,而勒王策命之詞。”③“作康公之廟器”對應“作召公考”,而“勒王策命之詞”對應的便是“對揚王休”,意爲記録王之策命。

將孔悝鼎銘文中的“對揚”釋爲記録,較之頌揚同樣更具有合理性。其銘曰:

> 公曰:“叔舅,乃祖莊叔,左右成公。成公乃命莊叔,隨難於漢陽,即宫於宗周,奔走無射,啓右獻公,獻公乃命成叔,纂乃祖服。乃考文叔,興舊耆欲,作率慶士,躬恤衛國,其勤公家,夙夜不解,民咸曰休哉。”公曰:“叔舅,予女銘,若纂乃考服。”悝拜稽首曰:“對揚以辟之,勤大命,施于烝彝鼎。”④

第二個“公曰”後云“予女銘”,鄭玄注云:“公命悝:予女先祖以銘以尊顯之。”⑤孔穎達

---

① 《集成》師旂鼎銘文首句斷爲“師旂衆僕不從王征于方雷,使厥友引以告于伯懋父”,郭沫若、陳夢家先生皆持反對意見,認爲應作“征于方”,“方”是地名,“雷”是人名,筆者贊同此説。“貿”,《集成》作“劾”,郭沫若、陳夢家先生俱釋爲“概”。此處斷句與釋義均據郭沫若《大系》師旂鼎銘文考釋,第69—70頁。

② 郭沫若:《兩周金文辭大系圖録考釋》,第70頁。

③ 朱熹:《詩集傳》卷一八,第218頁。

④ 鄭玄注,孔穎達疏:《禮記正義》卷四九,第1607頁。

⑤ 鄭玄注,孔穎達疏:《禮記正義》卷四九,第1607頁。

釋曰:"此一節明蒯聵與孔悝銘之言也。"[①]則"予"當爲賜予、給予,"予女銘"當釋爲:我賜予你銘來作器,以顯先祖之德。而銘文的內容即第一個"公曰"之後蒯聵對孔悝先祖功績的描述。所以孔悝拜稽首説:"我會記録您所説的話,刻於彝鼎之中,以明我先祖之德,並力行您的吩咐,繼承我先祖之德。"即末句的實際語順應該是:對揚(公休),施于烝彝鼎,以辟之,勤大命。

基於以上分析可知,"對揚"句不論是否出現,都只是對前文所述內容的一句交代。而將其釋爲"頌揚"在很多銘文中並不適用,但進一步引申爲"記録"却能普遍適用於大多數銘文,且與"對揚"句在銘文中所起到的作用十分契合。所以筆者認爲,"對揚某休"當理解爲:記録某人之休美。

四　"對揚某休"與"拜手稽首"

對於"拜手稽首"在金文中的使用,朱鳳瀚先生在《也論西周金文中的"拜手稽首"》一文中總結的與答賜直接相關的"拜手稽首"的使用有以下三種情況:一、受賜者在賞賜後的"拜手稽首"多爲現場拜謝行爲;二、受賜者"拜手稽首,曰"及其後之語,是現場行禮時表達感激和頌揚的言辭;三、受賜者"拜手稽首"後緊接"對揚王休",二者之間應加句號,前者爲現場實録,後者爲作器理由。[②] 因本文以"對揚王休"爲研究對象,所以以下將結合朱先生所論,通過分析"對揚王休"和"拜手稽首"同時出現的三種情況,對二者的關係進行討論。

(一)受賜者"拜手稽首"後緊接"對扬某休"

據現有金文資料顯示,西周早期銘文中也有"對揚某休"之類的語句,但大多數並未與"拜手稽首"同時出現,如小臣宅簋銘文"唯五月壬辰,同公在豐,令宅事伯懋父,伯賜小臣宅畫毌、戈九、昜(錫)金車、馬兩,揚公伯休,用乍(作)乙公尊彝"(《集成》04201)等,實際上是省略了"拜手稽首"。這種情況下"對揚王休"的存在與"拜手稽首"没有直接關聯。

據石安瑞考察,"拜手稽首"與"對揚王休"在金文中的相連出現大概可以追溯到昭王時期,並認爲這種表述屬於銘文中的套語。[③] 確實有相當數量涉及上級賞賜、下

---

① 鄭玄注,孔穎達疏:《禮記正義》卷四九,第1607頁。

② 此外朱鳳瀚先生還總結了兩點,與答賜没有直接關係,即廷禮銘文後所附賓禮中紀實性的"拜手稽首"和對已故先人的非當面的拜手稽首。參見《也論西周金文中的"拜手稽首"》,第6—11頁。

③ 石安瑞:《由銅器銘文的編纂角度看西周金文中"拜手稽首"的性質》,第552頁。

級“拜手稽首”拜賜的銘文都於“拜手稽首”後直接綴以“對揚王休/命”之類的片語。但“對揚某休”是對前面所述事情的交代,即使緊跟“拜手稽首”,也並非拜賜時的言語動作。所以林沄、張亞初、虞萬里諸先生雖然釋“對揚某休”爲頌揚某人之休美,但皆於“拜手稽首”和“對揚某休”之間使用了句號。但是還有一種情況屬於特例,如尚盂銘文(《銘圖》06229)記王派伯考前來嘉勉賞賜尚,尚送伯考離開之後,拜稽首,對揚王休,作寶盂。這種情況屬於賞賜者未在現場,作器者於作器時對其遥拜,這裏的“拜稽首”也應是實際施拜行爲,並非套語。

(二)受賜者“拜手稽首”與“對揚某休”之間有其他言行

大多數西周賞賜銘文在史官宣讀完册命文書或公佈完賞賜物後,僅記受賜者“拜手稽首”,不再記受賜後有何言語動作。但有幾則銘文,如善夫山鼎銘文(《集成》00825)、頌鼎銘文等記受賜者拜稽首後有“受册佩以出”和“反入堇章”等行爲,晉侯穌鐘銘文(《新收》0870—0885)記穌拜稽首後又“受駒以出”。傳世文獻中亦有類似記載,如《左傳》僖公二十八年述晉侯受天子賜命後“受策以出”,[①]昭公三年載晉侯册命賞賜鄭伯,“伯石再拜稽首,受策以出”等等。[②] 可知在實際的“拜手稽首”後,受賜者尚有一系列的動作,只是有時省略不記。這種情況下的“拜手稽首”必定是受賜現場的實際行爲。

再如昝簋銘文(《集成》04194):“王[illegible](蔑)昝曆,賜牛三,昝既拜稽首,升于厥文取(祖)考。昝對揚王休,用乍(作)厥文[illegible](考)奠簋。”記昝拜稽首受王賜牛之後立刻用來祭祀父親,後面所記“對揚王休”顯然與“拜稽首”没有關係。所以無論是緊跟“拜手稽首”,還是與“拜手稽首”之間有其他言語動作,“對揚某休”與“拜手稽首”都没有直接關係。

(三)受賜者“拜手稽首曰”後接“對揚某休”

西周銘文中的“對揚某休”基本都與作器句相連,但在個别銘文中却緊接在“拜手稽首曰”之後,林沄、張亞初二先生認爲這句話可能是在行禮過程中説出來的。石安瑞也認爲,從《尚書・洛誥》諸篇叙述周王與臣下對話的篇章的内容可以推測,臣下與周王進行對話時,在聽完周王發言後或自己發言前要施行“拜手稽首”,“由此看來,銘文‘拜稽首曰’之後的一段話至少在形式上已具備了用爲當面對答周王話語的基本條件”。[③]

---

① 左丘明傳,杜預注,孔穎達疏:《春秋左傳正義》卷一六,影印阮元校刻《十三經注疏》本,北京:中華書局,1980年,第1826頁。

② 左丘明傳,杜預注,孔穎達疏:《春秋左傳正義》卷四二,第2032頁。

③ 石安瑞:《由銅器銘文的編纂角度看西周金文中“拜手稽首”的性質》,第550頁。

我們先以無𧵥簋銘文(《集成》04225)爲例:

> 唯十又三年,正月初吉壬寅,王征南尸(夷),王賜無𧵥馬四匹。無𧵥拜手稽首曰:敢對揚天子魯休令(命),無𧵥用乍(作)朕皇且釐季尊簋,無𧵥其萬年,子孫永寶用。

"無𧵥拜手稽首曰"後的"敢對揚天子魯休令(命)"顯然是無𧵥拜賜時所説的話,但後兩句也以"無𧵥"開頭,引出了作器的行爲,而且這三句話從語氣上來看很像是同時説出來的,完全可以理解爲:無𧵥拜手稽首説:我將冒昧地記録王的休美,作父親的祭器,萬年子孫永保。朱鳳瀚先生也説:"這種用於作器理由的話,難道不可能當面講出來嗎?"①

再如盠駒尊銘文和盠方彝銘文是盠兩次受王賜後所作,内容十分相似,僅在排列上有所不同:

> 稽首曰:王弗望(忘)厥舊宗小子,𡩜(柮)皇盠身。盠曰:王倗下,不(丕)其則,邁(萬)年保我邁(萬)宗。盠曰:余其敢對揚天子之休,余用乍(作)朕文考大仲寶尊彝。盠曰:其邁(萬)年,世子子孫孫永寶之。(盠駒尊銘文,《集成》06011)
>
> 盠拜稽首,敢對揚王休,用乍(作)朕文考且益公寶尊彝。盠曰:"天子不(丕)叚(遐)不(丕)其(基),萬年保我萬邦。盠拜稽首曰:剌剌(烈烈)朕身,遻(更)朕先寶事。(盠方彝銘文,《集成》09899—09900)

朱鳳瀚先生認爲盠駒尊銘文中"稽首曰"之後是盠在受賜當場"一邊行禮一邊説出的對王的感激言語",第二個"盠曰"後仍是頌揚語,第三個"盠曰"後顯然是作器時所用語辭。② 但按照上文的分析,盠駒尊銘文中的三句話皆以"盠曰"引出,實際上都可以是盠拜稽首時所説的話。

而盠方彝銘文先言盠拜稽首,對揚王休,用作寶彝,然後以兩個"盠曰"的形式表達對王的讚美和繼承先祖德美的願望,而且末句"曰"之前也用了一個"拜稽首"。朱鳳瀚先生亦根據這種内容的排列,斷定後面兩個"盠曰"後的話皆是作器時寫下的銘辭,而最後一個"拜稽首"及其所説是一種對王賜的"遥拜"。③ 筆者認爲這一觀點還有商榷之空間。

經考察,上述被朱先生歸爲"遥拜"的銘文很少。而且雖然西周銘文的基本格式

① 朱鳳瀚:《也論西周金文中的"拜手稽首"》,第10頁。

② 朱鳳瀚:《也論西周金文中的"拜手稽首"》,第10頁。

③ 朱鳳瀚:《也論西周金文中的"拜手稽首"》,第10頁。

多是先記時間，然後述王命賜，最後記作器之事，但仍有少數銘文没有遵循這一順序。如訇簋銘文(《集成》04321)先言“王若曰”，然後言“訇稽首，對揚天子休令，用乍(作)……”，最後記“唯王十又七祀，王才射日宫，旦王各，益公入右訇”，交代了册命的時間、地點及成員。[①] 再有虢季子白盤銘文(《集成》10173)開頭便云“唯十又二年正月初吉丁亥，虢季子白乍(作)寶盤”，然後述鑄器内容，最後云“子子孫孫，萬年無疆”。這些都説明銅器在鑄刻之時會因某些原因而對銘文内容作順序上的調整。盠方彝銘文中後兩個“盠曰”“盠敢拜稽首曰”從語氣和形式來看都很有可能是受賜時所説的話。而且若盠方彝銘文最後兩句皆是作器時寫下的銘辭，最有一個“曰”前的“拜稽首”爲遥拜，何以前一個“曰”前不加“拜稽首”之語？

綜上，筆者認爲前面這幾則銘文中，作器人“拜手稽首曰”後的“對揚王休”及作器之語都可以是在受賜現場所説的話，意爲：我將記録王的休令，作祖先的祭器，子孫永保。這種情況與孔悝鼎銘文“悝拜稽首曰：‘對揚以辟之，勤大命，施于烝彝鼎’”的形式是一致的。[②]

基於以上分析，筆者認爲“拜手稽首”與“對揚某休”不論是前後相連還是中間有其他内容，二者在大多數情況下是没有直接關係的，僅在作器者闡述作器理由時對先祖或王再行實際拜禮時才有前後之關係。而“對揚某休”若緊接在“拜手稽首曰”之後，可以是拜賜現場所説之語。

結　語

西周早期銘文多有賜貝/金鑄器的記載，“用乍+器名”形式中的“用”本應釋爲“使用”，即作器人使用所賜貝/金作先祖之祭器，後隨着銘文内容的複雜和程式化而逐漸失去此意。而“對揚某休”與銘文主體内容密切相關，可視爲對前面所述事情的一句交代，再通過分析“對”和“揚”的字形以及各種含義在銘文中的適用性，可知將“對揚”釋爲“記録”“講述”，較之“頌揚”更加合理。“對揚”句與“用乍”句連起來應釋爲：記録某人之休美，作先祖之祭器。

但因“對揚某休”在鑄器這件事情上確實起到了一個引起的作用，所以很多學者認爲“對揚”句與作器句之間有一種暗含的因果聯繫，將“用”釋爲“因而”“因此”之

① 類似的於銘末交代時間或者事件發生背景的還有師訇簋銘文(《集成》04342)、保卣銘文(《集成》05415)、大師虘簋銘文(《集成》04251—04252)等。

② 鄭玄注，孔穎達疏：《禮記正義》卷四九，第1607頁。

意,即作器者爲了記録某人之休美,於是作祖先之祭器,這在很多情況下也是符合語境的。至於“拜手稽首”與“對揚某休”,二者無論是否前後相連,在大多數情況下都没有關聯,而“對揚某休”若緊接在“拜手稽首曰”之後,可以是拜賜現場所説之語。

作者簡介:

于少飛,女,1990年生,山東萊陽人,魯東大學文學院講師。主要研究方向爲儒家文獻整理與研究,近年代表論文論著有《古代拱手禮考略》(《漢籍與漢學》2022年第1期)、《“吉拜”“凶拜”舊説平議》(《經學文獻研究集刊》2022年第1期)、《王照圓研究》(臺北花木蘭文化有限公司,2018年)。

丁鼎(程奇立),男,1955年生,山東萊西人,貴陽孔學堂高等研究院研究員,教育部人文社會科學重點研究基地山東師範大學齊魯文化研究院特聘教授、博士生導師。主要研究方向爲儒家經學、中國傳統文化研究。近年代表論文論著有《三禮學通史》(人民出版社,2020年)、《三禮真精神》(廣東高等教育出版社,2019年)、《“六經皆禮”説申論》(《孔子研究》2021年第4期)、《“春秋者禮義之大宗”命題的多維度考察》(《中州學刊》2023年第10期)。

談談以青銅器銘文研究兩周禮典的幾個誤區*

徐　淵

内容摘要　通過兩周銅器銘文來對禮典進行研究,存在幾個方面的誤區。一是要避免在確定涉禮青銅器銘文時,由於對銘文的誤釋而造成漏收或者誤收的情況。二是要避免將青銅器銘文涉"禮"與涉"事"相混淆。三是要避免因爲銅器銘文涉禮標準泛化引起誤收的情況,這主要是指將一些不具有禮典特徵的内容認定爲與禮典相關。對以上三種情況導致的兩周禮典相關金文誤收、失收、性質錯判等諸種情形加以細緻分析,才能得出以青銅器銘文研究兩周禮典的正確範式。

關鍵詞　青銅器　銘文　兩周　禮典

通過兩周銅器銘文來對禮典進行研究,要避免以下幾個方面的誤區。

一是要避免在確定涉禮青銅器銘文時,由於對銘文的誤釋而造成漏收或者誤收的情況。要研究青銅器銘文的禮典内涵,前提是對青銅器銘文的準確釋讀,在準確釋讀的情況下,才能對青銅器銘文是否涉禮加以正確判斷。這不但對判斷青銅器涉禮銘文有效,對研究一切出土文獻是否與先秦禮典有關都至關重要。在目前已有的青銅器銘文涉禮研究中,就存在不少由於誤釋而將與禮典無關的銘文收録入涉禮銘文的情況。

二是要避免將青銅器銘文涉"禮"與涉"事"相混淆。在青銅器涉禮銘文研究中,往往由於研究者認爲銘文記述了一次與禮未必有關的歷史事件而將該篇銘文認定爲涉禮銘文。在傳世文獻研究中,如何將歷史事件與禮典本身區分開來有着清晰的判斷標準。在做出土文獻研究時,應當將其否涉禮的判斷標準與傳世文獻的標準統一起來。當代發掘的出土文獻越來越多,不少文獻在傳世文獻中能找到對應的或者性質相同的内容,這爲出土文獻禮學性質的認定帶來了很大的便利,應當統一判定出土文獻與傳世文獻是否屬於禮典材料的眼光和標準。落實到青銅器銘文研究上,區分青銅器

* 基金項目:復旦大學古文字工程規劃項目"出土文獻學科建設與中國古典學的當代轉型"(項目號G2607)。

銘文描寫的是“事”還是“禮”的標準,應該經得起傳世文獻禮制研究的檢驗。僅僅描述了歷史事件而没有特定禮典内涵的銘文,不應該被視作禮典材料。一般來説,認定青銅器銘文是否涉禮的標準,應當與判斷《左傳》《國語》等先秦記史文獻的某些章節是否涉禮的標準一樣。

三是要避免因爲銅器銘文涉禮標準泛化引起誤收的情況,這主要是指將一些不具有禮典特徵的内容認定爲與禮典相關。判别涉禮文獻應該採取從緊的原則,不應該在没有堅實理據的情況下將某些普通的詞彙視爲禮儀性質的詞彙。由於禮學研究的特殊性,在没有特别證據説明某一文本與禮典儀節有確定聯繫的時候,一般應當避免將該銘文文獻劃入禮典文獻的範疇。由於禮典往往具有規範性的特徵,所以無法準確與禮典相對應的出土文獻比能準確與禮典相對應的出土文獻要多得多。在使用這些無法準確與禮典相對應的出土文獻時,當採取寧缺毋濫的標準。由胡亂比附而産生的銅器銘文涉禮的新説,是目前利用出土文獻研究禮典發生錯誤的主要來源。

下面將著重分析以上臚列的三種情況,即討論在以往研究中由於以上三種原因導致的兩周禮典相關金文誤收、失收、性質錯判等諸種情形。

一　釋讀錯誤引起誤收或失收青銅器銘文涉禮文獻

釋讀錯誤産生的青銅器銘文涉禮文獻的誤收較爲常見,銘文正確釋讀是判斷文獻性質的基礎工作。銘文釋讀工作主要依靠出土文獻及古文字方面的知識和方法,因此青銅器涉禮銘文的内涵解讀的基礎在於出土文獻及古文字方面的基礎訓練和知識儲備。以下列舉幾個由於釋讀錯誤而造成的銘文是否涉禮判斷的錯誤。

甲、商尊、商卣(1976年扶風莊白一號窖所出,西周早期)之“帝”“司”

西周早期前段的商尊(《銘圖》11791),其銘文爲:①

佳(唯)五月,辰才(在)丁亥,帝司(姛)**賞**(賞)庚姬貝卅朋。**迖丝**(絲)廿孚(鋝),商用乍(作)文辟日丁寶**障**(尊)彝。**𠦪**(**𦤎**)。

西周早期前段的商卣(《銘圖》13313),其銘文爲:

佳(唯)五月,辰才(在)丁亥,帝司(姛)**賫**(賞)庚姬貝卅朋、賞**丝**(絲)廿孚(鋝),商用乍(作)文辟日丁寶**障**(尊)彝。**𠦪**(**𦤎**)。

---

① 本文的金文釋文參考了復旦大學出土文獻與古文字研究中心中華字庫項目第四包金文包的釋文成果,在此特致感謝!釋文中所存在的問題責任由作者承擔。

張秀華在《禮制研究》中認爲銘文中的“司”釋爲“祠”,“帝司”即“禘、祠”,整篇銘文的意思是“五月丁亥,王舉行禘祭和祠祭,庚姬被賜貝三十朋”。唐蘭將商尊、商卣該詞釋爲“帝后”,吴鎮烽《銘圖》從之,認爲“帝后”是賞賜庚姬的主語,並把器名定爲商尊、商卣(吴振烽對這兩個器的定名是正確的)。裘錫圭在《關於商代的宗族組織與貴族和平民兩個階層的初步研究》中認爲“‘帝司’可能指時王之考的司,也就是時王的母后,‘帝’字的用法與上引卜辭同”,因此可以將文中“后”此字釋爲“姛”。同文裘錫圭解釋銘文中的“帝”,認爲是指“商王用來稱呼死去的父王”的。① 裘錫圭《説“姛”(提綱)》一文專門對“姛”的内涵加以解釋。② 張秀華由於誤釋,將“司”釋爲“祠”,則使得銘文“帝后”成爲祭祀動詞“禘祠”,從而這兩篇銘文成爲禘、祠禮的材料。

乙、魯侯爵(《銘圖》08580,西周早期)之“㯱”

西周早期的魯侯爵,其銘文爲:

魯(魯)医(侯)乍(作)爵𠙶(鬯)[illegible]。用隮(尊)㯱盟。

釋文中“㯱”的字形爲“[illegible]”,孫詒讓在《古籀餘論》中將“㯱”釋爲“祼”。文術發《魯侯爵銘文考釋》從之,將此字釋爲“祼”。③ 郭沫若在《殷周青銅器銘文研究》中將其釋爲“茜”,“從自。自,鼻也,示神之歆也。”④馬承源在《商周青銅器銘文選(三)》中亦將“㯱”釋爲“茜”,認爲該字“下部從朿,旁有酒滴,當是茜之初文。”⑤張秀華《禮制研究》認爲馬承源將該字釋爲“茜”可從,⑥並從《説文》所引古文《春秋傳》,認爲“茜”即《左傳》中的“縮”,聯繫王國維將甲骨文“[illegible]”釋爲“𨠬”,最終認定“縮酒之祭在殷商時代就已經産生了”。陳英傑《西周金文作器用途銘辭研究》釋此字從“茜”,認爲“爵銘此字跟《金文編》1168 頁 007 號字‘[illegible](禝)’(征人鼎,《銘圖》02267)應該是同一個字”,該字的隸定爲“禝”,這兩個字表示同一個意思。⑦ “㯱”與“禝”的右上部分是同一個字,有一定可能性,但征人鼎中的“禝”也是可能用作人名,説“這兩個字表示同一個意思”,失之武斷。

---

① 裘錫圭:《關於商代的宗族組織與貴族和平民兩個階層的初步研究》,《文史》第十九輯,北京:中華書局,1983 年,第 25 頁注 9。

② 裘錫圭:《説“姛”(提綱)》,《古文字與古代史》第二輯,臺北:“中研院”歷史語言研究所,2009 年,第 117—122 頁。

③ 文術發:《魯侯爵銘文考釋》,《中山大學研究生學刊(社會科學版)》1997 年第 3 期,第 15—18 頁。

④ 郭沫若:《殷周青銅器銘文研究》,北京:科學出版社,1961 年,第 89 頁。

⑤ 馬承源:《商周青銅器銘文選(三)》,北京:文物出版社,1988 年,第 32 頁。

⑥ 張秀華:《西周金文六種禮制研究》,第 27 頁。

⑦ 陳英傑:《西周金文作器用途銘辭研究(上)》,北京:綫裝書局,2008 年,第 245 頁。

細審這個字形,吴鎮烽《銘圖》將其釋爲從“自”從“束”是正確的,旁邊的小點很可能是古文字構形中常見的飾筆,至少馬承源將這些小點與“酒滴”相聯繫是没有理據的。因此將此字釋爲“莤”,並聯繫到“縮酒”之祭,恐怕站不住脚。由於吴鎮烽《銘圖》將“[illegible]”釋爲“寅丂”兩個字並不可信,從字形上看“[illegible]”是一個未識字。整篇銘文由於目前無法釋讀,銘文斷句還存在較大的分歧,因此其是否涉禮,以及所涉何禮都無法知曉。將其武斷地與“莤”聯繫起來,並單獨立“莤祭”一項祭祀禮類,是不可取的,這種祭祀禮類應當取消。

丙、[illegible]進鼎(《銘圖》02337,西周早期)之“[illegible]”

西周早期的[illegible]進鼎,其銘文爲:

> 隹(唯)八月辰才(在)乙亥,王才(在)[illegible]京,王易(錫)[illegible]進金,[illegible](肆)[illegible]對[illegible](揚)王休,用乍(作)父辛寶[illegible],亞束。

張秀華《禮制研究》將“[illegible]”釋爲“禱”,[1]並進一步將[illegible]進鼎所涉禮類歸爲“禱祭”。由於“[illegible]”字形與常用爲“禱”的“𠦪”並不相同,因此此銘文與“禱祭”無關,應從祭祀禮類“禱祭”中去除。由於“[illegible](肆)[illegible]”所處的銘文位置,不能排除其作爲人名的可能性,因此此銘涉禮與否不易判定,不應當作爲涉禮銘文使用。

丁、禽簋(《銘圖》04984,西周早期前段,現藏中國國家博物館)之“祝”“𢼸”

西周早期的禽簋,其銘文爲:

> 王伐[illegible](蓋)医(侯),周公某(謀)。禽祼(祝),禽又(有)𢼸祼(祝)。王易(錫)金百寽(鋝),禽用乍(作)寶彝。

吴鎮烽《通鑒》将“[illegible]”釋爲“祼”,董蓮池《新金文編》將此字釋爲“祝”,可從。根據本銘文的辭例,禽爲器主,“禽祝”即“禽進行‘祝告’的意思,“[illegible]”字吴鎮烽《銘圖》釋爲“㪨”,用作“振”。此字從“肙”從“攴”,釋爲“振”不妥,因此本銘文與軍禮“振旅”亦無關聯。本銘根據正確的釋讀,當是“祝”之一例,由於“祝”可能只是祭祀禮中的一個環節,是否要立爲一個禮類尚需斟酌。

戊、史牆盤(《銘圖》14541,西周中期)、乖伯簋(《銘圖》05385,西周中期)、九年衛鼎(《銘圖》02496,西周中期)、㝬鐘(《銘圖》15633,西周晚期)、駒父盨蓋(《銘圖》05675,西周晚期)之“視”

西周早期的史牆盤銘文爲(相關部分):

---

① 張秀華:《西周金文六種禮制研究》,第6例,第17頁。

……方䜌(蠻)亡不閈□(視),青(静)幽高且(祖),才(在)敚(微)霝(靈)處。……

西周中期的乖伯簋銘文爲(相關部分):

隹(唯)九年九月甲寅,王命益公征眉敖,益公至,告。二月,眉敖至,□(視),獻(獻)貴(帛)。……

西周中期的九年衛鼎銘文爲(相關部分):

隹(唯)九年正月既死霸(魄)庚辰,王才(在)周駒宫,各(格)廟,眉敖者膚卓吏(事)□(視)于王。……

西周晚期的㝬鐘銘文爲(相關部分):

王辜(敦)伐甘(其)至,戮(翦)伐氒(厥)都,㠯䜌(孳、子)迺遣閒,來逆卲(昭)王,南尸(夷)東尸(夷)具(俱)□(視)。廿又六邦。

西周晚期的駒父盨蓋銘文爲(相關部分):

南中(仲)邦父命駒父皀(即)南者(諸)医(侯),逵(率)高父□(視)南淮尸(夷),氒(厥)取氒(厥)般(服),堇(謹)尸(夷)俗彖。不䜴(敢)不苟(敬)畏王命,逆(迎)□(視)我,氒(厥)獻(獻)氒(厥)般(服)。

裘錫圭在《甲骨文中的"視"與"見"》一中文中例舉《周禮・春官・大宗伯》"時聘爲問,殷覜爲視",《秋官・大行人》"王之所以撫邦國諸侯者,歲徧存,三歲徧覜,五歲徧省"等書證,指出以上這些器物中的"□"均應釋爲"視",[①]説明"視"可以訓爲"覜禮"。《説文・八下・見部》"覜"字條有"諸侯三年大相聘曰覜。覜,視也。"段玉裁注:"……省與覜同……上於下,下於上,皆得曰覜,故曰相",説明以上金文銘文中的"視"無論是位卑者視位尊者,還是位尊者視位卑者,皆可稱爲"視"。駒父盨銘文中"高父視南淮夷"也屬於"覜"禮的性質。認識以上銘文爲涉禮銘文,其關鍵在於正確釋讀"視"字,將其與"見"字區分開來。

己、天亡簋(《銘圖》05303,西周早期)之"□"

西周早期的天亡簋銘文爲(相關部分):

乙亥,王又(有)大豊(禮)。王□(同)三方。王祀𢍏(于)天室,降。天亡又

---

① 裘錫圭:《甲骨文中的見與視》,《甲骨文發現一百周年學術研討會論文集》,臺北:文史哲出版社,1998年,第4—5頁。

（侑），……

"[illegible]"字，于省吾《關於天亡簋銘文的幾點論證》認爲讀爲"凡"，用作祭名。[1] 劉曉東《天亡簋與武王東土度邑》釋爲"般"，讀爲"督"，義爲《説文·目部》"督，目轉視也"。[2] 林沄《天亡簋"亡祀于天室"新解》認爲本字釋爲"凡"，義爲"望"，與"望祭"有關。[3] 張秀華《禮制研究》從之。以上説法皆無據。李學勤《"天亡"簋試釋及有關推測》指出，吴式芬、孫詒讓讀作"同"，吴闓生《吉金文録》云"同，會同也"。[4] 孫常叙在《〈天亡簋〉問字疑年》中認爲"以'[illegible]'爲'同'在銘文中是密合無間的"。[5] 王子揚《甲骨文舊釋"凡"之字絶大多數當釋爲"同"——兼談"凡"、"同"之别》一文中指出"凡"與"同"基本區别：

> "凡"字，郭沫若先生指出即"槃"之象形初文。可從。上揭"風"所從以及獨立使用的"凡"字形體確實象側立的盥盤之形。左側豎筆直而短，象盤底圈足之形；右側豎筆向外彎曲，象盥盤口沿之形。兩側豎筆並不對稱，這一點與"同"有顯著的區别。[6]

本銘按照王文的分析，顯然當作"同"而非"凡"。李文又引郭沫若意見：周人在西，"三方"指東、南、北三方。義即周王會同東、南、北三方的諸侯。

根據以上分析，本銘之"同"不應該是祭祀名詞，而是表示會盟的意思，對於"同"的正確釋讀，對於理解天亡簋的整個禮制内涵起到了決定性的作用。

庚、晏鼎（《銘圖》30195，西周早期）之"擇衣"

西周早期的晏鼎銘文爲：

> 晏**搼**（拜）**䭫**（稽）首，皇兄考（孝）于公［公，公］**宝**氒（厥）事。弟不**敔**（敢）不**睪**（擇）衣，**夙**（夙）夜用旨**𬀷**（肆）公。

本器1993年初出土於河南平頂山市新華區滍陽鎮義學崗應國墓地，銘文發表在《平頂

① 于省吾：《關於天亡簋銘文的幾點論證》，《考古》1960年8期，第35頁。

② 劉曉東：《天亡簋與武王東土度邑》，《文物與考古》1987年第1期，第92—96頁。

③ 林澐：《天亡簋"王祀于天室"新解》，《史學集刊》1993年第3期，第27—28頁。

④ 李學勤：《"天亡"簋試釋及有關推測》，《中國史研究》2009年第4期，第6頁。

⑤ 孙常叙：《〈天亡簋〉問字疑年》，《吉林師範大學學報》1963年第1期，第35頁。

⑥ 王子揚：《甲骨文舊釋"凡"之字絶大多數當釋爲"同"——兼談"凡"、"同"之别》，復旦大學出土文獻與古文字研究中心網站，鏈接：http://www.gwz.fudan.edu.cn/old/SrcShow.asp? Src_ID=1588，2011年7月14日。

山應國墓地》,[①]銘文内涵諸家所説多有不同。袁俊傑、王龍正發表的《試論旡鼎與喪服禮》中,認爲本篇銘文與服喪之禮有密切關係,銘文所述内容爲“公”去世之後,“弟”爲其父親即“公”擇喪服服喪的事跡。銘文中的“公”爲新死之人,兄、弟皆爲其後代。[②] 吴鎮烽《銘圖續》已經指出《平頂山應國墓地》對於該銘的釋讀有誤,將器主“旻”誤釋爲“旡”,[③]將“旨”誤釋爲“占”。因此“夙(夙)夜用旨䵼(肆)公”經過改釋後就文從字順,指的是“肆”鼎以“旨”公。

細審《平頂山應國墓地》彩圖,“公”字下有明顯的重文號,[④]因此該銘文就應該改釋爲:“皇兄考(孝)于公=[公,公]宔氒(厥)事。”

圖 2—1　旻鼎銘文照片

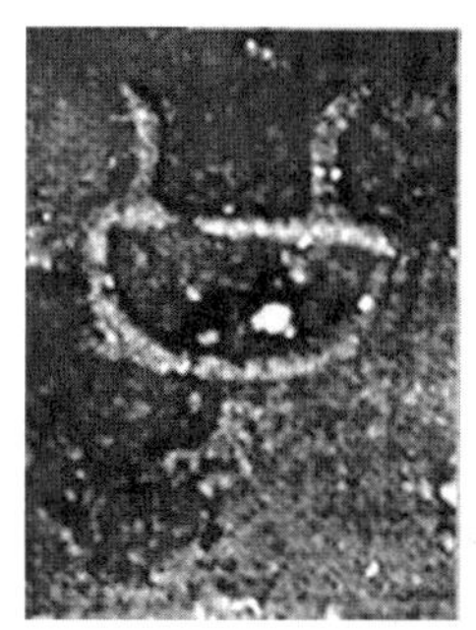

圖 2—2　旻鼎銘文照片局部

“宔”字根據陳劍師的《釋“琮”及相關諸字》中認爲“這類用法的‘宔’當讀爲光寵的‘寵’”,[⑤]並舉盂卣(《銘圖》13306,西周早期)、作册大鼎(作册大方鼎,《銘圖》02390、02391、02392、02393,西周早期)、作册矢令簋(《銘圖》05352、05353,西周早期)、矢令尊(令方尊,《銘圖》11821,西周早期)、矢令彝(令方彝,《銘圖》13548,西周

① 河南省文物考古研究所、平頂山市文物管理局編:《平頂山應國墓地》第Ⅰ卷,彩版二二,鄭州:大象出版社,2012 年。

② 袁俊傑、王龍正:《論旡鼎與喪服禮》,《考古》2015 年第 6 期,第 80—85 頁。

③ 吴鎮烽:《商周青銅器銘文暨圖像集成續編(一)》,上海:上海古籍出版社,2016 年,第 220 頁。

④ 關於重文號是作者在與郭理遠討論本銘時,郭理遠發現並指出的。

⑤ “宔”與“寵”音近可通,參見陳劍:《釋“琮”及相關諸字》,《甲骨金文考釋論集》,北京:綫裝書局,2007 年,第 286 頁。

早期)、亢鼎(《銘圖》02420,西周早期)、爯簋(應國爯簋,《銘圖》05233,西周中期)、方簋蓋(楷侯簋蓋,《銘圖》05129,西周早期)等辭例説明"宔"讀爲"寵"在辭例中的合理性,在辭例中"休""寵"往往連言。"寵""宔"在銘文中可以作爲名詞或動詞使用,作爲動詞可用作"賞賜""寵榮"的含義,[①]如盂卣"兮公室盂鬯束、貝十朋",這裏的"室"即"宔"之繁體,做動詞使用。

聯繫之前指出的重文號,這裏銘文當釋爲"公宔氒(厥)事",即公賞賜"氒事"。袁俊傑、王龍正認爲"氒事"是"其事",指公死之事。但金文辭例裏,厥事指"做事之人"的可能性更大。如麥盉(《銘圖》14785)銘文"井(邢)灰(侯)光氒(厥)事麥",其"厥事"的用法就與本銘非常相似。所以根據新發現的重文號改釋之後,"公宔氒(厥)事"的意思應該更接近於"公賞賜孝事於他的這些從事者","從事者"指的是在"皇兄"帶領下的這些"厥事"。因此弟"不敢不擇衣"。

從上面的改釋來看,公在"宔氒(厥)事"的時候,顯然還活着,並没有死亡。在金文中爲生者做器用於日用是極爲常見的。雖然目前無法説明"擇衣"的具體内涵,但是在兄(即銘文中的"公")生時弟擇喪服,則是完全不可能的。將本銘列爲喪禮相關的文獻,顯然是由於對銘文的誤釋造成的。

辛、子黄尊(《銘圖》11611,商代晚期)之"生"

商代晚期的子黄尊銘文爲:

> 乙卯,子見(獻)才(在)大(太)室。白□一、耴琅九、生(牲)百牢。王商(賞)子黄瓚(瓚)一、貝百朋。子光(光)商(賞)姒丁貝,用乍(作)己寶盤(盤)。䝞。

劉雨在《西周金文中的祭祖禮》中將子黄尊的時代誤定爲西周早期,故將子黄尊用作西周禮制材料,張秀華《禮制研究》没有收録本器銘文,説明已經認識到這一點。

細審銘文中"生(牲)百牢"劉雨誤釋爲"㞢(又)百牢",該"生"字與憲鼎(《銘圖》02386,西周早期)、作册大鼎(《銘圖》02391,西周早期)等器中"生"字字形接近。吴鎮烽《銘圖》因襲作"㞢(又)",董蓮池《新金文編·卷六》"生"字字頭下未收。劉雨根據這個釋讀意見,將此"㞢"與商代甲骨文中"㞢"祭聯繫起來,作爲西周有"㞢祭"的證據,是不能成立的。

---

① 陳劍:《釋"琮"及相關諸字》,《甲骨金文考釋論集》,第287頁。

壬、天亡簋(《銘圖》05303,西周早期)、陵叔鼎(《銘圖》01599,西周早期)、沈子它簋蓋(《銘圖》05384,西周中期)、𢦚簋(《銘圖》05379,西周中期)、作册吴盤(《銘圖》14525,西周中期)、作册吴盉(《銘圖》14797,西周中期)、庚嬴鼎(《銘圖》02379,西周中期)、繁卣(《銘圖》13343,西周中期)、多友鼎(《銘圖》02500,西周晚期)、敔簋(《銘圖》05380,西周中期)之"卒"

西周早期的天亡簋銘文爲(相關部分):

> 乙亥,王又(有)大豊(禮),王同三方,王祀𢓊(于)天室,降,天亡又(宥),王衣(卒)祀𢓊(于)王不(丕)顯考**变**(文)王,事喜上帝,……
>
> ……不(丕)**緐**(僭)王乍(作)庸,不(丕)克乞(迄)衣(卒)王祀。……

西周早期的陵叔鼎銘文爲:

> 陵弔(叔)乍(作)衣寶彝。

西周早期的沈子它簋蓋銘文爲(相關部分):

> ……隹(唯)考[illegible]昰念自先王、先公,廼妹克衣(卒)告刺(烈)成工(功)。……

西周中期的𢦚簋銘文爲(相關部分):

> ……衣(卒)博(搏),無昰(愍)于𢦚身,……

西周中期的作册吴盤銘文爲(相關部分):

> 天月既生霸壬午,執駒于**䚄**南林。衣(卒)乎(呼)巂匄(偈)召乍(作)册吴弔(叔)召**敢**(敢)駒吴**㨃**(拜)**䭬**(稽)盉出。……

西周中期的作册吴盉銘文爲(相關部分):

> 隹(唯)卅年三(四)月既生霸壬午,王才(在)**䚄**,執駒于**䚄**南林,衣(卒)執駒。王乎(呼)巂偈召乍(作)册吴,立**唐**門。……

西周中期的庚嬴鼎銘文爲(相關部分):

> 隹(唯)廿又二年三(四)月既望己酉,王**𡩜**(館)琱宫,衣(卒)事。

西周中期的繁卣銘文爲(相關部分):

> 唯九月初吉癸丑,公**酌**祀,**雩**(越)旬又一日辛亥,公啻(禘)**酌**辛公祀,衣(卒)事,亡昰(愍),……

西周晚期的多友鼎銘文爲(相關部分):

> 癸未,戎伐筍(筍),衣(卒)孚(俘),多友西追。
> ……孚(俘)戎車百乘一十又七乘,衣(卒)復(復)筍人孚(俘)。……
> ……唯孚(俘)車不克㠯(以),衣(卒)焚,唯馬毆盡。……

西周晚期的敔簋銘文爲(相關部分):

> ……啚于𤆍(榮)白(伯)之所,于烒衣諱,復(復)付氒(厥)君。……

劉雨在《西周金文中的祭祖禮》中將天亡簋、陵叔鼎、庚嬴鼎、繁卣中的"卒"均釋爲"殷",將"殷祀""殷事"訓爲"大禮"。[①] 張秀華《禮制研究》未收此禮類。吴鎮烽《銘圖》將天亡簋的"衣"釋爲"殷","衣祀"讀爲"殷祀"。對陵叔鼎、敔簋的"衣"未做釋讀,其餘銘文中的"衣"均釋爲"卒","衣事"讀爲"卒事"。裘錫圭在《釋殷墟卜辭中的"卒"和"衤聿"》文章末尾討論了金文中的"衣",裘文認爲𢦚簋和多友鼎的"衣"都當讀爲"卒",沈子它簋、敔簋的"衣"也肯可能讀爲"卒"。裘文還認爲天亡簋的"衣祀""衣王祀"的"衣"也應該讀爲"卒"。[②] 從以上的討論來看,除了陵叔鼎的"衣"不能確定如何釋讀之外,其他的"衣"均讀爲"卒"更加妥貼,因此"衣事""衣祀"都不是祭祀的意思,要從祭禮禮類中去除這些例子。實際上,"殷事""殷祀"本身也不是一類特殊的祭禮類型,《儀禮・士喪禮》:"月半不殷奠。"鄭玄注:"殷,盛也。"又,《禮記・喪服大記》:"主人具殷奠之禮,俟於門外。"鄭玄注:"殷猶大也。"故即使"衣"可以釋讀爲"殷",也不應當爲"殷祀"設立一個獨立的禮類,"殷"在禮書中只用作一般意義上的"盛大"。

癸、顜卣(《銘圖》13293、13294,西周早期)、子卣(《銘圖》13281,商代晚期)之"[illegible]"祭

西周早期的顜卣的銘文爲:

> 顜乍(作)母辛隣(尊)彝,顜易(錫)婦[illegible],曰:用[illegible](肆)于乃姑[illegible](宑)。

商代晚期的子卣銘文爲:

> 子乍(作)婦𡚬彝,女子母庚宑祀隣(尊)彝,[illegible](𦥑)。

舊釋將"[illegible]"釋爲"宓",並與傳世文獻中的"閟"聯繫起來,《魯頌・閟宫》"閟宫有侐,實實枚枚",毛傳:"先妣姜嫄之廟。"又引孟仲子"是禖宫也",劉雨因此將"閟"與"高禖"

---

① 劉雨:《西周金文中的祭祖禮》,《考古學報》1989年第4期,第499—500頁。

② 裘錫圭:《釋殷墟卜辭中的"卒"和"衤聿"》,《中原文物》1990年第3期,第16頁。

祭祀聯繫在一起,認爲存在"閟"祭。① 即使在釋讀上没有問題,也很難説存在"閟"祭這樣的禮類。

從字形上看,"[illegible]"字從"宀"不從"必",裘錫圭在《釋"柲"》一文的第(三)節中對"宓"的字形有嚴格的界定,②金文"[illegible]"字顯然與"宓"不同。賈連敏在《古文字中的"祼"和"瓚"及相關問題》中將"[illegible]"釋爲从"宀"從"祼"之省體的"[illegible]",③周忠兵不同意此説,他在《釋甲骨文中的"阩"——兼説"升""祼"之别》中,將"[illegible]"釋爲從"宀"從"升"的"穽"字。④ 由於"[illegible]"並不釋爲"宓",故與所謂"閟"祭也就毫無關係了。此字若釋爲"[illegible]",則可理解爲"祼"祭之"祼",如果釋爲"穽",則可能讀爲甲骨文中的"祔"祭。具體當作何種解釋,還有待對字形的正確考釋。

子、大盂鼎(《銘圖》02514,西周早期)、交鼎(《銘圖》01955,西周早期)、郘黛鐘(《銘圖》15570—15582,春秋晚期)之"遇""嘼"讀爲"戰"

西周早期的大盂鼎的銘文爲(相關部分):

> ……易(錫)女(汝)鬯一卣,冂(裳)、衣、市(韍)、舄、車、馬,易(錫)乃且(祖)南公旂,用**遇**(單—戰),……

西周早期的交鼎的銘文爲:

> 交从嘼(單—戰),逨眦(比)王,易(錫)貝,用乍(作)寶彝。

春秋晚期的郘黛鐘的銘文爲(相關部分):

> ……郘(吕)白(伯)之子,余頡(詰)岡(曲)事君,余嘼(戰)**嬰**武,乍(作)爲余鐘,……

以上銘文楊寬《西周史》、劉雨《西周金文中的軍事》認爲"**遇**""嘼"釋爲"獸",其義爲"狩",並與"狩禮"聯繫。⑤ 裘錫圭在《郭店楚墓竹簡》釋文中指出"'嘼'在古文中即'單'字繁文,《説文》説此字不可信。"⑥陳劍師在《據郭店簡釋讀西周金文一例》中指出,《六德》篇第16簡"……弗敢嘼(憚)也。"又《成之聞之》篇引《君奭》,其中"嘼"金

① 劉雨:《西周金文中的祭祖禮》,《考古學報》1989年第4期,第513頁。

② 裘錫圭:《釋"柲"》,《古文字研究》第三輯,北京:中華書局,1980年,第10—11頁。

③ 贾连敏:《古文字中的"祼"和"瓚"及相關問題》,《华夏考古》1998年3期,第96—111頁。

④ 周忠兵:《釋甲骨文中的"阩"——兼説"升""祼"之别》,《中國書法》2015年第24期,第117—123頁。

⑤ 楊寬:《西周史》,上海:上海人民出版社,1999年,第701頁;劉雨:《西周金文中的軍事》,《胡厚宣先生紀念文集》,北京:科學出版社,1998年,第229頁。

⑥ 荆門市博物館編:《郭店楚墓竹簡》,北京:文物出版社,1998年,第169頁。

文《君奭》作"單"。並指出交鼎、邵黛鐘中的"嘼"釋爲"單",讀爲"戰";[①]"大盂鼎'賜乃祖南公旂,用還。'旂旗用於旅事戰陣,"還"釋讀爲'戰'"。[②]根據上述正確的釋讀意見,則大盂鼎、交鼎、邵黛鐘舊釋爲"狩",義爲"狩禮"的字皆不能成立,當從"狩禮"禮類中去除。

丑、我鼎(《銘圖》02399,西周中期)之"衁(徹)"

西周早期的我鼎的銘文爲(相關部分):

> 隹(唯)十月又一月丁亥,我乍(作)**禦**(禦)**衁**(徹)且(祖)乙、匕(妣)乙、且(祖)己、匕(妣)癸,**𢓊**(延)礿**絜**二母,咸與。

"**衁**"祭在金文中僅出現於我鼎(《銘圖》02399,西周中期),其字形作"**衁**"。楊樹達在《我作父己甗跋》中認爲"從血從示,象薦血於神前"。[③]李學勤在《古文字學初階》中將此字隸作"**衁**"。[④]連劭名在《甲骨刻辭中的血祭》系統梳理了甲骨刻辭中"血"的用法,認爲血祭在各個時期的甲骨卜辭中均有記載。趙平安在《"允""粤"形義考》中指出甲骨文中的"粤"從"血",從"示"的簡體,本義是一種有所寧止的血祭,並認爲"我鼎中的**衁**自然也應當釋爲'粤',商周時代,'粤'的異體衆多,**衁**是其中的一個"。[⑤]楊華認爲我鼎中的"**衁**"及周原甲骨 H11:1 中的"血",都是商周血祭沿襲的例證。[⑥]馮時認爲"(我鼎)銘文首先記器主以禦祭和血祭對祖乙、妣乙和祖己、妣癸兩對祖先的祭祀",並進而認爲"我方鼎並非簡單的祭祖文辭,而完整、系統地反映了西周的喪奠禮儀"。[⑦]

陳劍師在《釋甲骨金文的"徹"字異體——據卜辭類組差異釋字之又一例》[⑧]一文中將我鼎的"**衁**"字改釋爲"徹"。認爲舊釋將此字與"血祭"相聯繫,釋爲"衁/祴"的意見不可信。"**衁**"的用法與甲骨文賓出組"鬳/䰜示"中""鬳/䰜"、黄組"㲉/㪿示"

① 陳劍:《據郭店簡釋讀西周金文一例》,《甲骨金文考釋論集》,北京:綫裝書局,2007年,第28頁。

② 同上揭,第29頁。

③ 楊樹達:《我作父己甗跋》,《積微居金文説》,北京:中國科學院,1952年,第152頁。

④ 李學勤:《古文字學初階》,北京:中華書局,1985年,第41頁。

⑤ 趙平安:《"允""粤"形義考》,《古漢語研究》,1996年第2期,第19—20頁。

⑥ 楊華:《先秦血祭禮儀研究——中國古代用血制度研究之一》,《世界宗教研究》2003年第3期,第25、30頁。又見,楊華:《古禮新研》,北京:商務印書館,2012年3月,第87—114頁。

⑦ 馮時:《我方鼎銘文與西周喪奠禮》,《考古學報》2013年第2期,第185—212頁。馮時認爲我鼎記録的内容是西周喪奠禮儀的意見不可信,文獻所記"遷奠""祖奠""遣奠"皆無裸儀,將我鼎銘文與喪奠禮聯繫,不可信。

⑧ 陳劍:《釋甲骨金文的"徹"字異體——據卜辭類組差異釋字之又一例》,,《出土文獻與古文字研究(第七輯)》,上海古籍出版社,2018年。

中的""叡/𣪊"相同,都應釋爲"徹"。以上釋爲"徹"的諸字在甲骨、金文中訓爲"達也,通也"。我鼎銘文該句的意思是"作禦祭徹於祖乙、妣乙、祖己、妣癸諸人。"

根據陳劍師的釋讀意見,我鼎之"祟"爲"通徹"之義,與表示"血祭"的祭祀動詞無關,故"祟"祭禮類應當取消。

寅、新邑鼎(《銘圖》02268,西周早期)之"奠"、魯侯爵(《銘圖》08580,西周早期)之"尊"

西周早期的新邑鼎銘文爲:

> 癸卯,王來奠新邑,[二]旬又三(四)日丁卯,□自新邑于柬,王□貝十朋,用乍(作)寶彝。

西周早期的魯侯爵,其銘文爲:

> **魯**(魯)**厌**(侯)乍(作)爵**鬯**(鬯)[illegible]。用**隮**(尊)**臬**盟。

王恩田認爲新邑鼎銘文中的"奠"釋爲"奠祭",①張秀華《禮制研究》從之。② 陳英傑《銘辭研究》認爲"奠"用爲"定",並做了比較詳細的舉例。③ 這裏"奠"用爲"奠祭"的意見不可取。"奠"作爲"奠定"的用法,有時候會與"奠祭"的用法相混淆。在確定銘辭所在禮類的時候要注意區隔。

先秦祭禮中置酒食而祭叫作"奠"。無論是吉祭還是凶禮中的酒食祭,均可稱爲奠。《詩經・召南・采蘋》:"于以奠之,宗室牖下。"毛傳:"大夫士祭于宗廟,奠于牖下。"《禮記・文王世子》:"凡學,春官釋奠于其先師,秋冬亦如之。"鄭玄注:"釋奠者,設薦饌酌奠而已,無迎尸以下之事。"

又,喪禮中的喪祭也稱爲奠。《説文・六部》"奠,置祭也。《禮》有奠祭。"段玉裁注:"禮,謂禮經也。《士喪禮》《既夕禮》祭皆謂之奠;葬,乃以虞易奠。"《禮記・檀弓下》:"奠以素器,以生者有哀素之心也。"孔穎達疏:"奠,謂始死至葬之時祭名,以其時無尸,奠置於地,故謂之奠也。"《釋名・釋喪制》:"喪祭曰奠。"

陳英傑《銘辭研究》指出"尊、奠形義有别,金文中二者不能混用。"甲骨文中之"尊"從"酉"從"収",表"獻酒"之義;"奠"則從"酉"從"丌(几)",表"置酒"之義,二者遲至隸變時代之前並不相混。

---

① 王恩田:《"成周"與西周銅器斷代——兼説何尊與康王遷都》,《古文字學論稿》,合肥:安徽大學出版社,2008年,第40頁。

② 張秀華:《西周金文六種禮制研究》,第31頁。

③ 陳英傑:《西周金文作器用途銘辭研究》,第312—313頁。由於與祭祀禮典無關,本文不做一一列舉。

金文中不少"尊"字,在作爲動詞和器物名稱的時候,釋爲"薦獻"的"尊"有𠨘其卣(《銘圖》12429,商代晚期)、万豼彝(《銘圖》13540,商代晚期)、作册夨令簋(《銘圖》05352、05353,西周早期)、鄧小仲鼎(《銘圖》02246、02247,西周早期)、魯侯爵(《銘圖》08580,西周早期)、㦰簋(《銘圖》05379,西周中期)、㦰鼎(《銘圖》02824,西周中期)、晉侯僰馬壺甲、乙(《銘圖》12431、12432,西周中期)。其中𠨘其卣的辭例爲"尊……宜",万豼彝的"尊宜",連劭名將"宜"讀爲"施"不確。"宜"應該就是作爲陳俎肉而祭的"宜肉",則"尊"就是其造字本義"進獻酒食"的意思。

陳英傑認爲"鄧小仲鼎、㦰簋、㦰鼎、晉侯僰馬壺"的"尊"是"薦獻、進獻之義",而魯侯爵"當用置酒之本義",這是不確切的。[①] "尊"的内涵就是"薦獻、進獻之義",並無"奠"字所有的"置酒食"之義。故以上這些器的"尊"都是同一含義,除了𠨘其卣、万豼彝將"尊"的對象"宜"表述出來了,其他幾個例子都是正常的"進獻"。

寬泛地説,青銅器銘文中的"尊彝"的"尊",其實也就是説明本器是用作"進獻"的,故"尊"的"薦獻"内涵不應與"奠"的"置酒而祭"内涵相混淆,金文中的"尊"都没有"置酒而祭"祭祀内涵,"尊""奠"都不應該作爲祭祀禮類。

卯、天亡簋(《銘圖》05303,西周早期)、作册夨令簋(《銘圖》05352、05353,西周早期)之"宜"

西周早期的天亡簋銘辭爲(相關部分):

……丁丑,王卿(饗)大**𡨦**(宜)。……

西周早期的作册夨令簋銘辭爲(相關部分):

……乍(作)册夨令**障**(尊)**𡨦**(宜)于王姜。……

徐伯桐、吴式芬將"**𡨦**"字釋爲"宜",作祭祀動詞使用。孙常叙在《〈天亡簋〉問字疑年》將"**𡨦**"字定爲"宜",[②]孫稚雛在《天亡簋銘匯釋》中首先將甲骨文的"宜"與天亡簋的"宜"字相聯繫,將此字確定爲"宜"。[③] 甲骨文中"宜"作"𡧱"形,象肉在俎案之形,天亡簋、作册夨令簋的"宜"是其遺存。

禮學家雖然已經無法確知"宜"的具體内涵,但是在不少傳世文獻中有"宜"祭的記載。《詩經 · 魯頌 · 閟宫》:"是饗是宜,降福既多。"馬瑞辰《通釋》:"宜本祭社之名。…凡神歆其祀通謂之宜。《鳧鷖》詩'公尸來燕來宜'及此詩'是饗是宜'是也。"

① 陳英傑:《西周金文作器用途銘辭研究》,第316頁。

② 孫常叙:《〈天亡簋〉問字疑年》,《吉林師大學報》1963年第1期,第41—42頁。

③ 孫稚雛:《天亡簋銘匯釋》,《古文字研究》第三輯,北京:中華書局,1980年,第176頁。

《尚書·泰誓》:“宜於冢土。”孔安國傳:“祭社曰宜。”《禮記·王制》:“天子將出,類乎上帝,宜乎社,造乎禰。諸侯將出,宜乎社,造乎禰。”鄭玄注:“類、宜、造皆祭名,其禮亡。”孔穎達疏:“宜乎社者,此巡行方事,誅殺封割,應載社主也。云宜者,令誅伐得宜,亦隨其宜而告也。”孔疏是通過“宜”的聲訓來説明“宜”祭的内涵,其實鄭玄已經説明“其禮亡”了。

以上金文中的“宜”,是作爲“尊”的賓語出現的,“尊……宜”,就是向某人進獻“宜”。“宜”的内涵並不是“宜祭”,而是“宜肉”的意思。在甲骨金文之中,既有時王向神鬼尊“宜”的,也有子向商王尊“宜”的。現在看來“宜”在出土文獻中都作爲“宜肉”使用,没有作爲“宜祭”使用的例子。晚出的禮書將“宜”作爲祭祀動詞使用,在出土文獻中十分少見,故祭祀禮類中的“宜”祭禮類尚不能確立。

辰、作册夨令簋(《銘圖》05352—05353,西周早期)之“報”

“報”祭在西周金文中一見,見於作册夨令簋銘文爲(相關部分):

> ……公尹白(伯)丁父兄(貺)于戍=(戍,戍)冀𤔲(司)乞(訖),令敢(敢)𩁹(揚)皇王宐丁公文報,用韻(稽)後人亯(享),隹(唯)丁公報,令用𢍰(深)扆(揚)于皇王,……

劉雨提出了該銘辭中的“報”爲“報”祭的意思,並與甲骨文中的“匚”“匚”相聯繫,認爲其是“爲答謝祖先保佑之恩而設的祭典”。[①] 根據常玉芝在《商代宗教祭祀》中的總結,甲骨文中的“口(丁)”祭(或釋爲“祊”),與“報”爲同一種祭祀,其特徵爲,“口(丁)”祭對象祖先名(丁公)的干支應該與祭祀進行日期的干支相同,或者在其前一日,即“口(丁)”祭丁公的祭祀應該在丙日或丁日,這是“口(丁)”祭的基本特徵。[②] 由於作册夨令簋銘文中没有提及對丁公進行祭祀的日期,所以此處的“報”是否理解爲甲骨文中的“口(丁)”祭,還需其他材料證實。甲骨文中的“口”還有一種用法,用爲宗廟建築,往往與“宗”對貞,與金文中的“報”也没有聯繫。

《詩·小雅·楚茨》:“祝祭于祊。”毛傳:“祊,門内也。”《禮記·郊特牲》:“索祭祝于祊。”鄭玄注:“廟門曰祊。”《説文·示部》:“祊,門内祭先祖,所以彷徨。”傳世禮書中“祊”祭大概就是“門内之祭”的意思。甲骨文中“口(丁)”祭與傳世禮書中的“祊”祭應該没有聯繫,“口(丁)”釋爲“祊”的舊説没有理據支持。

作册夨令簋銘文中的“報”當作“福蔭”“福報”之義理解,與“皇王宐(寵)”構成賓

---

① 劉雨:《西周金文中的祭祖禮》,《考古學報》1989年第4期,第507頁。

② 常玉芝:《商代宗教祭祀》,《商代史》第8卷,北京:中國社會科學出版社,2010年,第468—479頁。

語同位語，即作册令所揚的既是"皇王宦(寵)"，也是"丁文公報"，二者爲一事。由此，"報"在此處不能理解爲"報祭"，與甲骨文的"⊐(丁)"亦無關係，也不能與後世禮書的"祊"相聯繫。金文中的"報祭"禮類應當取消。

二　青銅器銘文涉"禮"與涉"事"混淆的情況

金文涉禮文獻的誤收有很大一部分並不是金文銘文的誤釋造成的，由於出土文獻解讀者對傳統禮學文獻的瞭解不够，往往將涉"禮"文獻與涉"事"文獻相混淆，即將普通的不具有禮典内涵的銘文，認定爲禮典文獻，從而誇大了文獻的禮學性質。將史事混同於禮典，往往會將某一類史事銘文歸爲同一類禮典文獻。故這方面的混淆，會使得涉禮文獻的數量被嚴重擴大化。基於這個原因，在本節的論述中，僅僅舉出器名以及"禮""事"混同的原因，不再將所有的青銅器銘文一一加以臚列。

(一)戰争史事、過程與軍禮典相混淆

兩周戰争的過程確實含有不少具體的軍禮儀節，然而將戰争過程本身認定爲禮典是不符合禮學研究的一般認識的。如西周早期的利簋(《銘圖》05111)銘文：

> 珷(武)征商，隹(唯)甲**巢**(子)朝，**戉**(歲)鼎，克。**翻**(聞—昏)**夙**(夙)又(有)商。辛未，王才(在)**䦷自**(師)，易(錫)又(右)事(史)利金，用乍(作)**旜**公寶**隮**(尊)彝。

以上與戰争相關的銅器銘文張秀華《禮制研究》均收録入軍禮銘文之中，商艷濤《西周軍事銘文研究》所討論的西周軍事銘文與這個範圍大致相同，[①]顯然張文將軍事相關銘文都納入軍禮銘文範疇了。

根據對傳世文獻的取捨，《左傳》中涉及征伐的事例很多，傳統禮學研究從來不將這些征伐的事例納入軍禮的研究範疇。因此以上所謂涉禮文獻是將"事"與"禮"混淆從而造成涉禮金文擴大化的一個顯著案例。

在軍禮相關的銘文中，涉及軍禮的有以下幾種情況。一、涉及戰争之前的祭祀，這方面與祭祀銘文的討論相重合；二、涉及獻俘禮，獻俘禮的重要標誌不是該銘文是否涉及賞賜，而是有没有具體獻俘的儀節；三、振旅禮，振旅儀節在銘文中有所述及則該銘文可以被認定爲振旅相關銘文。關於軍禮儀節的認定可以參看任慧峰《先秦軍禮研究》，該文梳理先秦軍禮包括戰争前的軍禮：告、宜、類、授斧鉞、授兵、禡；戰争中的軍

① 商艷濤：《西周軍事銘文研究》，廣州：華南理工大學出版社，2013年。

禮:觀兵、致師等;戰争後的軍禮:振旅、飲至等。① 以上禮類的描述,與出土文獻所描述的軍禮是較爲符合的,對軍禮的認定符合傳統禮學所認定的範疇。

在軍禮銘文中,禽簋(《銘圖》04984,西周早期)常常被視爲軍禮文獻,其銘文爲:

王伐禁(蓋)医(侯),周公某(謀),禽祝(祝),禽又(有)㪅祝(祝),王易(錫)金百寽(鋝),禽用乍(作)寶彝。

張秀華《禮制研究》②、萬宏亮《春秋時期齊晉秦楚軍禮研究》③均將"周公某(謀)"認定爲是"定兵謀"之禮。郭沫若、唐蘭、劉雨等在述及此銘時,④指出"某"讀爲"謀",意爲"謀劃",但並没有上升爲特定的軍禮儀節。將"定兵謀"上升到軍禮層面的,主要是楊寬。楊寬將商代晚期的邐鼎(《銘圖》02312)、宰甫卣(《銘圖》13303)銘文中王在征伐前的饗酒都視爲"定兵謀"的證據,並聯繫《詩經・魯頌・泮水》之詩,説明"定兵謀"之地常在泮宫。這已經超出一般禮學認定的儀節範圍。禽簋銘文中"周公謀"只能作爲軍事征伐的一個環節,不能上升到禮典層面來認定這是軍禮的一部分,"定謀"仍然屬"事"的範疇,不是"禮"的特定内容。

又,西周晚期的師寰簋(《銘圖》05366—05367),張秀華《禮制研究》認爲其與"徵師禮"有關,⑤其銘文爲(相關部分):

王若曰:師寰,𢦏(蠢)淮尸(夷)繇(繇)我貟(帛)畮(賄)臣,今敢(敢)博氒(厥)衆叚,反氒(厥)工事,弗速(蹟)我東國(國)。今余肇令女(汝)逘(率)齊帀(師),㠱𠫑、釐(萊)、僰𡱂(屄—殿)左右虎臣正(征)淮尸(夷),即質氒(厥)邦嘼(酋),曰冄、曰䡒、曰鈴、曰達。師寰虔不㒸(惰),夙(夙)夜卹(恤)氒(厥)牆(將)旋(事),休既又(有)工(功),折首執噝(訊),無諆徒駿(馭),毆(毆)孚(俘)士、女、羊、牛,孚(俘)吉金。……

所謂"徵師"之禮的書證張秀華取自《司馬法・仁本》(無明文)、《史記・魏豹彭越列傳》所稱"徵兵"。《左傳》中由一國之帥帥多國之兵的事例比比皆是,從來不是禮家討

---

① 任慧峰:《先秦軍禮研究》,武漢:武漢大學博士學位論文,2010年5月,指導教師:楊華教授。任慧峰博士論文《先秦軍禮研究》於2015年5月以相同名稱在商務出版社出版。

② 張秀華:《西周金文六種禮制研究》,第63頁。

③ 萬宏亮:《春秋時期齊晉秦楚軍禮研究》,齊齊哈爾:齊齊哈爾大學碩士學位論文,2015年,第8—11頁。

④ 郭沫若:《兩周金文辭大系圖録考釋(二)》,《郭沫若全集・考古編》第八卷,北京:科學出版社,2002年,第41頁;唐蘭:《西周青銅器銘文分代史徵》,北京:中華書局,1986年,第43頁;劉雨:《西周金文中的軍事》,《胡厚宣先生紀念文集》,第229頁。

⑤ 張秀華:《西周金文六種禮制研究》,第79—80頁。

論的對象,不能因爲在金文中出現一將帥多國之師,憑空製造出“徵師”之禮。這也是將軍禮擴大化的表現。

順便提一下的是,西周中期的師旂鼎(《銘圖》02462)所涉及的軍事制度,與禮典也並無直接關係,因此也不需要作爲軍禮文獻來考察,可以作爲政類文獻中的軍政文獻加以研究。

根據上面的分析,西周金文中與軍禮特定禮典有關的文獻,主要是與“飲至”有關的𡧊鼎(《銘圖》02364,西周早期),與“獻俘”有關的小盂鼎(《銘圖》02516,西周早期)、敔簋(《銘圖》05380,西周晚期)、多友鼎(《銘圖》02500,西周晚期)、虢季子白盤(《銘圖》14538,西周晚期),與“振旅”有關的中觶(《銘圖》10658,西周早期)以及上述軍事銘文中與軍前祭祀有關的器物銘文。

(二)賞賜土田與分封禮混淆

金文中涉及封建及賞賜土田的銘文爲數不少,然而能明確爲分封禮的銘文文獻在所有涉及賞賜土田、民人的銘文中比例要小一些。如西周早期的作册折尊(《銘圖》11800)銘文爲:

> 隹(唯)五月,王才(在)庍,戊[illegible](子),令(命)乍(作)册折兄(貺)朢(望)土于相[illegible](侯),易(錫)金、易(錫)臣,[illegible](揚)王休,隹(唯)王十又(有)九祀,用乍(作)父乙𨺅(尊),[illegible](其)永寶。木羊册。

王暉在《作册旂器銘與西周分封賜土禮儀考》文中認爲本銘所反映的是周王賜予相侯“聖土”,並認爲這種“聖土”是一種“五色土”,[①]代表不同地方的物色。賜予諸侯這種“五色土”是分封的憑證。張秀華《禮制研究》將本銘收入第四章第一節“西周金文所見封建禮”,並同意王暉之説。[②] 其實,本銘中的“聖”當釋作“望”,所謂“貺望土于相侯”,可能只是一次純粹的土地賞賜,“望土”即望地的土地,與銘文中作賜予用的“某人”用法相同,即表示某地之人,將其引申爲“五色土”更是缺乏文獻和辭例的依據。

如西周早期的亳鼎(《銘圖》02226)銘文爲:

> 公[illegible](侯)易(錫)亳杞土、麇土、[illegible]禾、[illegible]禾,亳[illegible](敢)對公中(仲)休,用乍(作)𨺅(尊)鼎。

以上“杞土”“麇土”指的是杞地、麇地的土地,“[illegible]禾”“[illegible]禾”指的是[illegible]地、[illegible]地的禾。與作册折尊“朢(望)土”的用法是一致的。

---

① 王暉:《作册旂器銘與西周分封賜土禮儀考》,中國歷史文物2005年第1期,第15—17頁。

② 張秀華:《西周金文六種禮制研究》,第129頁。

又如西周早期的中鼎(《銘圖》02382)銘文爲:

> 隹(唯)十又三月庚寅,王才(在)寒𠂤朿(次),王令大(太)史兄(貺)福土,王曰:中,丝(兹)福人入史(事),易(錫)于珷(武)王乍(作)臣,今兄(貺)臾(畀)女(汝)福土,乍(作)乃采,中對王休令(命),𨽍(肆)父乙隮(尊)。隹(唯)臣尚(常)中臣。七八六六六六,八七六六六六。

以上“福土”指的是福地的土地,“福人”指的是福地的民人,與作册折尊“朢(望)土”的用法也是一致的。

與賜土相關的銘文可能還有大保簋(《銘圖》05139),銘文中“土”字前一字“□”不識,不能確定是否爲地名,如果此字也作爲地名使用,則王賜“大保”的也是“□”地的土地。

據以上分析,凡是銘文中僅有賜“某土”内容的,不能作爲是否涉及封建禮判斷的標準。

三　涉禮標準泛化引起誤收涉禮青銅器銘文文獻

金文中將一般的行爲動詞作爲特定的禮儀詞彙,從而將一般的行爲泛化爲禮儀環節,是金文涉禮銘文擴大的又一重要原因,這類在正確釋讀金文銘文基礎上,却將非禮典文獻歸入有特定禮典内涵的範疇,會大大擴大在傳統禮學所區分出來的禮類。只有採取從嚴的標準,才能正確使用這些材料,不至於將禮典文獻的研究範疇不恰當地擴大至普通銘文文獻。其實,只要採取與一般傳世文獻相同的甄别標準,就能防範這種失誤的出現,以下來舉例説明這種情況的産生原因。

(一)關於“獻”禮

西周晚期的伯公父斗甲、乙(《銘圖》14191、14192),其銘文爲:

> 白(伯)公父乍(作)金爵,用獻(獻)用酌,用亯(享)用孝,于朕(朕)皇考,用旂(祈)釁(眉)𦒻(壽),子孫永寶用者。

張秀華《禮制研究》認爲此銘涉及“獻禮”,爲此銘單獨臚列獻禮禮類一項。在禮學研究中,獻、酌皆爲飲酒禮中的一個環節。《小雅·楚茨》三章:“獻醻交錯,禮儀卒度。”鄭玄《箋》:“始主人酌賓爲獻。”朱熹《集傳》:“主人酌賓曰獻,賓飲主人曰酢,主人又自飲而復飲賓曰酬。賓受之,奠於席前而不舉。至旅,而後少長相勸,而交錯以遍也。”又《大雅·行葦》三章:“或獻或酢,洗爵奠斝。”鄭玄箋:“進酒於客曰獻,客答之曰酢。”與之相對應的“酌”,《小雅・吉日》四章:“以御賓客,且以酌醴。”鄭玄箋:“酌醴,酌而飲群臣,以爲俎實也。”又,《周南・卷耳》二章:“我姑酌彼金罍。”《儀禮・鄉飲酒禮》:“主人坐取爵實之,賓之席前,西北面獻賓。”鄭玄注:“獻,進也。進酒於賓。”可見,獻與酌均爲飲酒禮中的一個動作,銘文中將“獻”與“酌”對舉,正是將兩者聯繫起來,表示向“皇考”進獻酒品的行爲,與後續“享”、“孝”這類比較抽象的行爲相對應。需要説明的是,禮書中“獻”確實有禮典内涵的一種含義,即將“獻”“酢”“酬”,三個飲酒禮中的具體動作合在一起稱爲“一獻”,然而此處與“酌”對舉之“獻”,顯然不具有上述的禮儀内涵。

金文中,五年琱生簋(《銘圖》05340,西周晚期)銘文:“余獻寢(寢)氏㠯(以)壺。”寓鼎(《銘圖》02327,西周早期)銘文:“寓獻佩于王䚄(姒)。”任鼎(《銘圖》02442,西周中期)銘文:“事(使)獻(獻)爲(賜、貨)于王。”文中之“獻”即一般“進獻”之義,並無禮典的内涵。

(二)關於“歲”祭

西周晚期的毛公鼎(《銘圖》02518)銘文爲(相關部分):

> ……易(錫)女(汝)丝(茲)弁(訓),用歲用政(征)。

“歲”在金文中多用爲“年歲”的“歲”。張秀華《禮制研究》引吴孫權《〈利簋〉銘文再議》認爲毛公鼎的“歲”與甲骨文中用爲祭祀專詞的“歲”内涵相同。[①] “歲祭”在傳世文獻無徵,在西周中早期銘文中也没有相關的辭例,這裏的“歲”與其後的“征”相對應,而不應該是一種祭祀的專名。周王賜“訓”,此“訓”用於“歲”和“征”,“征”是征伐之義,“歲”當作如何將,待考。

(三)關於“贈”祭

西周中期的段簋(《銘圖》05234)銘文爲(相關部分):

> 唯王十又三(四)祀十又一月丁卯,王鼒(肆)畢,烝(烝),戊辰,曾(贈)。王蔑(蔑)段曆,念畢中(仲)孫子,令龏妏饋(饋)大則(則)于段,……

張秀華《禮制研究》認爲“從銘文材料我們看不出爲何行堂贈禮,用何祭品也不知道”,但認爲“贈祭”舉行的時間“與文獻記載相符合”,並引于省吾《甲骨文字釋林》以甲骨文“貞,辛曾牛彭(巴一一)”之“曾”亦爲“贈祭”爲證。傳世文獻中“贈”出於《周官・春官・男巫》“冬,堂贈,無方無筭”,鄭玄注引杜子春説:“堂贈謂逐疫也,無方,四方爲可也,無筭,道里無數,遠益善也。”鄭玄補充説“玄謂冬終歲,以禮送不祥及噩夢是也,

① 張秀華:《西周金文六種禮制研究》,第32—33頁。

其行必由堂始。”又《周官・春官・占夢》:“乃舍夢于四方,以贈噩夢。”根據以上所引文獻,“贈”顯然與兩周的某種巫術相聯繫。與其説這是一種禮類,不如説這是與民俗相關的一種除災送不祥的巫術(與《儀禮・既夕禮》中落葬時的“贈”不相同)。陳英傑在《銘辭研究》第四章“器用銘辭分類疏釋(下)”專列第十四節“巫術之銘辭”可以説是很有創見的(並没有列本銘之“贈”)。[①] 本銘之“曾”即使與“堂贈”之禮有關聯,也不應當列入禮典文獻,而應將其作爲與“巫術”相關的銘文更爲妥當。本銘是否與“堂贈”真的有聯繫,只能説“冬烝”之後有進行“贈”的可能性,但根據銘文却無法確證,根據認定涉禮文獻從嚴的要求,還是暫時闕疑比較穩妥。[②]

禮書中還有一種墓“贈”之儀,《儀禮・既夕禮》:

> 至於壙。陳器於道東西,北上。茵先入。屬引。主人袒。衆主人西面,北上。婦人東面。皆不哭。乃窆。主人哭,踊無算。襲,贈用制幣玄纁束,拜稽顙,踊如初。

士喪禮贈用制幣玄纁束,鄭玄注:“丈八尺曰制。二制合之。束,十制五合。”這種“贈”儀並不見於祭禮之中,故也不能與金文相互印證。

(四)關於“滅祀”

西周中期的乃𢐗子鼎(《銘圖》02044)銘文爲:

> ……乃𢐗子乍(作)氒(厥)文考寶[illegible](尊)彝,[illegible](其)萬年用[illegible](滅)祀。

陳英傑《銘辭研究》認爲此銘之“[illegible]”字與伯姜鼎、爯簋中之“淢”字爲異構關係,多出一個“皿旁”。[③] 其釋正確可從。

西周中期的伯姜鼎(《銘圖》02445)銘文“天子淢[illegible]白(伯)姜”及西周中期的爯簋(《銘圖》04869)銘文“王弗朢(忘)雁(應)公室淢[illegible]爯身”,陳劍師的《釋“琮”及相關諸字》已經説明“[illegible]”可釋爲“寵”,與“寵”是假借關係。該文認爲劉桓、黄錫全據郭店簡《唐虞之道》簡28“滅”字作“[illegible]”形而將“淢”字釋爲“滅”或“威”可從,但認爲“‘淢(滅)’當與‘寵’‘光’‘休’一類字義近,當讀爲何字尚待進一步研究。”[④]陳英傑《銘辭

---

① 陳英傑:《西周金文作器用途銘辭研究(上)》,第547—554頁。

② 陳劍師在《甲骨金文舊釋“䵼”之字及相關諸字新釋(中)》中將“鼎”釋爲“肆”,認爲在“王鼎(肆)畢”後斷開,“鼎(肆)”爲祭名,後“烝”爲另一單獨祭祀名,並認爲“鼎(肆)”與後“曾(贈)”的性質相近,均爲祭名,録之備考。復旦大學出土文獻與古文字研究中心網站,鏈接:http://www.gwz.fudan.edu.cn/old/SrcShow.asp? Src_ID=281,2007年12月29日。

③ 陳英傑:《西周金文作器用途銘辭研究(上)》,第246頁。

④ 陳劍:《釋“琮”及相關諸字》,《甲骨金文考釋論集》,北京:綫裝書局,2007年,第290—291頁。

研究》進一步指出"李學勤認爲'洑'從"戌"聲,讀爲'恤'",又"'滅'可與'卹'通(見高亨《古文字通假會典》511 頁),《字彙·血部》:'卹,與恤同。'",認爲這裏的"滅(恤)祀"即是《尚書·多士》"自成湯至於帝乙罔不明德恤祀"中的"恤祀",其意義爲"謹恤祭祀",即"莊敬的祭祀"。① 陳英傑的分析是很有道理的,這裏的"滅"是"祀"的一個修飾語,並不是一類獨立的祭祀品類。由於對"滅"字的具體内涵並不清楚,所以無法確認其實際含義,在這樣的基礎上,不應該將"滅祀"確定爲一種祭祀小類。這對其他未釋字及無法確知内涵的銘文都是適用的。

(五)關於"臘"祭

西周晚期的師寰簋(《銘圖》05366、05367)銘文爲:

> **毆**(毆)孚(俘)士、女、羊、牛。孚(俘)吉金。今余弗叚(暇)組(沮),余用乍(作)朕(朕)後男巤**隮**(尊)**段**(簋),其**邁**(萬)年子=(子子)孫=(孫孫)永寶用言(享)。

張秀華認爲本銘"巤",可以釋爲"臘祭"之"臘"。② "臘祭"之説見於《禮記·月令》:"臘先祖五祀,勞農以休息之。"鄭玄注云:"臘,謂以田獵所得祭祀禽祭也。"又《左傳·僖公五年》"虞不臘矣",杜預注云:"歲終祭衆神之名。"《説文·肉部》:"冬至後三戌,臘,祭百神。"即臘祭是在冬至之後第三個戌日,祭祀百神。從文獻來看,"巤"釋爲"臘"並非不可。

不過根據文例分析,"後男"于省吾釋爲"後人",③楊樹達認爲"後男"即禮書中"後子"。④ 這些意見是很有道理的。如果將"後男"視爲與器主的關係,則"巤"更可能是作器對象的私名,在銘辭中,這種現象屢見不鮮。如西周晚期的訇鼎(《銘圖》02439)作器祭祀對象稱爲"朕(朕)皇高且(祖)師婁、亞且(祖)師夆","朕(朕)"意爲"我的","皇高且(祖)"與"師夆",前者指與作器者的關係,後者是作器對象之官職與私名。這類例子很多。因此,如果"後男"確實是作器者與作器對象的親屬稱謂的話,那"巤"作爲"後男"的私名的可能性更大。在這樣的情況下,以本銘這樣一件孤例作爲"臘祭"禮類存在的例證,恐怕有將禮類擴大化的嫌疑。

(六)關於"郊"祭

西周早期的德鼎(《銘圖》02266)銘文爲:

---

① 陳英傑:《西周金文作器用途銘辭研究(上)》,第 247 頁。

② 張秀華:《西周金文六種禮制研究》,第 31—32 頁。

③ 于省吾:《雙劍誃吉金文選》,第 197 頁,北京:中華書局,1998 年 9 月。

④ 楊樹達:《積微居金文説(增訂本)》,北京:中華書局,1997 年,第 204—205 頁。

隹(唯)三月王才(在)成𠕁(周),𢓊(延)珷(武)禣(祼)自蒿(郊),咸,王易(錫)徝(德)貝廿朋,用乍(作)寶隮(尊)彝。

李學勤在《釋"郊"》一文中認爲德鼎銘文"禣(祼)自蒿"的用法與何尊(《銘圖》11819,西周早期)"禣(祼)自天"彼此均相一致,即"郊"和"天"都作爲祭名使用,意思就是"在郊外祭天"。① 李文還舉了周原甲骨的例子:

祠自蒿于豐。(周原甲骨 H11:117)
祠自蒿于周。(周原甲骨 H11:20)

李文認爲這裏的"蒿"也讀爲"郊",内涵與德鼎之"蒿"相同,意爲"郊天"。《禮記·祭法》:"祭法,有虞氏禘黄帝而郊嚳,祖顓頊而宗堯。"鄭玄注:"禘郊祖宗,謂祭祀以配食也,……祭上帝於南郊曰郊。"又《禮記·祭法》:"周人禘嚳而郊稷;祖文王,而宗武王。"鄭玄注:"禘、郊、祖、宗,謂祭祀以配食也。此禘,謂祭昊天於圜丘也;祭上帝於南郊,曰郊;祭五帝、五神於明堂,曰祖、宗。"鄭玄《三禮目録·禮記目録》:"郊特牲第十一,名郊特牲者,以其記郊天用騂犢之義也。郊者祭天之名,用一牛,故曰特牲。"(《通德堂經解》)《孝經·聖治章》:"昔者周公郊祀后稷以配天。"鄭玄解:"郊者,祭天名。"(《通德堂經解》)《左傳·桓五年》:"凡祀,啓蟄而郊。"杜預注:"夏正建寅之月祀天南郊。"啓蟄即驚蟄,漢避景帝諱改。

雖然在傳世文獻中述及郊祭的内容不少,但是在金文及西周甲骨中的辭例却非常少見。"祠祭"一般認爲是四時常祭,祭祀的地點傳世文獻並没有詳細説明和給出,但它並不是"郊天"的一個環節。説"祠"自"蒿","蒿"不作爲地點使用,而作爲祭祀名使用是比較牽強的。2010 年山西翼城縣隆化鎮大河口西周墓地出土的霸伯盂(《銘圖》06229,西周早期)銘文有"白(伯)遺賓(賓)于蒿(郊)"。霸伯盂銘文已經有不少學者做過研究,一致認爲該器銘文與聘禮有關,則這裏"遺賓(賓)于蒿(郊)"的"蒿"只能理解爲"郊外",不可能是"郊天"。霸伯盂與德鼎的時代相近,均爲西周早期。這個例子可以説明德鼎"禣(祼)自蒿(郊)"的"蒿"作爲"郊天"禮使用是值得商榷的,周原甲骨的例子"蒿"也只能理解爲"郊外"。至於爲何要在郊外舉行"祼"祭及"祠"祭,由於文辭簡單,目前無法做更多的推論。

由於德鼎的"蒿"是西周出土文獻中"郊"祭的唯一例證,郊祭又是文獻所稱的大祭,在爲銘辭定禮類的時候應當格外慎重。目前還是將其釋讀爲"郊外"的"郊"比較可靠。

---

① 李學勤:《釋"郊"》,《文史》第三十六輯,北京:中華書局,1992 年,第 7—10 頁。

（七）關於"饔"祭

青銅器銘文中含有"饔"的辭例很多，以下一一臚列如下，西周早期的麥尊（《銘圖》11820）銘文爲（相關部分）：

……霏（雩—越）若二月，灰（侯）見于宗周，亡述（愍），迨（會）王饔（館）葊京，酌祀，……

西周早期的小臣静卣（《銘圖》13315）銘文爲（相關部分）：

隹（唯）十又三月，王宛（館）葊京，小臣静即事，王易（錫）貝五十朋，……

西周中期的吕鼎（《銘圖》02400）銘文爲（相關部分）：

唯五月既死霸，辰才（在）壬戌，王饔（館）于大（太）室。吕祉（延）于大（太）室……

西周早期的伯唐父鼎（《銘圖》02449）銘文爲（相關部分）：

乙卯，王饔（館）葊京，□桒（禱）辟舟，臨舟龍，咸桒（禱），……

西周早期的士上卣（《銘圖》13333、13334）銘文爲（相關部分）：

隹（唯）王大禴（禴）于宗周，徣（造）饔（館）葊京年，才（在）五月既望辛酉，……

西周早期的高卣蓋（《銘圖》13345）銘文爲（相關部分）：

亞，隹（唯）十又二月，王初饔（館）旁，唯還杜（在）周，辰才（在）庚申，王嫍（飲）西宫，丞（烝），咸釐（釐）。……

"饔"，郭沫若釋爲"餎"，認爲"當是古之館字，從食宛，宛亦聲也"；[①]陳夢家認爲"疑爲'居'字"；[②]唐蘭認爲"饔"做祭名使用，"當讀爲祼"；[③]于省吾認爲此字即甲骨文中的"眢"字，商代之"眢祭"即周代之"饔祭"；[④]劉雨認爲"饔"爲"調整宗廟次序的祭禮"，未提供證據。[⑤] 張秀華從其説，認爲"饔"爲祭祖禮之一種。劉釗認爲"郭沫若先生的意見是正確的，'餎'應該讀爲'館'。古代從宛聲與從官聲可以相通，金文餎字正如郭

① 郭沫若：《金文叢考》，《郭沫若全集・考古編》第五卷，北京：科學出版社，2002年，第202頁。
② 陳夢家：《西周銅器斷代（二）》，《考古學報》1955年第2期，第93頁。
③ 唐蘭：《西周青銅器銘文分代史徵》，第133頁。
④ 于省吾：《甲骨文字釋林》，北京：中華書局，1979年，第62—64頁。
⑤ 劉雨：《西周金文中的祭祖禮》，《考古學報》1989年第4期，第503頁。

沫若所言,很可能就是'館'字的異體,銘文中的'王餕(館)某'猶後世言'王駐蹕於某',又如今言'王下榻於某'",又説"甲骨文'習'後邊都跟有被祭祀之對象,而金文"餕"字後都是'處所',這是二者用法不同的關鍵所在,決不能混爲一談"。[①] 劉釗將"褰"與"習"從辭例和用途上區分開來,顯然是正確的,將"褰"釋爲祭名還需要更多的證據加以説明。陳劍師在《甲骨文舊釋"習"和"䜌"的兩個字及金文"䵼"字新釋》一文中已經説明,甲骨文舊釋"習"字的"與大家公認的表'總括'的範圍副詞'率'和'皆'很接近。將它們("習"和"䜌")釋爲'祭名'或'用牲法''祭祀動詞',是不可信的"。[②] "褰"與"習"的用法不同,"習"與祭祀也没有關係,因此"褰"祭這個禮類應當取消。

(八)關於"糦"祭

西周早期的天亡簋(《銘圖》05303)銘文爲(相關部分):

……降,天亡又(侑),王衣(卒)祀𢓊(于)王不(丕)顯考**𠇍**(文)王,事喜上帝,**𠇍**(文)王監才(在)上,……

劉雨在《西周金文中的祭祖禮》中引劉心源、陳夢家釋"喜"爲"饎""糦"的意見,以《商頌·玄鳥》"大糦是烝"爲書證,認爲銘文中"喜"是祭祀動詞。[③]

首先,《玄鳥》中的大糦是一種祭祀用品,並不是祭祀本身,將"糦"作爲一個祭類是非常牽強的。更重要的是,青銅器樂器中"喜"常被用作取悦賓客、祖先的意思。如鮮鐘邢叔采鐘(《銘圖》15415,西周中期)銘文有"用侃喜卡(上下)"、邢叔采鐘(《銘圖》15290、15291,西周中期)銘文"用喜樂文神人"、兮仲鐘(《銘圖》15232—15238,西周晚期)銘文"用侃喜前文人"、旲生殘鐘(《銘圖》15287、15288,西周晚期)銘文"用喜侃前文人",又有王子嬰次鐘(《銘圖》15188,春秋晚期)銘文"永用宴喜"、子璋鐘(《銘圖》15324—15330,春秋晚期)銘文"用宴以喜"、𪒠鐘(《銘圖》15351—15359,春秋晚期)銘文"訶(歌)樂自喜"、邾公牼鐘(《銘圖》15421—15424,春秋晚期)銘文"以喜諸士"等。"喜"多用在樂器上並不是偶然的,"喜"本身就是從"壴(鼓)"形變來,表示鐘鼓音樂所帶來的"喜悦"的狀態。因此天亡簋銘文中"事喜上帝"表示祭祀中使用鐘鼓音樂以此取悦於上帝,則是完全有可能的。雖然僅此孤例並不能依此將"事喜"的内涵完全確定下來,但此種理解顯然要比將"喜"釋爲"饎""糦",並由此多增加一個禮

---

① 劉釗:《釋金文中幾個從夗的幾個字》,《中國文字》新十九期,紅木市:美國藝文印書館,1994年,第197—199頁。

② 陳劍:《甲骨文舊釋"習"和"亘"的兩個字及金文"䵼"字新釋》,《甲骨金文考釋論集》,第181頁。

③ 劉雨:《西周金文中的祭祖禮》,《考古學報》1989年第4期,第510頁。

類要好。

西周至春秋戰國時代禮典處於不斷變化定型的過程之中,因此西周早中期高級貴族中實行的禮典在春秋戰國之際以《儀禮》爲代表的禮書中没有完全對應的文本。研究西周早中期實行的貴族禮典,需要對春秋禮書所記載的規範性禮典有深入的理解,在此基礎上才能對這些西周禮典進行正確的推想和歸類。由於對於春秋時代禮典缺乏整體性的瞭解,研究者往往將西周早中期青銅器銘文所描述的禮典做錯誤的歸類,削足適履地將其歸入《儀禮》爲代表的後世禮制框架内,造成了以上三種比較常見的錯誤。

作者簡介:

徐淵,男,1981年生,浙江寧波人,復旦大學哲學學院副教授。主要研究方向爲中國經學、出土文獻、先秦史,近年代表論文論著有《兩周秦漢禮典相關出土文獻考疑》(《禮學新論》叢書,武漢大學出版社,2023年)、《兩漢今古文〈孝經〉流變所反映的〈禮記〉屬性問題》(《經學文獻研究集刊》第二十八輯,2022年12月)、《上博簡〈鄭子家喪〉所反映的春秋時代刑余罪人喪葬儀式》(《中國文字》(臺灣)總第八期,2022年12月)、《〈春秋左傳〉成書及不同屬性文本組成關係考索》(《新經學》第九輯,2022年8月)。

《左傳·驪姬亂晉》之敘事義法與《春秋》書法

張高評

内容摘要 “驪姬之亂”，導致骨肉相殘，申生縊死、重耳奔亡，晉室紛擾二十年。敘事之原始要終，尚簡用晦，《左傳》最勝；圖寫驪姬之狐媚讒邪，傳神寫照，《國語》爲優。《左傳》提敘“驪姬嬖，欲立其子”，作爲一篇之綱領，陽譽而陰譖，機深而用微，婦人之姦邪無狀躍然紙上。本文以《左傳》爲主要討論文本，以《國語》及秦漢相關典籍爲輔，參考歷代《春秋》《左傳》學之文獻，持以詮釋驪姬之哲婦傾城，利口覆邦；辯證申生之廢立、死孝、奔逃。其次，論説《左傳》之屬辭約文，敘事之尚簡用晦；強調驪姬亂晉，《左傳》多以記言爲敘事；可見敘事之義法，自是因事定辭，由辭以見事。獻公未手殺太子，《春秋》何以書“晉侯殺其世子申生”？《春秋》書法之微辭隱義，可以屬辭比事之教破譯之：或排比史事，或屬辭約文，或原始要終。要之，多不出或筆或削之歷史編纂學範疇。

關鍵詞 驪姬亂晉　敘事義法　《春秋》書法　屬辭比事　《左傳》

晉獻公，姓姬，名詭諸（676B.C—651B.C 在位），晉武公之子，晉文公重耳之父。剛猛勇悍，雄才大略。觀其一生，有三大方面涉及晉國之治亂興亡：其一，對内削除公族勢力，完成曲沃代晉後之内政統一。其二，對外擴張疆土，滅耿、滅霍、滅魏、滅虢、滅虞，促成晉國之強大。齊桓公雖稱霸當世，亦未嘗興師問罪。其三，嬖寵驪姬，聽信讒言，造成女戎干政，骨肉相殘，晉國内亂殃及二十年，史稱“驪姬亂晉”。[①] 有關“驪姬亂晉”之事件，《左傳》與《國語》二書，所載詳略不同，各有千秋，可以相互發明：論原始要終之本末敘事，因以求義，《左傳》最勝；觀驪姬之狐媚讒邪，傳神寫照，《國語》爲優。就文字繁簡而言，《國語》5400 餘字，以記言爲主；《左傳》出以歷史敘事，字數只《國語》三分之一而已。

① 方朝暉：《春秋左傳人物譜》卷一《晉獻公》，濟南：齊魯書社，2001 年，第 75—79 頁。

《左傳》爲編年體,叙“驪姬亂晉”之始末,相關事迹,分散於莊公二十八年,閔公元年、二年,僖公四年、五年,甚至僖公十年。事迹彼此之間多不聯貫,故不宜進行單獨史事及個别史案之解説。若運以屬辭比事之法,以之詮釋解讀,則怡然理順,相悦以解。“驪姬亂晉”一篇,屬辭約文,叙事傳人,凸出二句七字,作爲一篇之綱領,所謂提叙法。整椿歷史事件,傳世名篇,都聚焦在“驪姬嬖”,與“欲立其子”的恃寵與私慾上。因爲“驪姬嬖”,於是可以爲所欲爲;驪姬私心“欲立其子”,所以無所不用其極,導致晉室死亡相繼。前人品評驪姬誣陷之伎倆,有所謂“陽譽陰譖,以深其謀;歌笑流涕,以堅其説”;“機深而用微,陽忠而陰賊,假手於人而幾微不白露其迹”者(詳後)。甚矣,婦人之姦邪,至驪姬止矣!

“驪姬亂晉”之歷史事件,情節複雜,牽涉人物十分繁夥。嘗試回到歷史現場:除晉獻公、驪姬爲加害主之外,尚有二五耦、優施之爲虎作倀。受害人頗多,直接相關者有太子申生及群公子重耳、夷吾等。其間,串場者尚有晉獻公之臣僚,驪姬之子奚齊、卓子,以及首鼠兩端之中立者里克,太子申生之傅、之臣。清劉繼莊《左傳快評》分析:“驪姬欲立其子,非殺太子及群公子不可;欲殺太子及群公子,非間之使遠不可;間之使遠,姬不可自言,非外人言之于公不可;外人言之,非嬖於公者不可。公嬖驪姬之色,二嬖復喜驪姬之賂,於是獻公之前無復太子及群公子之跡矣。”[①]事件錯綜複雜如此,《左傳》號稱工於叙事,乃文中疏鑿手,如何圖寫史事之終始本末?

《左傳》以歷史叙事解釋《春秋》,所以能發微闡幽者,主要在運用屬辭比事之《春秋》教,排比其史事,連屬其辭文,因而可以破譯《春秋》“都不説破”的“言外之意”,[②]而體現《左氏》著史之指義,以及叙事之用心。或原始要終,張本繼末以叙事;或經由類叙對叙,比事以見義;或憑藉屬辭約文,叙事尚簡而用晦,曲傳言外之義。《左傳》叙驪姬亂晉,如何以記言爲記事?驪姬狐媚讒邪,《左傳》如何傳寫其心曲?“晉侯殺其世子申生”,《春秋》書法如此書,有何大義微言?上述種種,皆攸關《左傳》叙事之義法,要皆本文著眼之所在。另外,假如歷史可以重演,晉獻公嬖寵奪嫡,申生如之何可以全身遠禍?讀史之餘,亦不妨作種種設想與討論。

今考《左傳》《國語》,覆按《鬼谷子・捭闔》《韓非子・説難》,可以見證佞人巧言之危害。其他文獻,如《穀梁傳》《禮記・檀弓》《史記・晉世家》《列女傳・孽嬖傳》所

---

① 劉繼莊:《左傳快評》,引自李衛軍編:《左傳集評》,北京:北京大學出版社,2016年,第293—294頁。

② 黎靖德編,王星賢點校:《朱子語類》卷八三《春秋綱領》,北京:中華書局,1986年,第2149頁,廣録;第152頁,文蔚録。

叙,互有詳略,可以相參。要之,多不越《左傳》與《國語》叙事之藩籬。

一 《左傳》事具始末,文成規矩與屬辭比事之書法

孔子纂修《春秋》,《孟子·離婁下》提示:其事、其文、其義三者相濟爲用。《禮記·經解》所謂"屬辭比事,《春秋》教也"。亦揭示連屬辭文,排比史事,可以體現《春秋》之指義。孔子作《春秋》如此,左丘明著《左傳》,司馬遷成《史記》,亦無不皆然。宋吴縝《新唐書糾謬》,標榜事實、文采、褒貶爲史之三要。[①] 劉咸炘《太史公書知意》稱:"史之質有三:其事、其文、其義。"[②]於是,研治《春秋》書法、史家筆法,屬辭比事之《春秋》教蔚爲解讀詮釋的金鎖匙。

以屬辭比事之《春秋》教,作爲解讀詮釋之利器,大抵有三大面向:或排比史事以見義,或屬辭約文以顯義,或本末叙事以示義。要之,多不出或筆或削之歷史編纂學範疇。分論如下:

(一)《左傳》叙事,原始要終,張本繼末

"爰始要終,本末悉賅",爲古春秋之記事成法。[③]《春秋》《左傳》傳承此一成法,故體雖編年,相關事跡不相連貫,索解自有法門。晉杜預(222—285)《春秋經傳集解·序》曾云:"左丘明受經於仲尼,以爲經者不刊之書也,故傳或先經以始事,或後經以終義,或依經以辯理,或錯經以合異,隨義而發。"[④]先經、後經、依經、錯經,隨義而發,即是原始要終,張本繼末之古春秋記事成法。而義以爲經,或先之、或後之、或依之、或錯之,隨義而發,亦即傳統叙事學之義法。[⑤] 一切有爲法,皆脈注綺交於"義",且歸本於"義"。

有關驪姬亂晉,《春秋》經只一書,見僖公五年:"春,晉侯殺其世子申生。"《左傳》叙其始末,見於莊公二十八年、閔公元年、二年,以及僖公四年,是杜預《注》所謂先經以始事。申生縊于新城之後,"重耳奔蒲,夷吾奔屈"。僖公十年,立夷吾爲晉侯(晉惠

① 吴縝:《新唐書糾謬·序》,《四部叢刊》三編本,上海:上海書店,1985年,第4—5頁。

② 劉咸炘:《太史公書知意》卷一《序論》,桂林:廣西師範大學出版社,2007年,第1頁。

③ 劉師培:《左盦集》卷二《古春秋之記事成法攷》,《劉申叔先生遺書》,臺北:華世出版社,1975年,第1445頁。

④ 杜預注,孔穎達疏:《春秋左傳正義》卷一,臺北:藝文印書館,1955年,第11頁,總第11頁。

⑤ "叙事有主意,如傳之有經也。主意定,則先此者爲先經,後此者爲後經,依此者爲依經,錯此者爲錯經。"劉熙載著:《藝概·文概》,徐中玉、蕭華榮校點:《劉熙載論藝六種》,成都:巴蜀書社,1990年,第43頁。

公),是所謂後經以終義。自僖公四年,《左傳》叙重耳出亡在外十九年,至二十四年返晉,即位爲晉文公。二十八年,城濮之戰,晉勝楚敗,從此晉國稱霸中原,主盟華夏一百二十餘年,原始要終,本末悉昭,更是所謂後經以終義。申生自縊之時序,夏正周正有别:《左傳》載於僖公四年冬,《春秋》經見於五年春,是所謂錯經以合異。《左傳》叙事,以史傳經,其大要皆依經以辯理。

由於分年隔斷,致相關事跡不相連貫,乃編年記事之缺失。《左傳》往往出於終始本末之叙事,以濟救其困窮。清方苞説義法,提示“義以爲經,而法緯之”二語,[①]以“義”爲經爲先,作爲行文之指引與歸宿。然後盡心於排比史事,致力於連屬辭文,皆一一脈注綺交於“義”,此即叙事之義法。移以詮釋解讀《春秋》叙事、史傳叙事,信可以作爲津梁與法門。《左傳》叙驪姬亂晉之相關史事,共約1800字,“驪姬嬖,欲立其子”,自是叙記此一事件之綫索與脈絡。不但二五耦獻謀,“使大子居曲沃,重耳居蒲城,夷吾居屈。群公子皆鄙,唯二姬之子在绛”,陰謀詭計之草蛇灰綫,由此衍生;即晉獻公聽用邪説,使太子帥師、使申生伐皋落氏、信太子歸胙獻毒,乃至於譖重耳、夷吾,二公子出亡,最終達成“以驪姬爲夫人,立奚齊”之陰謀詭計,要皆由此生發。叙事井然有序若此,是所謂“義以爲經,而法緯之”。綫索脈絡既定,於是原始要終,張本繼末,都緣此生發。《左傳》叙事,附辭會義如此,即劉勰(465? —520)《文心雕龍》所謂“總文理,統首尾,定與奪,合涯際,彌綸一篇,使雜而不越者也”。[②] 信有此妙。

大子申生將戰東山皋落氏,狐突進諫,引用辛伯深諫周桓公之言,謂:“内寵並后,外寵二政,嬖子配適,大都耦國,亂之本也。”(閔二)可作驪姬亂晉之預叙及張本,全文一千八百餘言,多聚焦於此。漢董仲舒(179B.C—104B.C)《春秋繁露·楚莊王》篇云:“《春秋》之辭,多所況,是文約而法明也。”《左傳》屬辭,亦不乏比興寄託之一法,誠如董仲舒所言。《左傳》載辛伯諫周桓公,稱“並后、匹嫡、兩政、耦國,亂之本也”。(桓公十八年)狐突援用之,比況晉室當下之内亂,可謂事理切當,文約義豐。至於“内寵、外寵、嬖子、大都”八字,增字加註,喻指更加明確。狐突就辛伯之諫,譬況引申,而成“内寵並后,外寵二政,嬖子配適,大都耦國”,可作本篇《驪姬亂晉》一文之綱領與指歸。僖公四年,晉獻公欲以驪姬爲夫人,卜人以占詞警示,稱“專之渝,攘公之羭。”比況惡婦奸臣,除公之美,寓託興寄,包孕全篇,有神無跡。僖公五年,叙士蔿賦詩,所謂“狐

① 方苞:《方望溪先生全集》卷二《讀史·又書〈貨殖傳〉後》,臺北:臺灣商務印書館,1979年,《四部叢刊》初編本,總第40頁。

② 劉勰著,范文瀾注:《文心雕龍注》下篇卷九《附會》,北京:人民文學出版社,2014年,第650頁。

裘尨茸,一國三公,吾誰適從?"亦以興寄爲文,點染政出多門,群龍無首之亂象,前後可以相互發明。清章學誠(1738—1801)《文史通義·史德》稱:"必通六藝比興之旨,而後可以講春王正月之書。"六藝比興與文學、史學、經學之關連,參詳後文。比興之成效,司馬遷(145B.C—90B.C?)《史記·司馬相如列傳》稱:"太史公曰:《春秋》推見至隱,《易》本隱之以顯。"①此之謂乎!《文心雕龍·附會》所謂:"附辭會義,務總綱領。驅萬塗于同歸,貞百慮于一致。"②《左傳》叙事傳人之美妙,所以能"衆理雖繁,而無倒置之乖;群言雖多,而無棼絲之亂"者,比事屬辭有提叙、有綱領、有脈絡,有綫索故也。

語云:"萬山磅礴,必有主峰;龍衮九章,但挈一領。"細案《左傳》叙驪姬亂晉本事,大抵以欲立、不立;死孝、奔逃,作相反相對之編比,作爲一篇之主峰,以及原始要終,張本繼末叙事之綱領。附辭會義,叙事傳人,亦得力於此。其次,莊公二十八年,開篇大書"驪姬嬖,欲立其子",爲一篇之綱領。於是内寵驪姬,外寵二五耦,奚齊、卓子爲嬖子,而曲沃爲大都,無異於並后、兩政、匹嫡、耦國。晉室至此,已肇大亂之端。閔公元年,太子申生將下軍,士蔿審情度勢,即預言"太子不得立"。於情勢發展,多不幸而言中。閔公二年《左傳》,叙晉侯使申生伐東山皋落氏,衆賢出言,七嘴八舌,止就太子廢立之際,作反覆之猜疑。或就死而盡孝立論,或就遵命奔逃言説。惶恐之際,終無定見。僖公四年,驪姬既與中大夫成謀,將立奚齊。於是以毒胙誣申生,太子無所逃、不自明,縊於新城。

唐陸淳(?—806)《春秋集傳纂例·三傳得失議第二》稱:《左傳》釋經,較諸《公羊》《穀梁》二傳,其功最高:"博採諸家,叙事尤備,能令百代之下,頗見本末。因以求意,經文可知。"③觀《左傳》叙驪姬亂晉之始末,知陸淳之言信而有徵,確切不移。

(二)利口覆邦,哲婦傾城與《左傳》之叙事義法

清毛奇齡(1623—1716)《春秋傳》稱:"《春秋》須詳審《經》文,備究其事之始末,並當時行事之首從、主輔,而後可斷以義。"④研治《春秋》若是,《左傳》以歷史叙事解讀《春秋》,亦移用此法。今觀《左傳》叙驪姬亂晉之始末,排比當時行事之首從、主輔,

① 司馬遷著,瀧川資言:《史記會注考證》卷一一七《司馬相如列傳》,臺北:萬卷樓圖書公司,1993年,第104頁,總第1264頁。

② 劉勰著,范文瀾注:《文心雕龍注》,卷九,《附會》第四十三,第651頁。

③ 陸淳編:《春秋集傳纂例》卷一《三傳得失議第二》,臺北:大通書局,1970年,影印清錢儀吉《經苑》本,第4頁,總第2358頁。

④ 毛奇齡:《春秋毛氏傳》卷八,臺北:復興書局,1961、1972年,《皇清經解》本,第24頁。

然後是非得失之義可以案斷。

清章學誠(1738—1801)《與陳觀民工部論史學》曾稱:"工師之爲巨室,度材比於燮理陰陽;名醫之製方劑,炮炙通乎鬼神造化;史家銓次群言,亦若是焉已爾。"[①]史乘編修之道,就史事文獻而言,或纂組相近相關之史事,謂之類叙;或編比相反相對之文獻,謂之對叙。若詳賓略主,烘雲托月,則謂之陪叙。[②] 史家銓次群言,亦如工師之爲巨室度材,名醫之製方劑炮炙。《左傳》之比事屬辭,歷史叙事近似之。

本篇之比事顯義,率經或筆或削而成章,以類叙、對叙之法較多,其次則提叙、陪叙之法。以欲立、不立;死孝、奔逃,作爲一篇之眼目,以及原始要終,張本繼末之叙事指歸。如莊公二十八年,《左傳》以"晉獻公娶于賈,無子"開篇,接續大子申生、重耳、夷吾、奚齊、卓子群公子。先著墨"無子",再類叙諸公子之出身;如此叙事,已暗伏"嬖子配適,大都耦國""一國三公,吾誰適從"之禍根。如:

> 晉獻公娶于賈,無子。烝於齊姜,生秦穆夫人,及太子申生。又娶二女於戎,大戎狐姬生重耳,小戎子生夷吾。晉伐驪戎,驪戎男女以驪姬。歸,生奚齊,其娣生卓子。驪姬嬖,欲立其子,賂外嬖梁五,與東關嬖五。使言於公曰:"曲沃,君之宗也;蒲與二屈,君之疆也,不可以無主。宗邑無主,則民不威;疆埸無主,則啓戎心。戎之生心,民慢其政,國之患也。若使大子主曲沃,而重耳夷吾主蒲與屈,則可以威民而懼戎,且旌君伐。"使俱曰:"狄之廣莫,於晉爲都。晉之啓土,不亦宜乎?"晉侯説之。夏,使大子居曲沃,重耳居蒲城,夷吾居屈。群公子皆鄙,唯二姬之子在絳。二五卒與驪姬譖群公子,而立奚齊。晉人謂之二五耦。[③]

《左傳》兩寫二五耦之言説,點明"使言於公曰""使俱曰""使大子居曲沃";輕點一"使"字,猶畫龍點睛,則實受驪姬之指令嗾使可知矣。莊公二十八年開篇,提叙"驪姬嬖,欲立其子",於是後續發生之事端,如群公子皆鄙,唯二姬之子在絳;如使大子城曲沃、使大子伐東山皋落氏、使大子速祭齊姜等等,隱約之間,皆有"驪姬嬖"之身影與作祟,皆可以想見驪姬穿梭其間,"陽譽陰譖,以深其謀;歌笑流涕,以堅其説"之狠毒與譎邪。《左傳》表現事情,描繪人情,多用烘托陪叙,由此可見一斑。

《左傳》叙驪姬亂晉之始末,類叙"利口覆邦,哲婦傾城"之種種事件:莊公二十八

① 章學誠:《章氏遺書》卷一四,臺北:漢聲出版社,1973 年,第 280 頁。

② 張高評:《左傳之文學價值》第九章《叙事之軌範》,臺北:五南圖書公司,2019 年,第 234—235 頁;第 241—242 頁。

③ 杜預注,孔穎達疏:《春秋左傳正義》卷一〇莊公二十八年,第 13—14 頁,總第 177 頁。

年“二五耦”章、僖公四年“晉獻公欲以驪姬爲夫人”章,最稱典型代表。“二五耦”章,欲“群公子皆鄙,唯二姬之子在絳”,驪姬使外嬖梁五與東關嬖五説獻公者再,終極目標在“譖群公子,而立奚齊”。《國語·晉語一》,載優施其人,教導驪姬枕邊告狀,脅迫里克中立自保。驪姬讒邪其心,又得優施、二五狼狽爲奸,以之讒陷申生,機變巧詐,可謂極矣。[①]《左傳》將女子、小人之情狀,盡態極妍,纂組成章,排比成文,於是知晉室之左右内外,交相蠱惑獻公。而奚齊之得立,大子申生之廢立,自在逆料之中。清馬驌(1621—1673)《左傳事緯》評論三奸之助虐,謂“讒人亦多術矣!陽譽陰譖,以深其謀;歌笑流涕,以堅其説,久之而令父蹈不慈,子蹈不孝,亶其可畏已哉”。[②] 此排比編次史事,可以見史義;而驪姬邪曲狐媚之心迹,自在言外。

“驪姬嬖,欲立其子,賂外嬖梁五,與東關嬖五”,使三番兩次言于獻公;既與中大夫里克成謀,進而置毒歸胙,一切皆出自驪姬主導、設計、操控、促成。驪姬之讒邪陰毒,古今無雙,當如何傳寫其聲容神態?《左傳》采用詳賓略主之筆法,以烘托陪襯出主角;頻頻假手,使二五耦言説獻公:使大子城曲沃、使大子伐東山皋落氏、使大子速祭齊姜。《左傳》叙寫人情世態,皆是“目注彼處,手寫此處”;“欲畫月也,月不可畫,因而畫雲”。[③] 清金聖歎(1608—1661)《西厢記》稱爲烘雲托月法,實即傳統叙事法之陪叙。驪姬陽忠而陰賊,機深而用微之讒邪種種,因陪叙法之廣引發用,而益加出神入化。

晉獻公殺太子申生始末,於事,以申生之受害爲主;行文,却以驪姬之算計爲主。禍根肇自“驪姬嬖,欲立其子”,因而誣陷申生及群公子,無所不用其極。《史記·晉世家》稱:“驪姬詳譽太子,而陰令人譖惡太子,而欲立其子。”詮釋《左傳》,簡明肯切。《左傳》叙事傳人,聚焦於罪魁禍首驪姬,叙其陰謀詭計,狐媚讒邪,無迹無形,無聲無色:“機深而用微,陽忠而陰賊,假手於人而幾微不自露其迹”,令人毛骨悚然。《左傳》叙寫,妙在不犯正位,而用賓筆烘托,以形塑驪姬包藏禍心之本色。清王源(1648—1710))《左傳評》以爲:“婦人之姦,至驪姬止矣!”[④]夫然後知獻公不得不迷惑,申生不得不自縊,群公子不得不出奔。詳寫賓從,不犯正位,所以烘托主意,此之謂詳賓略主,

① 傳左丘明著,徐元誥集解,王樹民、沈長雲點校:《國語集解·晉語一》,北京:中華書局,2002年,第259—262頁。

② 馬驌:《左傳事緯》卷二晉驪姬之亂,濟南:齊魯書社,1992年,第80—81頁。

③ 金聖歎著,陸林輯校整理:《金聖歎全集》第二册《貫華堂第六才子書西厢記》,南京:鳳凰出版社,2008年,卷首《讀第六才子書西厢記法》之十五,第857頁;卷四《驚豔》,第893頁。

④ 王源:《左傳評》卷一《驪姬亂晉》,臺北:新文豐出版公司,1979年,第23頁。

又稱爲陪叙。

僖公四年,"晉獻公欲以驪姬爲夫人"章,通篇眼光聚焦於一"姬"字上,如"姬謂太子""姬寘諸宫""姬泣""姬遂譖二公子",以類字編比叙事,點染生波。宋真德秀(1178—1235)《大學衍義》評説驪姬之亂,謂"女子小人表裏交締者,危國亡家之本也"。[①] 史傳書事,要在提供資鑑勸懲,有如此者。如:

> (僖公四年)初,晉獻公欲以驪姬爲夫人,卜之,不吉;筮之,吉。公曰:"從筮。"卜人曰:"筮短龜長,不如從長。且其繇曰:'專之渝,攘公之羭。一薰一蕕,十年尚猶有臭。'必不可!"弗聽。立之,生奚齊,其娣生卓子。及將立奚齊,既與中大夫成謀。姬謂大子曰:"君夢齊姜,必速祭之。"大子祭于曲沃,歸胙于公。公田,姬寘諸宫。六日,公至,毒而獻之。公祭之地,地墳;與犬,犬斃;與小臣,小臣亦斃。姬泣曰:"賊由大子!"大子奔新城,公殺其傅杜原款。或謂大子:"子辭,君必辯焉。"大子曰:"君非姬氏,居不安,食不飽。我辭,姬必有罪。君老矣,吾又不樂。"曰:"子其行乎?"大子曰:"君實不察其罪,被此名也以出,人誰納我?"十二月戊申,縊于新城。姬遂譖二公子曰:"皆知之!"重耳奔蒲,夷吾奔屈。[②]

《左傳》叙人事之繁雜者,多於篇首提示綱領,可收提撕醒目之效用,此之謂提叙。《左傳》叙驪姬亂晉,前、中、後,共有五次提叙:出於記事者一,如"驪姬嬖,欲立其子"。出於記言者四,大多爲藉言記事,出於語叙。如士蔿曰:"大子不得立矣!"狐突諫,引辛伯諗周桓公:"内寵并后,外寵二政,嬖子配適,大都耦國,亂之本也。"卜人引繇詞:"專之渝,攘公之羭。一薰一蕕,十年尚猶有臭。"士蔿退而賦:"狐裘尨茸,一國三公,吾誰適從?"提叙之作用,或作爲先發先導,或提明當下之亂象,或預告局勢演變之大凡,往往化繁爲簡,囊括無遺。總撮大凡,提綱挈領,提叙之謂也。

《左傳》爲突破編年之局限,叙事傳人或先經以始事,或後經以終義。如僖公四年,叙太子"縊于新城",接叙"重耳奔蒲,夷吾奔屈",爲秦晉韓之戰,重耳流亡列國,爲未來一二十年晉國内亂遥作伏脈張本,自是"先經以始事"之叙事法。晉侯既殺大子申生,《左傳》採用倒逆之叙事法,叙士蔿築城蒲與屈,不慎而寘薪。《左傳》叙士蔿應對晉獻公之責備,逆攝未來情勢之發展,自是"先經以始事"之叙事法。如:

---

① 真德秀:《大學衍義》卷二一《論憸邪罔上之情》,《中國哲學書電子化計劃》,維基百科網址:http://ctext.org/zh)。

② 杜預注,孔穎達疏:《春秋左傳正義》卷一二僖公四年,第14—16頁,總第203—204頁。

(僖公五年)晉侯使以殺大子申生之故來告。初,晉侯使士蔿爲二公子築蒲與屈,不慎,寘薪焉。夷吾訴之,公使讓之。士蔿稽首而對曰:“臣聞之:‘無喪而慼,憂必讎焉。無戎而城,讎必保焉。’寇讎之保,又何慎焉?守官廢命,不敬;固讎之保,不忠。失忠與敬,何以事君?詩云:‘懷德惟寧,宗子惟城。’君其修德而固宗子,何城如之?三年將尋師焉,焉用慎?”退而賦曰:“狐裘尨茸,一國三公,吾誰適從?”①

士蔿之應對辯解,亮點有三:其一,“君其修德而固宗子”,勉獻公以倫理道德爲城。其二,“三年將尋師焉”,預叙夷吾、重耳之出奔。其三,士蔿所賦“狐裘尨茸,一國三公”,指申生、夷吾、重耳三強鼎立,政出多門,暗示晉國政争亂象隱然形成。清金聖歎《讀第六才子書西厢記法》稱:“文章最妙,是目注彼處,手寫此處”;“欲畫月也,月不可畫,因而畫雲”,以爲《西厢記》最是解此意;《左傳》《史記》,亦常用此一方法。誠然,信而有徵。

(三)廢立、死孝、奔逃與《左傳》之比事見義

類次史事,序列始末,可以探求著作之指趣,此比事見義之工夫。宋趙鵬飛云:“《春秋》雖因文以見義,然不稽之以事,則文不顯;苟徒訓其文,而不考其事,吾未見其得《經》意也。”②辭不屬不明,事不比不彰,而稽考史事,位居屬辭與求義之中介環節。《左傳》以歷史叙事解經,宋家鉉翁(1213?—1297)推崇《左傳》與《春秋》之密切關係:“《經》著其略,《傳》紀其詳;《經》舉其初,《傳》述其終。《春秋》二百四十二年之行事,恃之以傳。”③明湛若水(1466—1560)亦云:“聖人之心存乎義,聖人之義存乎事,《春秋》之事存乎《傳》。”④《左傳》以史傳經,其大要即在考諸行事,推求本末。

如閔公元年“晉侯作二軍”章之叙事,可悟歷史化變,如始、微、積、漸之軌轍。《易經·坤卦》:“履霜,堅冰至”,不可不察也。如:

閔公元年冬,晉侯作二軍,公將上軍,大子申生將下軍,趙夙御戎,畢萬爲右,以滅耿,滅霍,滅魏。還,爲大子城曲沃。賜趙夙耿,賜畢萬魏,以爲大夫。士蔿曰:“大子不得立矣!分之都城,而位以卿,先爲之極,又焉得立?不如逃之,無使

---

① 杜預注,孔穎達疏:《春秋左傳正義》卷一二僖公五年,第19—20頁,總第206頁。

② 趙鵬飛:《春秋經筌》卷三桓公二年,臺北:大通書局,1970年,《通志堂經解》本,第12頁,總第11 584頁。

③ 家鉉翁:《春秋集傳詳説》卷首《春秋集傳詳説綱領·評三傳下·左傳》,第32—33頁,第158册。

④ 湛若水:《春秋正傳》卷首《自序》,第1—2頁,文淵閣《四庫全書》本第167册,總第39—40頁。

> 罪至。爲吴大伯,不亦可乎?猶有令名,與其及也,……。且諺曰:'心苟無瑕,何恤乎無家?'天若祚大子,其無晉乎?"
>
> 卜偃曰:"畢萬之後必大。萬,盈數也。魏,大名也。以是始賞,天啓之矣。天子曰兆民,諸侯曰萬民,今名之大,以從盈數,其必有衆。"初,畢萬筮仕於晉,遇屯之比。辛廖占之,曰:"吉。屯固比入,吉孰大焉?其必蕃昌。震爲土,車從馬,足居之,兄長之,母覆之,衆歸之。六體不易,合而能固,安而能殺,公侯之卦也。公侯之子孫,必復其始。"①

或"死孝",或"奔逃",相反相對,如此編纂比次史事,揭示申生抉擇之艱難,是所謂對叙。《左傳》於"晉侯作二軍"篇,多用對叙法,於是史義往往見於言外。清馮李驊(1688? —1720?)《左繡》稱:《左傳》行文,申生與畢萬,兩兩相對:"申生以逃爲令名,畢萬以魏爲大名。申生之天祚,幾幸于或然;畢萬之天啓,直決於見在。總見獻公之愛其子,曾不若愛其臣之甚也。"②《左傳》比事,以對比叙事見指義,於此可見。總體而言,"晉侯作二軍"章,排比史事,論證申生之"不得立",與前後文之"欲立"奚齊,亦遥作對叙。《左氏》經營篇章如是,是所謂"事具始末,文成規矩"之歷史叙事。另外,於"驪姬亂晉"事件中,申生爲"主"角,一般而言,情節交待宜詳。但《左氏》叙事,擺落尋常思維,比事屬辭却抽换主賓,變易詳略。清馮李驊《左繡》稱:"申生主,畢萬賓。行文,亦略于主,而偏詳于賓,絶妙反射法。"清姜炳璋(1709—1786)《讀左補義》提示:"寫畢萬處,無非反托太子也。"一言定調,此之謂也。《左傳》於此章之屬辭約文,亦頗傳神,如:"士蔿説到'與其及也',竟似歇後語。蓋哽咽欲絶,不忍多綴一字。欲太子出亡,而申生不答一語。吾知其早拼一死也。"③錢鍾書《管錐編》亦有類似之見,如云:

> 士蔿曰:"不如逃之,無使罪至,爲吴太伯,不亦可乎?猶有令名,與其及也。"按吞言咽意,苟盡其詞,則當增"不如奔也!"或"寧奔也"一句。二年,狐突曰:"孝而安民,子其圖之,與其危身以速罪也。"引而不發,與此正同。……詞意俱盡。……皆不如《左傳》記士蔿、狐突語之善於用晦也。④

---

① 杜預注,孔穎達疏:《春秋左傳正義》卷一一閔公元年,第3—5頁,總第188—189頁。

② 馮李驊:《左繡》卷四閔公元年,臺北:文海出版社影康熙五十九年書業堂鎸藏本,1967年,第2頁,總第324頁。

③ 姜炳璋:《讀左補義》卷七閔公元年,臺北:文海出版社影同文堂藏板,1967年,第2頁,總第394頁。

④ 錢鍾書:《管錐編·左傳正義》,臺北:書林出版公司,1990年,第179—180頁。

唐劉知幾(661—721)《史通》論史傳敘事,提倡尚簡用晦:"晦也者,省字約文,事溢於句外。"①《左傳》載士蔿、狐突之勸諫太子申生語,吞言咽意,引而不發,可見語敘傳神之妙,皆敘事用晦之例。

《左傳》敘驪姬亂政,導致"晉侯殺其世子申生",君父殺親子之人倫悲劇(《春秋》僖公五年,詳下)。《左傳》以史傳經,前乎此者,閔公元年"晉侯作二軍"章,閔公二年"晉侯使大子伐東山皋落氏"章,皆晉杜預《春秋序》所謂"先經以始事"之張本敘事。"晉侯使大子伐東山皋落氏"章,敘晉世子申生之將戰,不可;逃死,未能,躊躇猶豫,進退維谷,不知所從。《左傳》敘事,一篇之中,尤其三致其意焉。如:

> (閔公)二年冬,晉侯使大子申生伐東山皋落氏。里克諫曰:"大子奉冢祀社稷之粢盛,以朝夕視君膳者也,故曰冢子。君行則守,有守則從。從曰撫軍,守曰監國,古之制也。夫帥師,專行謀,誓軍旅,君與國政之所圖也,非大子之事也。師在制命而已,禀命則不威,專命則不孝,故君之嗣適,不可以帥師。君失其官,帥師不威,將焉用之?且臣聞皋落氏將戰,君其舍之!"公曰:"寡人有子,未知其誰立焉。"不對而退。見大子,大子曰:"吾其廢乎?"對曰:"告之以臨民,教之以軍旅,不共是懼,何故廢乎?且子懼不孝,無懼弗得立。修己而不責人,則免於難。"②

里克諫説獻公,從冢子、撫軍、監國,閒閒叙來,指向帥師。宋吕祖謙《東萊博議》稱:"里克進見獻公,則諫以君之嗣適不可以帥師;退而見太子,則戒以子懼不孝,無懼弗得立。告父以慈,告子以孝,其處父子之間者至矣!"③話雖如此,里克之核心論述,自是聚焦於"君之嗣適不可以帥師"一事。明宋徵璧《左氏兵法測要》確認:"帥師非太子事,誠古今篤論矣。"④然而,獻公回應:"寡人有子,未知其誰立焉。"一席對話,太子申生之廢與立,埋伏許多不安之變數。《左傳》接敘"大子帥師,公衣之偏衣,佩之金玦",申生在受命帥師之後,竟"衣之偏衣,佩之金玦",貴爲太子、嗣適之地位,已然動摇。形勢如此險惡,如何處理方稱妥善?但見左右麾下,發言諤諤,争相獻策,協助申生化解危機。《左傳》於是化敘事爲記言,歷載六人言談,分析、判斷、猜想、推論、建言、駁難,不一而足。急人之困,各自表述,同心却不同調,情景如繪。如:

---

① 劉知幾著,浦起龍釋:《史通通釋》卷六《叙事》,上海:上海古籍出版社,1978年,第165、173頁。

② 杜預注,孔穎達疏:《春秋左傳正義》卷一一閔公二年,第11—12頁,總第192頁。

③ 吕祖謙:《東萊博議》卷九,臺北:廣文書局,1981年,第5頁,總第289頁。

④ 宋徵璧:《左氏兵法測要》卷二,《四庫全書存目叢書》子部第34册,臺南:莊嚴文化公司,1995年,第24頁,總第440頁。

大子帥師,公衣之偏衣,佩之金玦。狐突御戎,先友爲右,梁餘子養御,罕夷、先丹木爲右,羊舌大夫爲尉。

先友曰:"衣身之偏,握兵之要,在此行也,子其勉之。偏躬無慝,兵要遠災,親以無災,又何患焉?"狐突歎曰:"時,事之徵也。衣,身之章也。佩,衷之旗也。故敬其事則命以始,服其身則衣之純,用其衷則佩之度。今命以時卒,閟其事也;衣之尨服,遠其躬也;佩以金玦,棄其衷也;服以遠之,時以閟之。尨涼冬殺,金寒玦離,胡可恃也?雖欲勉之,狄可盡乎?"梁餘子養曰:"帥師者,受命於廟,受脤於社,有常服矣,不獲而尨,命可知也,死而不孝,不如逃之。"罕夷曰:"尨奇無常,金玦不復,雖復何爲,君有心矣。"先丹木曰:"是服也,狂夫阻之。曰'盡敵而反',敵可盡乎?雖盡敵,猶有内讒,不如違之。"狐突欲行,羊舌大夫曰:"不可!違命不孝,棄事不忠。雖知其寒,惡不可取,子其死之。"

大子將戰,狐突諫曰:"不可!昔辛伯諗周桓公云:'内寵並后,外寵二政。嬖子配適,大都耦國。'亂之本也,周公弗從,故及於難。今亂本成矣,立可必乎?孝而安民,子其圖之。與其危身以速罪也……。"①

將帥師右以下,如先友、狐突、梁餘子養、罕夷、先丹木、羊舌大夫等,錯錯雜雜,皆各有進諫之言。藉言以記事,此之謂語敘。清姜炳璋《讀左補義》稱:"大子率師以下,偏衣金玦,故爲不情之賜;盡敵而反,故爲不情之言。明明示以避去,使我立奚齊耳。而申生全不會意,遂致聚議哄堂。"狐突身爲太子師傅,斷定"尨涼冬殺,金寒玦離",功必無成,不如逃死。於是梁餘子養、先丹木、罕夷等皆以爲然。罕夷亦提撕:"尨奇無常,金玦不復"之象徵暗示。於是,狐突以衆言同己,故決意申生逃死。羊舌大夫却高懸忠孝之義,以爲逃不如死,勸之使留。左右麾下各以所見進諫,故其言有深有淺。② 於是,申生毅然赴戰,不肯逃死。吴闓生《左傳微》評論:"此章止懷一憂慮太子不立之意,反覆猜疑,皆是此故,文情何等生動。"③日本竹添光鴻(1842—1917)《左氏會箋》則以爲:"此傳皋落事無復下落,作者意在記申生身無所措,進退皆罪。戰不戰,非本旨所在,故逸之。"④蓋申生戰則危身,有功則速罪,進退皆罪,處境之艱難,可以想見。林紓(1852—1924年)《左傳擷華》稱:"《左氏》並不説盡,但凛凛然拈出'危身速

---

① 杜預注,孔穎達疏:《春秋左傳正義》卷一一閔公二年,第11—15頁,總第192—194頁。

② 杜預注,孔穎達疏:《春秋左傳正義》卷一一閔公二年,第13—14頁。

③ 吴闓生:《左傳微》卷二,臺北:臺灣中華書局,1970年,第48—49頁。

④ 竹添光鴻:《左氏會箋》卷四閔公二年,成都:巴蜀書社,2008年,第15頁,總第377頁。

禍’字爲煞尾。見得嬖寵之禍，往往如此。身危由於高功，禍速由於名立也。”[①]《左傳》屬辭約文，言盡而意有餘處，最見尚簡用晦，頗堪玩味。

“晉侯使大子伐東山皋落氏”章，通篇連述九人之言，議論蠭出，而莫衷一是，《左傳》以語叙示義，而晉室之紛擾，驪姬之亂晉，從此以降，勢不能免，亦由此可見。清李文淵《左傳評》稱：“里克諫太子帥師，與狐突諫太子欲戰相對；里克諫太子懼廢，與羊舌大夫諫狐突欲行相對。首尾之對待，何其貫也。”[②]叙事傳人，取相反相對叙事法以成章，或類叙，或對叙，排比編次史事如此，以見人情世態，讀之不覺其冗雜，此見《左傳》比事顯義之妙。

劉知幾《史通》論叙事之體，其三曰“因言語而可知”，即指對話賓白之語叙。[③] 章學誠《文史通義·書教上》稱：“古人事見於言，言以爲事，未嘗分事言爲二物也。”[④]王源《左傳評》論説晉侯使太子帥師章，頗能演示《左傳》記言之美妙：“諸人共九段議論，妙在絶不旁著一語，只就諸人口中平平叙去。但用一兩筆聯絡之，穿插之，而或離或合，或正或反，或短或長，自成一篇天然恰好文字。……古人爲文，未落筆，先有意。意在筆先，文隨意生。……如此文用意，只爲申生死孝作張本，故知羊舌數語，乃立意所在。妙在雜于諸人議論之中，一概平平叙去。”[⑤]《左傳》叙事，排比士蔿、里克、先友、狐突、梁餘子養、罕夷、先丹木、羊舌大夫諸臣之發言，已確知大子不得立，乃進一步就“死孝”發論，或就“奔逃”申説，寫八人八樣意思，八種聲口，七嘴八舌，徒亂申生之心曲而已。惶惶無定之氛圍，見亂本形成，已回天乏術矣。

方以類聚，物以群分，爲歷史編纂學之初步。比事之法，取材或相近相關，是爲類叙。資材或相反相對，是爲對叙。閔公元年，大子申生將下軍章，本叙“大子城曲沃”“大子不得立”；却又兼叙“賜畢萬魏”，以爲“畢萬之後必大”，則出於詳賓略主之對叙法。清馮李驊《左繡》云：“申生主，畢萬賓，兩兩相對。申生，以逃爲令名；畢萬，以魏爲大名。……行文，亦略于主，而偏詳于賓，絶妙反射法。總見獻公之愛其子，曾不若愛其臣之甚也。《經》微而顯，吾于《傳》，亦云。”[⑥]申生，以逃爲令名；畢萬，以魏爲大名。父愛與君恩相反相對，對比映襯以叙事，可以見左氏言外之史意。

---

① 林紓：《左傳擷華》卷上，高雄：復文書局，1981年，第11—12頁。
② 李文淵：《左傳評》，李衛軍編：《左傳集評》，北京：北京大學出版社，2016年，第338頁。
③ 劉知幾著，浦起龍釋：《史通通釋》，卷六《叙事》，第168頁。
④ 章學誠著，葉瑛校注：《文史通義校注》，北京：中華書局，2008年，第38頁。
⑤ 王源：《左傳評》卷二，第5頁。
⑥ 馮李驊：《左繡》卷五，第12頁，總第324頁。

《左傳》爲編年體,年經事緯,故驪姬亂晉之相關史事橫梗不相連貫:分叙於莊公二十八年,閔公元年、二年,僖公四年、五年,甚至於十年。細讀之,却有原始要終,本末悉昭之妙者,《左傳》往往隨起隨結,是其得力處。其結叙之法有二:其一,以言行之阻絶爲結束。如"晉侯使大子申生伐東山皐落氏"章,似乎有起無結。林紓《左傳擷華》發現:觀兩"不可",即爲一篇之收束。如云:

> 皐落氏到底抗命與否?行成與否?初不一言。就文字而言,實無收束之地。然天下文如《左氏》,乃有無收束者耶?觀兩"不可"字,即可用爲此篇之收束。狐突欲行,羊舌大夫曰:"不可!"太子欲戰,狐突曰:"不可!"羊舌之阻狐突,爲諸人進言之結束;狐突之止太子,即爲出師不戰之收束。①

兩"不可"者:羊舌之阻狐突,爲諸人進言之結束;狐突之止太子,即爲出師不戰之收束。以言行之阻絶,作爲收結,有神無跡。用晦之道,在不犯正位,未一語道破,此即《春秋》筆削之法,元趙汸所謂:"以其所書,推見其所不書;以其所不書,推見其所書。"②觀此,益信。

其二,以比興寄託作結者四,如辛廖之占曰:"公侯之子孫,必復其始。"卜人之繇曰:"專之渝,攘公之羭。一薰一蕕,十年尚猶有臭。"辛伯之諗(諫)曰:"内寵並后,外寵二政。嬖子配適,大都耦國。"士蔿之賦云:"狐裘尨茸,一國三公。吾誰適從?"清章學誠《文史通義・史德》稱:"必通六藝比興之旨,而後可以講春王正月之書。"③探論史德、文學技法、史學方法、《春秋》書法,可以會通而爲一。錢鍾書(1910—1998)《管錐編》稱:"《春秋》之書法,實即文章之修詞。"④就屬辭約文而言,其言有理。

二　因事定辭,由辭見事與叙事義法

孔子筆削魯史記,作成《春秋》;左丘明因孔子《春秋》,以歷史叙事之方式著成《左傳》;司馬遷利用金匱石室之書,"述故事,整齊其世傳",進而究天人之際,通古今之變,成一家之言。歷史編纂筆削去取之際,大多"由事來定辭,由辭來見事",屬辭居於

---

① 林紓:《左傳擷華》卷上,第 11 頁。

② 趙汸:《春秋屬辭》卷八,影印《通志堂經解》本,臺北:大通書局,1970 年,第 2 頁,總第 14801 頁。

③ 章學誠著,葉瑛校注:《文史通義校注》卷三,第 222 頁。

④ 錢鍾書:《管錐編・全上古三代秦漢三國六朝文》,第 967 頁。

中介環節地位。[①] 换言之,史乘既因事而屬辭,讀者自可以即辭以觀義。其事、其文、其義三者,本該相互融通。本節論《左傳》之屬辭示義,與前文談比事顯義,側重各有不同,合之則一。

(一)《左傳》屬辭約文,叙事尚簡用晦

唐劉知幾《史通》論叙事,以爲"國史之美者,以叙事爲工,而叙事之工者,以簡要爲主。"又云:"夫能略小存大,舉重明輕,一言而巨細咸該,片語而洪纖靡漏,此皆用晦之道也。"[②]標榜尚簡、用晦,即是特重屬辭約文之修辭工夫。叙事尚簡用晦,已近似詩歌語言之美感追求,筆者稱之爲詩性史學。《左傳》長於叙事,屬辭約文以尚簡用晦居多,《史通・叙事》已先我言之矣。[③]

微婉顯晦,曲筆諱書,爲《春秋》書法之大宗;因忌諱叙事而推見至隱,亦孔子作《春秋》之常則。[④]《左傳》傳承《春秋》書法,行文尚簡、叙事用晦,堪稱屬辭約文之極致,已優入文學藝術之化境,與"含蓄""蘊藉""婉曲""隱秀",同工而異曲。[⑤]《左傳》叙事用晦,近似禪宗公案之"不説破",詩歌語言之富於"言外之意",[⑥]難免影響讀者之理解與領會。唐白居易撰《晉謚恭世子議》一文,一方面强調丘明曉仲尼之志,"無善惡,無大小,莫不微婉而發揮焉";却又質疑申生之死、之謚爲恭太子,《左氏》"略而無譏,何其謬哉?"白居易於是推論,以爲乃《左氏》之闕文。[⑦] 夷考其實,微婉而發揮焉,即是"用晦"之道。白居易昧於《左傳》叙事尚簡用晦之書法,致有此錯會。

《左傳》叙太子申生之死,多采《春秋》"推見至隱"之書法,但直書其事迹,不言其節操,而忠孝自彰,此劉知幾《史通》之灼見。[⑧] 清顧炎武《日知録》稱:"古人作史,有

---

① 錢穆:《中國史學名著》,臺北:三民書局,2002 年,第 21 頁。

② 劉知幾著,浦起龍釋:《史通通釋》卷六《叙事》,第 168、169 頁。張高評:《劉知幾之〈左傳〉學——兼論詩化之史學觀》,《隋唐五代經學國際研討會論文集》,臺北:中央研究院中國文哲研究所出版,2009 年,第 537—571 頁。

③ 張高評:《左傳之文韜》,高雄:麗文文化公司,1994 年,第 165—181 頁。

④ 司馬遷著,瀧川資言注:《史記會注考證》卷十四《十二諸侯年表序》稱:"(孔子次《春秋》,)爲有所刺譏襃諱挹損之文辭不可以書見也",第 7 頁,總第 235 頁。又,卷一二〇《匈奴列傳・太史公曰》亦云:"孔氏著《春秋》,隱桓之間則章,至定哀之際則微,爲其切當世之文而罔襃,忌諱之辭也。"第 69 頁,總第 1201 頁。

⑤ 張高評:《左傳之文韜》,第 183—207 頁。

⑥ 黎靖德編,王星賢點校:《朱子語類》卷八三《春秋・綱領》,北京:中華書局,1986 年,第 2149、2152 頁。

⑦ 白居易著,朱金城箋校:《白居易集箋校》卷四六《晉謚恭世子議》,上海:上海古籍出版社,1988 年,第 2828 頁。

⑧ 劉知幾著,浦起龍釋:《史通通釋》卷六,上海:上海古籍出版社,1978 年,第 168—169 頁。

不待論斷,而於序事之中即見其指者。惟太史公能之。”[①]夷考其實,《左傳》叙事已著先鞭。閔公元年,士蔿爲太子城曲沃,早已預見太子不得立,曾勸其“不如逃之,無使罪至”。二年,“晉侯使大子申生伐東山皋落氏”章,梁餘子養謂:“死而不孝,不如逃之”;先丹木云:“猶有内讒,不如違之”;狐突諫曰:“亂本成矣,立可必乎?孝而安民,子其圖之!”此四人處理父子家國之變,最得其倫常之道。清王系《左傳説》稱:“使大子能聽,猶不失爲泰伯,此作傳之微意也。”[②]假設申生飄然遠舉,當可自在免禍,此《左傳》屬辭約文“微婉而發揮焉”之叙事指義。

微辭隱義所在,往往爲《左傳》叙事用晦之處。驪姬讒邪,申生自縊。獻公託孤,荀息傅奚齊;里克欲納文公,於是殺奚齊、卓子。《左傳》僖公九年,君子曰引《詩》品評荀息,以爲:“白圭之玷,尚可磨也;斯言之玷,不可爲也。”吴闓生(1878—1949)《左傳微》品斷之,以爲:“議荀息爲斯言之玷,以見驪姬之子不當立也。此於結束處,論定晉太子廢立之事。”[③]有關太子申生廢立之事,事涉政治忌諱,《左傳》於申生死後五年,奚齊、卓子見殺,始引詩比況斷案。《左傳》叙事用晦,猶《春秋》書法講究推見至隱。清莊存與(1719—1788)《春秋正辭》稱《春秋》:“非記事之史,不書多於書。以所不書知所書,以所書知所不書。”[④]善哉乎言之:《左氏》傳承《春秋》之書法而化用之,亦多因其所“削”以明其所“筆”,藉“不書”而知其所“書”。

莊公二十八年,“驪姬嬖,欲立其子”章,叙二五耦深心遠算,謀立奚齊,妙在“初無半字及於建儲;而儲嗣之易,藏機固已極其深,而種禍固已極其毒矣”。[⑤]外嬖梁五、東關嬖五之説服術(詳下語叙),被推爲讒邪小人之極致。近似“開而示之者,同其情也;闔而閉之者,異其誠也”之捭闔術。[⑥]佞人巧言,妙在不犯正位、不説破,隱微婉晦,使人不覺,而自墮彀中。二五耦初無半字言及立奚齊,而字字皆爲或立或廢而發;猶項莊舞劍,意在沛公也。是《史通·叙事》所謂“略小存大,舉重明輕”;“省字約文,事溢於句外”者。《春秋》“直書其事,具文見義”之書法,往往衍化爲歷史叙事,此爲其中一例。

---

① 顧炎武著,黄汝成集釋:《日知録集釋》卷二六《史記於序事中寓論斷》,上海:上海古籍出版社,2006年,第1429頁。

② 王系:《左傳説》,李衛軍編:《左傳集評》,北京:北京大學出版社,2016年,第339頁。

③ 吴闓生:《左傳微》卷二《晉驪姬之亂》,臺北:臺灣中華書局,1970年,第50頁。

④ 莊存與:《春秋正辭》卷三八七《春秋要指》,阮元編:《皇清經解》,臺北:復興書局,1961年,第1頁,總第8443頁。

⑤ 孫琮:《山曉閣左傳選》,李衛軍編:《左傳集評》,北京:北京大學出版社,2016年,第294頁。

⑥ 鬼谷子著,許富宏集注:《鬼谷子集校集注》,北京:中華書局,2008年,第9頁。

士蔿早知大子不得立,曾諫言:“不如逃之,無使罪至,爲吴太伯,不亦可乎? 猶有令名,與其及也。”錢鍾書《管錐編》以爲:“吞言咽意,善於用晦。”[①]閔公二年,叙狐突諫大子,《左氏》以“與其危身以速罪也”作煞尾。吞吐其詞,頓宕其語,欲言又止,有餘不盡,但凛凛然提撕“危身速禍”四字,亦皆用晦之道也。清莊存與《春秋正辭》論筆削顯義。所謂“以所不書知所書,以所書知所不書”。用晦之道,在吞多吐少,以少勝多,猶如“以所書知所不書”之筆削書法。理解《左傳》叙事之用晦,當於此處求之。

里克,委蛇反覆之小人也。驪姬陷害申生,里克見風轉舵,宣告中立以自保。姑息養奸,驪姬遂有恃無恐,離間群公子,以立其子,釀成晉國二十年之内亂。閔公二年,里克諫晉侯使太子伐東山皋落氏,《左傳》全録里克之言,即爲下文驪姬“與中大夫成謀”之張本。里克之爲人,《左傳》但言“將立奚齊,既與中大夫成謀”而已(僖公四年)。林紓《左傳擷華》稱:“《左傳》終始不指出里克奸黠,而但就本事直書,使人自爲尋繹,辨其忠奸。文字寫生之法真神化不可思議也。”[②]可見據事直書,指意寓于叙事之中,含蓄有味,亦文字寫生之法。里克身爲中大夫,乃晉國執政之大臣。《國語·晉語二》載里克對優施,有“中立其免乎”之請求,[③]可與《左傳》所叙“既與中大夫成謀”相互發明。里克與驪姬,既有中立之約,驪姬乃得以肆其謀而無忌憚。[④] 因此,“使驪姬敢於逐申生,而立奚齊,全無忌憚,此便是與里克商量一般。”宋吕祖謙著《左氏傳續説》,訓解“與中大夫成謀”一語,推崇爲“《左氏》書法最高處”。[⑤] 晉國二十年之治亂存亡,作俑於驪姬“與中大夫成謀”六字獄上。《左傳》叙事之工,尚簡用晦可謂極矣!

劉知幾《史通·叙事》,以“省字約文,事溢於句外”解説用晦,蓋以損減文字爲手段,以文約義豐爲目的。屬辭約文,自與或筆或削形成之比事不同。要之,不離晉徐邈所謂“事仍本史,而辭有損益”之歷史編纂學原則。[⑥] 僖公四年,《左傳》叙驪姬自編自導自演,泣曰:“賊由大子!”栽贓誣陷申生,可謂四字獄。又誣陷重耳、夷吾,曰:“皆知之!”無異三字獄。《左傳》叙奸邪之伎倆,簡要明快、傳神阿睹如此,令人歎爲觀止。

---

① 錢鍾書:《管錐編》,第179—180頁。

② 林紓:《左傳擷華》卷上《晉侯使大子伐東山皋落氏》,第11—12頁。

③ 傳左丘明著,徐元誥集解:《國語集解·晉語二》,北京:中華書局,2002年,第277頁。

④ 林紓:《左傳擷華》卷上僖公五年,第11—12頁。

⑤ 吕祖謙《左氏傳説》卷二“驪姬欲殺申生”,影印《通志堂經解》本,臺北:大通書局,1970年,第11—12頁。又,吕祖謙:《左氏傳續説》卷四“及將立奚齊既與中大夫成謀”,影印文淵閣《四庫全書》第152册,第7頁,總第186頁。

⑥ 馬國翰:《玉函山房輯佚書》,揚州:廣陵書社,2004年,引徐邈:《春秋穀梁傳注義》,論《春秋》筆削,第1408頁。

吴闓生《左傳微》品評："譖太子，止四字。譖二公子，止三字，簡括之至。所以極獻公之昏庸，不待多言之閒也。"叙事之尚簡，《左傳》有之！

外嬖梁五，與東關嬖五，受賂于驪姬，二人狼狽爲奸，三番兩次説服晉獻公，終使"群公子皆鄙，唯二姬之子在绛"。離間既成，於是二五再與驪姬譖群公子，而立奚齊。二人俱共墾傷晉室，晉人名之爲"二五耦"，取號歧義雙關，滑稽嘲諷之至。《左傳》叙事，長於屬辭約文，讀者觀"驪姬嬖，欲立其子"，賂二五使言之終始本末，知稱外嬖梁五，與東關嬖五二人爲"二五耦"，稱謂修辭，自具書法。真《史通・叙事》所謂"一言而巨細咸該，片語而洪纖靡漏"，此皆《左傳》叙事尚簡用晦之例。

（二）叙驪姬亂晉，《左傳》多以記言爲叙事

言爲《尚書》，事爲《春秋》，學界之常言。唯清章學誠《文史通義・書教上》以爲："古人事見於言，言以爲事，未嘗分事言爲二物也。"試觀劉知幾評述《左傳》："言事相兼，煩省合理，故使讀者尋繹不倦，覽諷忘疲。"[①]可知叙事與記言，其歸一揆。《史通・叙事》論叙事之體，以爲其別有四："有直紀其才行者，有唯書其事迹者，有因言語而可知者，有假贊論而自見者。"[②]叙事傳人，若直紀其才行、唯書其事迹，則爲"直叙"以顯義。因言語而可知、假贊論而自見，其事即寓存於記言之中，所謂藉言記事，傳統叙事學謂之"語叙"。[③]

《左傳》載驪姬亂晉始末，叙事傳人出於語叙者頗多。或因言語而可知，或假贊論而自見。要之，多以記録對話，替代純粹記事。通讀全篇，就歷史場域而言，前後對話共八處，其中以"二五説獻公"一節，最稱出神入化。二五耦受驪姬兩番指使：二"使"字，爲前後兩番言語，猶項莊舞劍，意在沛公，用意在達成"群公子皆鄙，唯二姬之子在绛"之陰謀。先之"使"："使言於公曰"云云，使説獻公將三子逐出于外，然後譖愬可以施爲。後之"使"，"使俱曰"，謂使國人皆如此説，以求衆口而鑠金。蓋離間家人骨肉，易生嫌隙，必須彌縫，使人不覺，故訴諸群衆。假設輿論誇美之辭，可以聳動獻公。[④] 晉獻公雖雄略之主，然二五説之以廣漠啓土，投其所欲所好，遂不免入其彀中。

父子親情出乎天性，間言疏離不易。驪姬之讒邪，目的在易儲而立其子。於是私心料算：將欲除之，必先讒之；將欲讒之，將先疏之；將欲疏之，必先親之。親之，爲驪姬

① 劉知幾著，浦起龍釋：《史通通釋》卷二《載言》，上海：上海古籍出版社，1978 年，第 34 頁。

② 劉知幾著，浦起龍釋：《史通通釋》卷六《叙事》，第 168 頁。

③ 張高評：《左傳之文學價值》，臺北：五南圖書公司，2019 年，第 238、239 頁。

④ 吕祖謙：《左氏傳續説》卷三，影印文淵閣《四庫全書》第 152 册，第 22 頁，總第 180 頁。劉文淇：《春秋左氏傳舊註疏證》僖公五年"使俱曰"云云引沈欽韓曰，京都：中文出版社，1971 年，第 204 頁。

當下之表相與策略;疏之、讒之、除之,則爲中程、長程之攻略目標。計謀已定,乃使二五説獻公,託爲威民懼戎之謀,既所以安國家而重三子,更可以有廣漠啓土之事功,所謂將欲輕之,必先重之,故能中其欲而悦其心。[①]《鬼谷子·捭闔》云:"捭闔之道,以陰陽試之。故與陽言者,依崇高;與陰言者,依卑小;以下求小,以高求大。"[②]若説服獻公,則依崇高、以高求大可也。《孟子·萬章上》稱:"君子可欺之以其方",防範詐欺,亦良難矣,何況居心叵測之小人成群?

驪姬之狐媚工讒,奸刻辣毒,千古難出其右。其出言畫策,多有暗合《鬼谷子》之捭闔術者。其陰謀詭計,皆指向"欲立其子"。莫妙於使二五進言於外,未有一字出於閨中。日本竹添光鴻《左氏會箋》稱:"不但獻公不知爲姬之謀,即三子君臣,亦不知爲姬之謀也。無迹無形,得不茫然入其彀中乎?弄獻公如嬰兒,除三子如草芥。婦人之奸,至驪姬止矣!"[③]其機變之巧譎,可以想見。劉向《列女傳·孽嬖傳》頌曰:"驪姬繼母,惑亂晉獻。謀譖太子,毒酒爲權。果弑申生,公子出奔。身又伏辜,五世亂昏。"[④]佞人之巧言,足以危人身,亂家邦,自取滅亡,殃及後世,可爲殷鑑。

"晉侯使大子伐東山皋落氏"一章,公衣之偏衣,佩之金玦,已埋無限殺機,伏無限隱憂。於是群賢騷動,議論紛紛,無論深言淺言,正言危論,皆各自有心,各自有理。清王源《左傳評》稱:"諸人共九段議論,妙在絶不旁著一語,只就諸人口中平平叙去。但用一兩筆聯絡之,穿插之,而或離或合,或正或反,或短或長,自成一篇天然恰好文字。"[⑤]《左傳》備叙衆賢之言,所以明時勢之困窮,兆太子之死孝。蓋亂本已成,無力可以回天矣!宋張載(1020—1077)《西銘》所謂"無所逃而待烹,申生其恭也"。

《左傳》叙驪姬亂晉原委,筆法多元。然直露説破,如直紀才行,唯書事迹者並不多。其中有不犯正位,近似借乙口叙甲事者,筆者稱之爲借叙。如假辛廖占辭,或假辛伯諗詞,或借卜人繇詞,或因士蔿賦詩諸什,皆所以凸顯晉亂之終始本末。此猶成公十六年《左傳》,叙晉楚鄢陵之戰,"楚子登巢車以望晉軍"一節,晉軍陣營之動静云爲,由楚莊王眼中看出,自伯州犁口中説出。如此叙事,不直書甲之運爲,而假乙眼中舌端出之者。錢鍾書謂之"借乙口叙甲事",其虚實不測之妙,純乎小説筆法矣。[⑥] 要之,言近

① 王源:《左傳評》卷一"驪姬亂晉",第23頁。
② 鬼谷子著,許富宏集注:《鬼谷子集校集注》,第19頁。
③ 竹添光鴻:《左氏會箋》卷三莊公二十八年,第48頁,總第327~328頁。
④ 劉向:《列女傳》七"晉獻驪姬",中國哲學書電子化計劃,網址:http://ctext.org/zh。
⑤ 王源:《左傳評》卷二"晉侯使大子帥師",第5頁。
⑥ 錢鍾書:《管錐編·左傳正義》,第210頁。

而旨遠,文約而義豐,自是叙事之一法。

漢劉向(77B.C—6B.C)《列女傳・孽嬖傳》,概述申生死後,驪姬亂晉之長遠影響:"獻公卒,奚齊立,里克殺之。卓子立,又殺之。乃戮驪姬,鞭而殺之。於是秦立夷吾,是爲惠公。惠公死,子圉立,是爲懷公。晉人殺懷公於高梁,立重耳,是爲文公。"①驪姬之亂,禍及五世,歷經二十年然後安定。《詩經・大雅・瞻卬》所謂:"婦有長舌,維厲之階。亂匪降自天,生自婦人。"②移以點評驪姬之亂晉,堪稱切當。

三 《春秋》書"晉侯殺其世子申生"及其書法闡釋

諸史列傳記述申生之死訊,略無異辭:《左傳》明言:"縊于新城";《國語・晉語》:"雉經于新城之廟";《穀梁傳》:"刎脰而死";《史記・晉世家》:"自殺於新城";《列女傳・孽嬖傳》:"自經於新城廟"。唯《春秋》經僖公五年載:"春,晉侯殺其世子申生。"專罪獻公,書曰"殺其世子",指控何等嚴厲! 晉獻公未嘗手殺世子申生,《春秋》何以書殺? 何以專罪晉侯? 書法如此,有何大義與微言?

《春秋》書法,有"不手弑而書弑"者,如宣公二年,《春秋》書"晉趙盾弑其君夷皋";宣公四年,《春秋》書"鄭公子歸生弑其君夷";昭公十九年,《春秋》書"許世子止弑其君買"等,其較著者焉。③ 宋蕭楚(1064—1130)《春秋辨疑》,有《不書弑君之賊辨》一文,於此頗多領會。其言曰:

> 《春秋》之文,有罪衆人之所不罪者,有疑衆人之所共疑者。罪衆人之所不罪,不予姦人之幸免也;疑衆人之所共疑,慮無辜之濫及也。《書》曰:"宥過無大,刑故無小",皆聖人垂世之軌範也。是故許止之進藥,趙盾之出奔,楚比之劫立,歸生之懼譖,陳乞之泣訴,皆非親剸刃于君者,而仲尼一一以弑君加之,不予姦臣之幸免也。④

由此觀之,太子申生之死,雖非由晉獻公親手殺害,然"驪姬嬖,欲立其子",緣於獻公昏憒,導致哲婦傾城,利口覆邦;坐視廢嫡立庶,骨肉相殘,終而申生自縊。姑息養奸,

① 劉向:《列女傳》七"晉獻驪姬",中國哲學書電子化計劃,網址:http://ctext.org/zh。

② 毛亨傳,鄭玄箋,孔穎達疏:《毛詩注疏》卷一八之五《大雅・瞻卬》,臺北:藝文印書館,1955年,清阮元《十三經注疏》本,第8—9頁,總第694—695頁。

③ 張高評:《屬辭比事與春秋詮釋學》,臺北:新文豐出版公司,2019年,第125—157頁。

④ 蕭楚:《春秋辨疑》,臺北:臺灣商務印書館,1983年,影印文淵閣《四庫全書》本第148册,第31頁,總第141頁。

賊由獻公,晉王導所謂“我不殺伯仁,伯仁由我而死。”道義責任歸屬,故《春秋》書“晉侯殺其世子申生”。宋蕭楚《春秋辨疑》稱:“罪衆人之所不罪,不予姦人之幸免也;疑衆人之所共疑,慮無辜之濫及也。”此之謂乎!

驪姬亂晉之始末,最重要的當事人、關係人有三位:驪姬、晉獻公、太子申生。太子申生是受害人,而驪姬與晉獻公是加害者。《左傳》叙事,以二五耦陪叙驪姬之譖邪陰狠,以士蔿諸賢及卜人帶出申生進退存亡之處境,兩造之正邪忠奸,壁壘分明。唯獻公貴爲晉國之公侯,驪姬之夫君,申生之君父,《左傳》却著墨不多,留存若干詮釋解讀之空間。筆者以爲:《左傳》叙事損益删略如此,蓋涉及忌諱叙事,即元趙汸《春秋屬辭》所謂“略是以著非”之書法。今借鏡趙汸《春秋屬辭》説筆削:“以其所書,推見其所不書;以其所不書,推見其所書”,以解讀闡釋《春秋》之書法,以見大子申生自縊之責任歸屬。

考察《左傳》文字,直叙晉獻公之科白者其實不多。若有,則多借歷史場域之人物帶出。如嬖驪姬,立其子;二五言,晉侯説之;使大子居曲沃,群公子皆鄙;使大子申生將下軍、使大子申生伐東山皋落氏;公曰:“寡人有子,未知其誰立焉”;使大子帥師,公衣之偏衣,佩之金玦;捨卜從筮,以驪姬爲夫人;太子歸胙獻毒,公殺其傅杜原款云云。《左傳》以史傳經,狀寫晉獻公而叙事相及者才一百字而已。《公羊傳》云:“曷爲直稱晉侯以殺?殺世子母弟,直稱君者,甚之也。”《穀梁傳》曰:“目晉侯,斥殺,惡晉侯也。”①《春秋》甚其殺世子,故歸罪于君;斥言晉侯,且蒙以首惡之名。《左傳》“略是以著非”之筆削書法,足以説其所以然之故。或者,爲尊者晉獻公諱耻,猶《史記·淮陰侯列傳》,亦不直書漢高祖劉邦殺戮功臣韓信者然。

若以晉獻公作爲叙事視角,主客易位,則其文字當如:獻公嬖驪姬,欲立奚齊;晉侯悦二五之説,言聽計用。獻公使大子居曲沃,群公子皆鄙。晉侯使大子申生將下軍、使大子申生伐東山皋落氏,使大子帥師;曰:“寡人有子,未知其誰立焉”,廢立之心已萌。公衣申生偏衣,佩申生金玦,尨涼冬殺,金寒玦離,廢立之意已見諸於外。公又捨卜從筮,欲以驪姬爲夫人。至於歸胙獻毒,竟不疑“賊由大子”之誣陷。誠如申生所云:“君非姬氏,居不安,食不飽”,寵愛如是,嬖令智昏,信然!由此觀之,一步緊一步,將太子申生推向死亡之絶地者,非獻公而誰?“内寵並后,外寵二政,嬖子配適,大都耦國,亂

① 公羊壽傳、何休解詁,徐彦疏:《春秋公羊傳注疏》卷一〇僖公五年,《十三經注疏》本,臺北:藝文印書館,1955年,第16頁,總第127頁。又,范甯集解,楊士勛疏:《春秋穀梁傳注疏》卷七僖公五年,《十三經注疏》本,臺北:藝文印書館,1955年,第12頁,總第74頁。

之本也。”狐突引述辛伯之諫言,正是指桑罵槐,諷諭當下晉國之亂象。

歷代學者解説《春秋》,若徵引《左傳》事實爲論證,將較可信據。宋胡安國(1074—1138)《春秋傳》稱引《左傳》:“内寵並后,嬖子配適”,指爲晉亂之根本。以爲“驪姬寵,奚齊卓子嬖,亂本成矣!尸此者,其誰乎?是故目晉侯斥殺,專罪獻公”。[①] 宋張洽(1161—1237)《春秋集注》亦曰:“《春秋》斥晉侯殺世子者,蓋獻公嬖寵庶孽,聽讒如流,輕世適之重,忽社稷之計”;[②]宋趙鵬飛(?—1272—?)《春秋經筌》則謂:“父子相賊,“其端非起於妾媵之奪正,則起於庶孽之干嫡”。[③] 三家之説,皆據《左傳》之行事,持正本清源,以論《春秋》之書法。

獻公信讒邪而殺世子,君道父道滅絶!故申生之死,《春秋》書“殺”、書“世子”,以著獻公之惡。[④] 晉獻公内寵驪姬、外嬖二五,致前有讒而不見,後有賊而弗知,所以蒙首惡之名。[⑤] 申生之死,由於獻公聽讒所致,故《春秋》舉重以明輕。深罪其聽讒信邪,嬖令智昏,而忍殺其子,故直書晉侯“殺”世子。[⑥] 元程端學(1278—1334)《春秋本義》稱:“晉獻雖不操刃以殺申生,然置之必死之地,而不暇辨讒言之曲直,非晉侯殺之,而誰哉?”[⑦]清康熙帝(1654—1722)《日講春秋解義》謂:“《春秋》之法,有讒而不見,則其君之罪也。故申生以驪姬之譖自殺,直稱君殺。端本清源,以爲後世戒也。”[⑧]諸家之見,皆以行爲之因果作爲斷案,輔以天理倫常,以詮釋《春秋》書法。

父子人倫,名號稱謂,爲《春秋》書法之所重。《春秋》學之理學化,於此發揮最多。宋胡安國(1074—1138)《春秋傳·序》稱孔子作《春秋》:“遏人欲於横流,存天理於既滅”,可作代表。如宋蘇轍(1039—1112)《春秋集解》:“父子兄弟,人之大倫也,而至於相殺,則人倫廢矣!故凡殺世子、母弟,必稱其君。且世子、母弟之親,非君殺之,無能殺之者矣!是以責之君也。”[⑨]宋高閌(1097—1153)《春秋集註》亦云:“父子,人之大倫,非他人所得間者。今至于相殺,則人倫廢矣!……是故斥言晉侯,所以深罪其聽

① 胡安國:《春秋傳》卷一一,《四部叢刊》續編本,臺北:臺灣中華書局,1966年,第6頁,總第49頁。

② 張洽:《春秋集注》卷四僖公五年,文淵閣《四庫全書》本第156册,第7頁,總第49頁。

③ 趙鵬飛:《春秋經筌》卷六僖公五年“晉侯殺其世子申生”,本《史記·太史公自序》而發揮之,第18—19頁,《通志堂經解》本,總第11661頁。

④ 李明復:《春秋集義》卷一九僖公五年,影印文淵閣《四庫全書》第155册,第12—13頁,總第428—429頁。

⑤ 吕大圭:《春秋或問》卷一一,文津閣《四庫全書》本,第560頁。

⑥ 孫覺:《春秋經解》卷六,影印文淵閣《四庫全書》第147册,第13—14頁,總第659頁。

⑦ 程端學:《春秋本義》卷一〇,影印文淵閣《四庫全書》第160册,第22頁,總第177頁。

⑧ 康熙帝:《日講春秋解義》卷一六僖公四年,影印文津閣《四庫全書》本,第92頁。

⑨ 蘇轍:《春秋集解》卷五,《經苑》本,臺北:大通書局,1970年,第5頁。

讒,而忍殺其子也。”[①]清張自超(1654—1718)《春秋宗朱辨義》則曰:“世子者,吾先公世及之人,天王所使世守其國之人;而專殺之,其如先公何?如天王何?……《春秋》以殺子殺大夫,與弒君並書于册,而未嘗有恕辭。”[②]清黄式三(1789—1862)《春秋釋》,以稱謂修辭説《春秋》之名位稱號:“殺之者,書天王、書侯、書公,不稱國以殺,明專殺也。專殺者,以一人之意殺之,雖天王猶不可爲,何況公侯?”[③]凡此,多以父子人倫、公侯世子稱號爲説,聚焦於屬辭約文,乃以稱謂修辭爲書法者也。錢鍾書《管錐編》不云乎:“《春秋》之書法,實即文章之修辭。”宋元以來,《春秋》宋學以修辭爲書法,自是一大詮釋系統與面向。

申生之死孝,是《史記·太史公自序》所謂“遭變事而不知其權”者。唐陸淳《春秋微旨》批評申生:進不能自明,退不能違難:“雖其愛父之心,而乃陷之於不義,俾讒人得志,國以亂離。”[④]宋張載《西銘》云:“無所逃而待烹,申生其恭也。”亦惜其死孝之恭。宋吕大圭(1230—1279)《春秋或問》則批評申生:“遭變故而不知其權,陷父於不義。”[⑤]歸胙獻毒之疑雲,或以爲不難澄清釋疑,申生猶可爲自家辯護,而竟不爲,何也?宋家鉉翁《春秋集傳詳説》不以爲然:“申生處人道之變,雖欲不死,不可得也!晉獻殘忍不君,溺於内嬖,所與朝夕潛圖密慮,不過樹建庶孽,以爲身後之計耳。”[⑥]以爲栽贓獻毒之真相,大子猶有機會辯解,可以“不死”,其説極不合情理。然則,如何權變而後可?自是申生存亡去就之關鍵課題。

唐白居易(772—846)《晉謚恭世子議》,曾設想不同時機,提出三種權變之對策:“咎之始形,則齋栗祇載,爲虞舜可也。若不能及,禍之將兆,則讓位去國,爲吴太伯可也。若又不能,及難之既作,則全身遠害,爲公子重耳可也。”[⑦]歷史如果可以重演,居太子申生之處境,爲之設身處地,借箸代籌,當如何應變,方能化解危機?歷代《春秋》學家論申生,於難之既作,贊同全身遠害,如公子重耳者,爲數較多,如宋高閌《春秋集註》、清魏禧(1624—1681)《左傳經世鈔》、清高士奇(1645—1703)《左傳紀事本末》皆是。於禍之將兆,主張讓位去國,爲吴太伯者亦不少,如清周大璋(1671—1724—?)

① 高閌:《春秋集註》卷一五僖公五年,影印文淵閣《四庫全書》第151册,第1頁,總第366頁。
② 張自超:《春秋宗朱辨義》卷五,影印文淵閣《四庫全書》第178册,第13頁,總第91頁。
③ 黄式三:《春秋釋》,《皇清經解續編》,南菁書院刊本,第11頁,總第1384頁。
④ 陸淳:《春秋微旨》卷中,《經苑》本,臺北:大通書局,1970年,第9頁。
⑤ 吕大圭:《春秋或問》卷一一,文津閣《四庫全書》本,第560頁。
⑥ 家鉉翁:《春秋集傳詳説》卷九僖公五年,文淵閣《四庫全書》本,第158册,第18—19頁,總第178頁。
⑦ 白居易著,朱金城箋校:《白居易集箋校》卷四六,第2827頁。

《左傳翼》、竹添光鴻(1842—1917)《左氏會箋》、韓席籌《左傳分國集註》諸家。至於咎之始形,學爲虞舜,如《尚書·大禹謨》所云"齋栗祇載",戒慎恐懼,大杖則逃,小杖則受,則少有學者附和。總之,讓國、奔逃、戒懼,申生當如何守經與達權?此乃見仁見智之議題,諸生不妨腦力激盪,盍各言爾志?

作者簡介:

張高評,男,1949年生,台灣屏東人,揚州大學文化傳承與創新研究院兼任教授,成功大學中文系名譽教授。主要研究方向爲《春秋》《左傳》之書法詮釋、叙事傳統。近年代表性論著有《左傳屬辭與文章義法》(臺北:五南圖書公司,2021年)、《左傳英華》(臺北:萬卷樓圖書公司,2020年)、《屬辭比事與春秋詮釋學》(臺北:新文豐出版公司,2019年)。

漢代《春秋》學中的元與氣

劉禹彤

内容摘要 董仲舒根據《春秋》"元年春"闡發了一套縱貫天人的宇宙結構論,劉歆《春秋》學在思考宇宙結構的基礎上,首次明確將元理解爲元氣,復興了戰國子學以元氣爲本原的宇宙創生論。與劉歆約略同時代興起的讖緯格外重視元氣創生論,《春秋》學的解釋受二者影響,逐漸脱離董仲舒的宇宙結構論。何休以元氣創生論注解《春秋》,決定性地拉開了董仲舒與何休之間的距離。兩漢今古文在宇宙論層面産生的分歧没有侷限在天學内部,緯書和古文經學在宇宙領域支持的元氣創生論,在人世領域轉化爲一種歷史溯源論,深刻影響了古文經學有别於今文經學的治學理路。總之,重視元還是重視氣的兩種天學不僅代表了對《春秋》的不同認識,更代表了對天下的不同謀劃。

關鍵詞 《春秋》 元氣 董仲舒 劉歆 何休

重黎絶地天通、人神分離的基本結果是"天人分裂",但人與神並非就此各司其職互不干擾,相反,神人之間的尊卑定位加強了神對人的規約。三代之前的古史傳説中,天下幾乎受控於不可知的神怪,周朝以道德言"天"才打開了天的可知度。然而,到了分崩離析的春秋戰國時期,原本惟德是輔的天不再能解釋現在和擔保未來,也就不再能够安放人對宇宙的認識。人世亟需一種對"天"的重新理解,即一種超越和覆蓋三代鬼神觀念和巫祝傳統,同時吸納周代德性之天的宇宙論。

在戰國儒道諸家看來,人與天地的溝通可通過"氣";在術數和方技家看來,人與天地溝通還要靠"數",皆不再認可準宗教的神怪或泛道德的天命。從以神怪、道德言天到以氣、數言天,中間的轉折如何發生? 廖平《知聖篇》認爲:

> 古聖皆有神怪實跡,聖與天通,人與鬼謀,故能成平定之功,大禹是也。《山海經》神怪確爲實事,故《左傳》云:多著神奸,鑄鼎作象。至孔子時,先聖開創之功已畢,但用文教,已可長治久安,故力絶神怪,以端人心,而正治法。"子不語",

> 則以前皆語可知。云"不語",則實有神怪可知……古聖神怪之事,全經孔子所削,故云"不語"。不得因孔子之言,致疑前人之誤。蓋天人之交,孔子乃隔絶之,以奉法守文,無俟神奇也。[①]

重黎絶地天通只是加強了神怪的權威,孔子"不語怪力亂神"則實現了根本的絶地天通,即連神怪一並取消。廖平認爲,只有絶神怪,才能興文教。《山海經》等書中記載的神怪都真實發生過,但孔子删削六經"力絶神怪"主動切斷了傳統的天人關係。絶神怪不意味着取消對天的信仰,而是孔子重新指明了天人關係的方向,即在徹底"絶地天通"之後重建"天人合一",天有天道、地有地道,文教即遵循天地之道建立人道。

孔子雖然没有提出一套系統的氣論哲學,但氣論的産生、術數的興起背後都是新型天道觀建立的要求,如《管子・内業》所言"非鬼神之力也,其精氣之極也",[②]黄老道家將老子的"道"對象化爲"精氣";《吕氏春秋・本生》言"精通乎天地,神覆乎宇宙",宇宙的外延大於天地,故精之上還有更高的神,但此爲"精神"之神,而非"鬼神"之神。諸子在神學宇宙觀和氣化宇宙論之間作出抉擇,繼承的恰恰是孔子"敬鬼神而遠之"的基本精神。

戰國氣論的核心問題是天人關係,或説天氣與人氣的關係,此爲百家争鳴中不争的共識。[③] 諸子從不同方向接續了孔子重建天人關係的思考。氣化宇宙論殆始於孔子作《易傳》。[④]《系辭傳》言"精氣爲物,遊魂爲變",又言"天地絪緼,萬物化醇",天地之氣相激而生化萬物。《文言傳》提出萬物各從其類的原則是"同聲相應,同氣相求",此爲同類感應論的源頭。《易・咸・彖傳》曰:"咸,感也。柔上而剛下,二氣感應以相與。"柔剛二氣可相感,柔剛可對應陰陽,即陰陽之氣可以相感應,此爲異類感應論的源頭。氣論的基本範疇是陰陽二氣,《文言傳》已言"陽氣潛藏",陰陽的早期用法是描述光的明暗,而以陰陽言氣的核心是以陰陽理解造化,《易傳》已經爲此指明了基本方向。孔子之後,經戰國和秦漢的發展,"氣"的思想逐漸系統化,成爲先秦兩漢宇宙論的核心要素。

---

① 廖平:《知聖篇》,見《廖平全集》,上海:上海古籍出版社,2015年,第341—342頁。

② 黎翔鳳:《管子校注》,北京:中華書局,2004年,第780頁。

③ 《老子》第四十二章:"道生一,一生二,二生三,三生萬物。萬物負陰而抱陽,沖氣以爲和"。"道生一"即生渾沌未分之氣,氣又分化爲陰陽,造起天地,化生萬物,並充盈於天地之間。《莊子・知北遊》言"通天下一氣",人之生死、萬物之神奇腐朽都是氣之聚散。《莊子・人間世》"心齋"的辦法是"毋聽之以心,而聽之以氣"。心只是有限的人心,氣却可以幫助人心溝通無限的天地宇宙,達到《莊子・大宗師》所謂得"道"者能"遊乎天地之一氣"的狀態。孟子所養"浩然之氣"和莊子所遊"天地一氣"有相通的精神。

④ 關於《易傳》的文獻成型時間、孔子與《易傳》的關係等問題有諸多分歧,此處采近代考證辨僞之學流行之前,經學史上經師的普遍意見,即認爲孔子作《易傳》。

一　董仲舒的元與元氣

在董仲舒發明《春秋》義理之前,漢人理解的《春秋》之元無關宇宙統一性的根源。西漢初年傳《左氏》的賈誼在《新書·胎教》説:"《春秋》之元,《詩》之關雎,《禮》之冠婚,《易》之乾坤,皆慎始敬終云爾。"[①]《大戴禮記·保傅篇》亦有此語。六經皆慎始敬終,《詩》重夫婦之始故以《關雎》爲首篇;《禮》重人生階段的開端故重視冠禮、婚禮;《春秋》重視經的開端和諸侯即位的開端,故以元年爲始。在漢初賈誼看來,《春秋》之元至多可與《易》太極分化之後的乾坤相比,此外别無深義。董仲舒重新申明了《春秋》之元,此後,元獲得某種開端之上的終極意義,以至後人如西漢劉歆、後漢桓譚、魏晉阮籍等人論及《春秋》之元,都不再對標《易》之乾坤,而是乾坤之上的太極。[②]

董仲舒理解的"元"是"大一統"的宇宙論基礎,並且元以終始循環的方式運行,[③]但"元"究竟是什麽?《繁露》兩次提到"元氣",那麽董仲舒的"元"會不會是"元氣"?我們首先可以明確的是,董仲舒的元非元氣,其一,《繁露·天地之行》提到國君"布恩施惠,若元氣之流皮毛腠理也;百姓皆得其所,若血氣和平,形體無所苦也;無爲致太平,若神氣自通於淵也"。[④]顯然,這裏的元氣和血氣、神氣等不同的氣類並列,没有超拔爲某種第一因,故不可等同於"元"。其二,《繁露·王道》開篇論述了元和元氣的關係:

> 《春秋》何貴乎元而言之?元者,始也,言本正也。道,王道也。王者,人之始也。王正則元氣和順、風雨時、景星見、黄龍下;王不正則上變天,賊氣並見。[⑤]

這段話同樣是董仲舒對"元年春,王正月"的闡述,《春秋》以元爲始,董仲舒在内的經師皆承認"元"有正本之義。"道,王道也"不是對道的訓詁,而是意在强調"元年春,王正月"幾個字雖不言道,實際上是以"王"擔負起了"道"。在董仲舒晚年之前,漢王朝

---

① 賈誼撰,閻振益、鍾夏校注:《新書校注》,北京:中華書局,2000年,第390頁。

② 參劉歆《三統曆》:"經元一以統始,《易》太極之首也"(班固:《漢書》,北京:中華書局,1965年,第981頁);桓譚《新論·正經》:"宓羲氏謂之易,老子謂之道,孔子謂之元"(桓譚:《新輯本桓譚新論》,北京:中華書局,2009年,第40頁);阮籍《通老論》:"《易》謂之太極,《春秋》謂之元,《老子》謂之道"(阮籍著,陳伯君校注:《阮籍集校注》,北京:中華書局,2012年,第160頁)。

③ 劉禹彤:《終始之元與不變之天——董仲舒論"元年春王正月"》,載於《中國哲學史》2022年第6期,第55—61頁。

④ 蘇輿:《春秋繁露義證》,北京:中華書局,1992年,第461頁。

⑤ 蘇輿:《春秋繁露義證》,第100—101頁。

以道家思想爲主流。《莊子》言"不以心捐道,不以人助天",人只是天下同受陰陽之氣的萬物之一,王者應當無力亦無心擔負天道。黄老之學理解的"道"較之老、莊有了更具體的形態,從《管子》以精氣爲道,到《吕氏春秋》以太一爲道、以陰陽主導的日月循環爲道,主要的特點都是以天道言道,黄老道家的氣論整體上依然是無爲而治思路的延伸,王者只需因應天道、變化於無爲,便可以治天下。然而,董仲舒在談論元和元氣的一段文字中強調"道,王道也",凸顯王者承載道的主動性,推明孔氏的同時,劃清了《春秋》學和傳統道家或黄老之學的界限。

董仲舒突出道是王者承擔之道的意圖最終還要回歸《春秋》,"元年春,王正月"的解釋中。首先,董仲舒的元不是元氣。徐復觀等學者根據何休以"元氣"釋"元",反推董仲舒的"元"也是"元氣",已有周桂鈿等學者反駁,因爲董仲舒所謂的元氣不是宇宙本原,只是賊氣的對立面。[①] 但此後學者亦未具體指明元和元氣是何關係。按照《春秋》五始環環相正的邏輯,元是宇宙的終極本原,以元正天,以天正王,以王正四時十二月政教,"王正則元氣和順,風雨時",元氣隸屬於王正的對象。質言之,元氣代指四時十二月陰陽之氣的循環,元氣和順則風調雨順。同時,元氣的對立面是賊氣,天下充盈的是元氣還是賊氣,取決於王者,此即"道,王道也"的具體展開。王正則天下"元氣和順",王不正則天下"賊氣並現","並"字表明王不正不會導致元氣徹底消失,陰陽之氣的循環有超出政治之上的自然性,但若王者無道,則有賊氣出現並干擾元氣。

總而言之,在董仲舒的理解中,元和元氣不同,元也不創生元氣。元是宇宙運行的本因和開端;元氣是陰陽之氣不受干擾的順暢循環,王者所擔負的王道是元與元氣之間的橋梁。元、王、元氣構成的框架堪比天、人、地三才,成爲董仲舒理解宇宙的核心結構。

元不創生元氣,但二者並非毫無關係。在"元年春,王正月"的邏輯鏈條中,正月即陰陽之氣循環的新一輪開端,循環起來的陰陽之氣即元氣。因此,正月可代表元氣的發端,王者正元氣之發端,故曰"王正月"。元在王之先,元氣在王之後,王者連結元與元氣,才能實現天地萬物的統一性和天下的大治。兩漢經師言道往往偏重道路之意,道即溝通的通道,王者肩負溝通元與元氣的重任,即遵循元和元氣之道。因此,《繁露・王道》在闡明元和元氣的關係之後,具體展開講述了王者如何正元氣,使"元氣和順":

> 五帝三王之治天下,不敢有君民之心。什一而税。教以愛,使以忠,敬長老,親親而尊尊,不奪民時,使民不過歲三日。民家給人足,無怨望忿怒之患,強弱之

① 周桂鈿:《董學探微》,福州:福建教育出版社,2015年,第41頁。

> 難,無讒賊妒疾之人。民修德而美好,被髮銜哺而遊,不慕富貴,恥惡不犯。父不哭子;兄不哭弟。毒蟲不螫,猛獸不搏,抵蟲不觸。故天爲之下甘露,朱草生,醴泉出,風雨時,嘉禾興,鳳凰麒麟遊於郊。囹圄空虛,畫衣裳而民不犯。四夷傳譯而朝。民情至樸而不文。郊天祀地,秩山川,以時至,封於泰山,禪於梁父。立明堂,宗祀先帝,以祖配天,天下諸侯各以其職來祭。貢土地所有,先以入宗廟,端冕盛服而後見先。德恩之報,奉先之應也。[①]

董仲舒分三步說明王者如何使"元氣和順",第一步強調王者的"制度",包括什一税、愛敬忠孝、不奪農時、使民不過歲三日等。"制度"和"禮樂"若分而言之,制度即制定度數,在董仲舒看來,王者正元氣第一步中的什一税、使民不過歲三日等,是制度而非禮樂。什一税即制定税收的度數,使民不過歲三日即制定使民的度數,此爲可量化的度數。另一類如親親尊尊、愛敬忠孝等度數,因多在人心故難以量化,因此,董仲舒以文質之變作爲此類度數的損益標準。今文家主張太平然後制禮樂,並非主張在太平之前不制度,故董仲舒強調新王即位的第一件事即改制,甚至應該"大改制於初",[②]改定和制作度數。《中庸》言"非天子,不議禮,不制度",天子不一定制作禮樂,只是議禮即可,但天子一定要因時制作度數,比如在使民不過歲三日的前提下規劃使民之道。制度是王者政教最基礎的要求,因此董仲舒將之放在"元氣和順"的第一步。

王者之治由近及遠,第二步由人及物,使萬物各得其所:"毒蟲不螫,猛獸不搏,抵蟲不觸。故天爲之下甘露,朱草生,醴泉出,風雨時,嘉禾興,鳳凰麒麟遊於郊。"無論是在董仲舒還是何休眼中,大一統的最終標志都不是"人"得到安頓,而是"物"得到安頓。何休釋大一統曰:"夫王者始受命改制,布政施教於天下,自公侯至於庶人,自山川至於草木昆蟲,莫不一一系於正月。"[③]王者不僅要對人類負責,還要對物類負責。針對人的封建、宗法等禮樂制度主要實現的是空間秩序,而萬物不遵循空間的等級制,只有遵循天時、不破壞萬物的時間節律,才能實現物的自然。人類和物類共同得到安頓的狀態方可稱爲"元氣和順",或曰天人大一統。董仲舒對"元氣和順"的最高想象是出現祥瑞,"鳳凰麒麟遊於郊"之所以能成爲大一統的標志,就在於元氣不可見,而祥瑞只有在充當"元氣和順"的具象或法象時才有意義。因此,治世出麒麟爲祥瑞,亂世出麒麟反被《春秋》視爲災異。《白虎通·封禪》言:"天下太平,符瑞所以來至者,以

① 蘇輿:《春秋繁露義證》,第101—105頁。
② 蘇輿:《春秋繁露義證》,第17頁、第19頁。
③ 何休注,徐彦疏:《春秋公羊傳注疏》,上海:上海古籍出版社,2013年,第12頁。

爲王者承天統理,調和陰陽,陰陽和,萬物序,休氣充塞,故符瑞並臻,皆應德而至。"①换言之,祥瑞本身無獨立意義,只有作爲德澤萬物、元氣和順的象徵意義,否則便是舍人事而任鬼神,使人拘而多畏。

王者"正元氣"的最後一步落實於禮樂。《繁露・王道》總述了《春秋》的核心宗旨,始於元,中於溝通元和元氣的王道,終於禮樂。今文家講究"功成制禮,治定作樂",功成治定的政治大一統實現之後才是制禮作樂的時機,也只有制禮作樂才能鞏固大一統,故《繁露・王道》繼而列舉了今文經學中尤爲重要的三個禮:郊祀、封禪、明堂。三者既是"元氣和順"的初步成果,也是最終實現"元氣和順"的必要條件。在董仲舒看來,一方面,禮樂本身不能正禮樂,只有將禮樂納入元的宇宙秩序之中,才能真正重建禮樂;另一方面,將禮樂納入宇宙秩序的目的是回歸人間秩序,《繁露・楚莊王》曰:"制爲應天改之,樂爲應人作之。"②制度應天而改,禮樂應人而作,"元氣和順"這一理想的宇宙秩序通過天人合一的大一統來實現,天人合一的大一統又需要依靠聖王來實現。因此,董仲舒所謂"道,王道也",是將宇宙秩序的實現作爲王道,即以王者擔負天道,擔負天道的王者才有資格稱爲天之子。

王者遵循陰陽循環的元氣制作度數、長養萬民和萬物,此與黄老道家主張的因應天道相通,不同在於,董仲舒繼承的儒家理想最終要求聖王仿照天地之道制作禮樂,此之謂制度應天、禮樂應人,最終實現"元氣和順"即宇宙論意義上的天人大一統。"元"是"大一統"的宇宙論基礎,在天曰"元",在人曰"大一統",在天人的結構中,"元氣"是實現大一統或曰元的具體途徑。質言之,春秋董氏學重視宇宙結構論而非宇宙創生論,"元"没有直接創生"元氣",相反,"元氣"借助王道不斷向作爲本原和理想之"元"回歸。

二　劉歆與漢代元氣論的興起

戰國末期黄老道家以"精氣"爲宇宙本原的學説逐漸進入個人養生領域,成爲《黄帝内經》的一個重要概念。漢初開始受到重視的"元氣"則逐步進入公共政治領域,尤其在東漢達到鼎盛。"元氣"這一概念的提出約略在戰國時期,《鶡冠子・泰録》曰:"天地成於元氣,萬物乘於天地。"③元氣可視爲天地未分以前的混沌統一體,但元氣在

① 陳立:《白虎通疏證》,北京:中華書局,1994年,第283頁。
② 蘇輿:《春秋繁露義證》,前揭,第19頁。
③ 黄懷信:《鶡冠子校注》,北京:中華書局,2014年,第244頁。

《鶡冠子》中不占主導地位。西漢初年,元氣的説法尚不流行,賈誼、陸賈等人著述不用“元氣”一説,《淮南子》和《春秋繁露》偶有言之,也並非核心概念。而到了東漢,無論讖緯、經注還是私人著述都已廣泛使用“元氣”一詞。[①]

元氣論興起的轉折點在西漢末期,尤其是當《春秋》之“元”和《易》之“太極”掛鈎之後。前文所言,漢初《春秋》之“元”最早是和《易》之“乾坤”並稱,賈誼《新書》言:“《春秋》之元,《詩》之關雎,《禮》之冠婚,《易》之乾坤,皆慎始敬終云爾。”[②]董仲舒揭示出《春秋》“以元統天”的邏輯之後,《春秋》之元的類比對象不再只是《易》之乾坤。西漢末年,劉歆第一次直接將《春秋》之“元”和《易》之“太極”並列,《漢書·律曆志》有言:

> 經元一以統始,《易》太極之首也。《春秋》二以目歲,《易》兩儀之中也。於春每月書王,《易》三極之統也。於四時雖亡事必書時月,《易》四象之節也。時月以建分至啓閉之分,《易》八卦之位也。象事成敗,《易》吉凶之效也。朝聘會盟,《易》大業之本也。故《易》與《春秋》,天人之道也。[③]

劉歆認爲《春秋》之元和《易》之太極相通,並且《律曆志》後文皆以元氣和太極並列,證明劉歆理解的《春秋》之“元”實即“元氣”。如《律曆志》載劉歆之言曰:“太極中央元氣,故爲黄鐘”;[④]又曰“太極元氣,函三爲一”。[⑤] 孟康注曰:“元氣始起於子,未分之時,天地人混合爲一,故子數獨一也。”[⑥]十二地支紀月始於子月,是因爲元氣始於子,子者兹也,萬物兹萌蠢動於剛開始發動的陽氣之下,此時天地人依然没有明確分化,所以子月得以稱一,但子月不得稱元,因爲元氣和太極是高於一的第一因,太極和元氣都有將天地人收束爲一的力量。若分而言之,劉歆認爲太極和元氣又有所不同:

> 三代各據一統,明三統常合,而迭爲首,登降三統之首,周還五行之道也。故三五相包而生。天統之正,始施於子半,日萌色赤。地統受之於丑初,日肇化而黄,至丑半,日牙化而白。人統受之於寅初,日孽成而黑,至寅半,日生成而青。天

---

① 比如王充《論衡》十次使用“元氣”概念,均以元氣爲天地之先的宇宙第一因,如“元氣,天地之精微也”(見王充著,黄暉撰:《論衡校釋》,北京:中華書局,1990 年,第 975 頁);“人未生,在元氣之中;既死,復歸元氣”(第 875 頁);“天稟元氣,人受元精”(第 615 頁);“人稟元氣於天,各受壽夭之命,以立長短之形”(第 59 頁)等。

② 賈誼撰,閻振益、鍾夏校注:《新書校注》,前揭,第 390 頁。

③ 班固:《漢書》,第 981 頁。

④ 班固:《漢書》,第 981 頁。

⑤ 班固:《漢書》,第 964 頁。

⑥ 班固:《漢書》,第 965 頁。

> 施復於子,地化自丑畢於辰,人生自寅成於申。故曆數三統,天以甲子,地以甲辰,人以甲申。孟仲季迭用事爲統首。三微之統既著,而五行自青始,其序亦如之。五行與三統相錯。傳曰"天有三辰,地有五行",然則三統五星可知也。《易》曰:"參五以變,錯綜其數。通其變,遂成天下之文;極其數,遂定天下之象。"太極運三辰五星於上,而元氣轉三統五行於下。其於人,皇極統三德五事。故三辰之合於三統也,日合於天統,月合於地統,斗合於人統。五星之合於五行,水合於辰星,火合於熒惑,金合於太白,木合於歲星,土合於填星。三辰五星而相經緯也。①

這段話闡述了劉歆宇宙論的基本框架,即以五行吸納三統。劉歆和董仲舒都以天、地、人三才爲宇宙論述的基準,但《易》學出身的劉歆更加重視三才的理論價值。子、丑、寅三個月陽氣始動,萬物始萌芽的顔色依次是赤、白、黑三色,三統逆而相復,因此夏商周三代分别以建寅、建丑、建子爲正月,董仲舒論述的是"黑白赤三統",劉歆轉取《周易》三才而言"人地天三統"。

以此爲背景,則劉歆所謂"太極運三辰五星於上,而元氣轉三統五行於下。其於人,皇極統三德五事",也就是把太極屬天,元氣屬地,皇極屬人。天上的太極運轉三辰五星;地下的元氣運轉三統五行;天地之間的人由皇極統理人間的三德五事。天、地、人三者之間不是分而治之的關係,而是重而合之,即劉歆所謂"三統常合,而迭爲首",②三統雖然在三代迭爲一朝正朔之始,但三統"常合"即三統會在同一時空下重疊。從制度而言,二王後各用其正朔,故三統産生重疊;從宇宙而言,太極所運轉的三辰對應於元氣統領下的三統,同時也對應於皇極統領的三德。三辰中的日合天統,月合地統,斗合人統,三辰、三統和三德相互嵌合。因此,劉歆所談論的不是作爲政制革命的三統循環,而是作爲天地常道的三統循環。

在劉歆看來,若分而言之,太極(天)、元氣(地)、皇極(人)各司其職;合而言之,則《周易》之"太極"、《春秋》之"元氣"、《尚書》之"皇極"名雖有異,其實相與共功持業。漢代專經博士獨守一經的局面長久發展下去,越嚴苛的師法越容易造成一經的固守一隅和五經之學的分裂與壁壘。劉歆看到了西漢經學的積弊,正如《漢書・律曆志》打通《周易》《春秋》與《尚書》的努力,追求通儒之學而非專經之學的精神貫穿在劉歆對五經及建立五經思想版圖的宇宙源頭的思考之上。繼西漢初年董仲舒、夏侯始昌等人的通儒之學絶代之後,西漢末年的劉歆重新使"通儒"成爲經師的標準,而西漢中後期的專經之學逐漸被目爲"俗儒"之學,直接影響了東漢今古文經學的治學取向。

---

① 班固:《漢書》,第 985—986 頁。

② 班固:《漢書》,第 984 頁。

到了東漢，無論今古文經師都追求成爲"通儒"，比如李育在白虎觀會議上與賈逵辯難，"往來皆有理證，最爲通儒"。[①] 范曄歸納何休的經學特點爲"經緯典謨，不與守文同説"[②]。"守文"即指西漢中後期的章句之學，《後漢書·王充傳》言"俗儒守文，多失其真"。[③] "通儒"與"俗儒"的高低分判，成爲東漢今古文經師的共識。然而，東漢經師共同追求的"通"，最初不是在經文的層面上實現，而是在劉歆構建的宇宙論之上達成。

從董仲舒到劉歆，徹底扭轉了漢人對《春秋》只是記録衰世之事的成見。諸如陸賈《新語·術事》言"《春秋》上不及五帝，下不至三王"，[④]董仲舒在《春秋繁露·符瑞》反駁曰《春秋》"上通五帝，下極三王，以通百王之道，而隨天之終始"。[⑤]《春秋》不僅通五帝三王，還"隨天之終始"，即以《春秋》爲遵循天道的萬世常道，這就要求董仲舒所傳《春秋》學首先要有一套天學。稍早於董仲舒的《淮南子·氾論訓》也表達了對《春秋》所記爲衰世之事的不屑：

> 王道缺而《詩》作，周室廢、禮義壞而《春秋》作。《詩》《春秋》，學之美者也，皆衰世之造也，儒者循之以教導於世，豈若三代之盛哉！以《詩》《春秋》爲古之道而貴之，又有未作《詩》《春秋》之時。夫道其缺也，不若道其全也。誦先王之《詩》《書》，不若聞得其言；聞得其言，不若得其所以言。[⑥]

在受道家影響頗深的《淮南子》看來，皇帝王霸呈漸衰之勢，故三皇時期的伏羲作《易》與五霸後期的孔子作《春秋》不可同日而語。即便是三王時代的《詩》《書》都已經只能作爲聖王之跡，而難得聖王之意，那麼陷入衰世的《春秋》既無聖王之跡，枉論聖人之意。董仲舒和劉歆反駁道家之見的著眼點正是《春秋》經文起首的"元"，二者都有意避免使用道家之"道"，而直接以"元"爲宇宙第一因，以宇宙論的方式重新建構《春秋》義理，恢復了《春秋》學在"通古今之變"以外"究天人之際"的抱負。甚至道家認爲《春秋》學無論如何也達不到"三代之盛"的指責，也在董仲舒與劉歆的"元"宇宙論中不攻自破，《春秋》統天人理百世，何止三代之盛。

劉歆對"元"的認識無疑繼承了董仲舒的基本精神，從二者的學説來看，西漢今古文經師的認識本就存在更多共通性。看似只談人事的《春秋》其實也"究天人之際"，

---

① 范曄：《後漢書·李育傳》，北京：中華書局，2012 年，第 2582 頁。
② 范曄：《後漢書·何休傳》，第 2583 頁。
③ 范曄：《後漢書·王充傳》，第 1629 頁。
④ 陸賈撰，王利器校注：《新語校注》，北京：中華書局，2012 年，第 41 頁。
⑤ 蘇輿：《春秋繁露義證》，前揭，第 158 頁。
⑥ 劉文典：《淮南鴻烈集解》，北京：中華書局，2013 年，第 427 頁。

這一觀念的影響不僅發生在經學内部,而且廣泛地影響了讖緯、方術和科學等領域。讖緯中大量使用"元氣"概念,比如《孝經・鈎命決》言:"形象未分,謂之太易;元氣始萌,謂之太初;氣形之端,謂之太始;形變有質,謂之太素;質形已具,謂之太極。五氣漸變,謂之五運。"①從萬物氣化的角度,"元氣"變成"氣之元",即氣之開端,也就是萬物的開端。

再如方術中甚至直接出現了"元氣"之術,《後漢書・方術列傳》講述《易》學支流衍生出:"風角、遁甲、七政、元氣、六日七分、逢占、日者、挺專、須臾、孤虚之術。"②《漢書・藝文志》所載西漢方術中無"元氣"一項。實際上,"元氣"一詞在西漢末年之前言之甚少,《漢書》只有三篇提到"元氣",除《律曆志》所引劉歆多次提及之外,《王莽傳》和《揚雄傳》各言及一次,皆西漢末年之事。東漢作爲方術的"元氣"一門早已失傳,但足見元氣論在東漢的影響。此外,元氣論還進入了東漢的科學認識之中。科學家張衡《靈憲》以"元氣"爲宇宙創生過程中天地萬物産生前的渾沌狀態,故言"元氣剖判,剛柔始分,清濁異位。天成於外,地定於内。天體於陽,故圓以動;地體於陰,故平以静"。③ 元氣創生論逐漸成爲東漢經學的一個思想共識,如《白虎通・天地篇》亦言"地者,元氣之所生,萬物之祖也"。④

劉歆雖以《春秋》之元爲元氣,但此"元氣"尚不是宇宙創生的源頭,而依然是一種宇宙結構論:"太極運三辰五星於上,而元氣轉三統五行於下。其於人,皇極統三德五事。"⑤宇宙結構論的本質是對宇宙秩序的探討,故亦可稱爲宇宙秩序論。無論三辰五星、三統五行還是三德五事,都是對天地和人間秩序的安排。總之,董仲舒和劉歆所理解的與《春秋》適配的宇宙論都是一種宇宙秩序論,這和東漢經説和讖緯中盛行的元氣創生論存在着本質差别。東漢元氣創生論的興起可謂與劉歆有關,但不可謂繼承了劉歆的經學觀念。

三　東漢的元氣創生論

如上所述,西漢《春秋》學重視宇宙結構論而非宇宙創生論。東漢大興圖讖之後,

---

① 趙在翰輯:《七緯》,北京:中華書局,2012 年,第 726 頁。

② 范曄:《後漢書》,北京:中華書局,1965 年,第 2703 頁。

③ 范曄:《後漢書・天文志》,北京:中華書局,1965 年,第 3215 頁。張衡《靈憲》中的宇宙論受道家影響更多,但元氣的使用方式是東漢言宇宙創生論的特色。

④ 陳立:《白虎通疏證》,前揭,第 420 頁。

⑤ 班固:《漢書》,前揭,第 986 頁。

在《春秋》學領域出現了脱離宇宙結構論的宇宙創生論。兩種宇宙論不僅代表了對《春秋》的不同認識,更代表了對天下的不同規劃,兩漢今古文之争也在宇宙論層面産生分歧。東漢緯書中興起的元氣創生論進入人世領域後,啓發了一種歷史溯源論,深刻影響了古文經學的治學道路。

緯書的宇宙創生論主要借用《易》和《春秋》的思想資源,在《春秋》學方面尤其重視《春秋》之“元”。緯書對“元”的整體理解主要有兩個方面:首先,緯書和劉歆一樣以“元”爲“元氣”,但不同於劉歆的元氣結構論,緯書强調元氣創生論。《春秋緯·説題辭》言“元清氣爲天,混沌無形體”,[①]元氣有清濁,清者升而爲天,濁者降而爲地,爲天地之始。《春秋緯·命曆序》言“元氣正,則天地八卦孳也”,[②]《易》之乾元,萬物資始,又以陰陽二氣盈虚消息,作爲萬物生長的根基。緯書以元爲氣的宇宙創生論,在東漢末年得到了何休的繼承。

其次,緯書結合三皇叙事,以“元”爲文明史的開端。《易緯·通卦驗》引孔子曰:“太皇之先,與耀合元。”[③]太皇或爲伏羲,耀即群星中最尊貴的北辰耀魄寶,故《易緯》此言指伏羲與北辰合元;《易緯·稽覽圖》言:“天地開辟,五緯各在其方,至伏羲氏乃合,故曆以爲元”。[④] 伏羲對天地有開辟與分判之功,對元却有聚合之功,故曰“與耀合元”或“至伏羲乃合”。天地開辟於三皇,又通過三皇聚合於元。《春秋緯·説題辭》言“德合元者稱皇,皇象元逍遥術”,[⑤]《白虎通》繼之而言“德合天地者稱帝”,[⑥]元爲天地之始,故就德性次序而言,三皇德合元,五帝德合天地。《易緯》以皇合元,《春秋緯》以皇象元,“皇”與“元”同具開辟天地之功,即將文明史的源頭追溯到抽象的“元”。

普遍觀點認爲,今文經學與讖緯之間有更深的盤根錯節。但實際上,脱胎於今文經學的讖緯更深刻地影響了古文經學的思想架構。《春秋緯·元命包》言“開辟至獲麟,二百七十六萬歲”,[⑦]開辟即flagged始於三皇開天辟地,緯書將三皇與孔子視爲經學叙事的一首一尾。《春秋緯·命曆序》亦言“自開辟至獲麟”,進而將三皇開辟至孔子獲

① 安居香山、中村璋八:《緯書集成》,石家莊:河北人民出版社,1994年,第858頁。
② 安居香山、中村璋八:《緯書集成》,第884頁。
③ 安居香山、中村璋八:《緯書集成》,第189頁。
④ 安居香山、中村璋八:《緯書集成》,第180頁。
⑤ 安居香山、中村璋八:《緯書集成》,第854頁。
⑥ 陳立:《白虎通疏證》,北京:中華書局,2015年,第43頁。
⑦ 安居香山、中村璋八:《緯書集成》,第597頁。

麟之間的二百二十七萬六千歲具體分爲十個歷史階段。[①]《春秋緯》將經學的叙事範圍擴展到三皇,以三皇開辟和孔子獲麟分擔經學文獻在時間上的起點與終點。總而言之,《春秋緯》常言的"開辟至獲麟"就其主體而言又可謂"三皇至孔子"。在董仲舒看來,《春秋》之元是大一統的宇宙論根基,以宇宙的統一擔保文明的秩序。元不作爲創生宇宙的本原,故而也不作爲開辟歷史的起點。《春秋緯》的宇宙創生與歷史開辟都是綫性叙事,將《春秋》之"元"作爲歷史的開端,本身藴涵着對西漢經學的革命。

董仲舒没有以氣釋元,但何休明確指元爲氣,《公羊解詁》言:"元者氣也,無形以起,有形以分,造起天地,天地之始也。"[②]何休理解的元是創生和分化出陰陽、天地、萬物的源頭,成爲直綫式的宇宙生成論構想;董仲舒的"元"以循環爲基本運行模式,本身就藴含了取消宇宙生成論的意味。《春秋》之元的解釋分歧,暗示了董仲舒與何休之間的不同。然而,漢代之後的多數學者認爲董、何對"元"的理解一致,比如蘇輿以漢、宋之争掩蓋董、何之别,通過指出宋人劉敞與漢人徹底不同的觀點,以證明董何在對"元"理解上的一致性。[③] 劉敞認爲兩漢從《春秋》之"元"發展出一套宇宙論,是由於兩漢經師斷章取義,只解釋了"元"而忽略經文本來的"元年",嚴格按經文來看,《春秋》之元只是表示君之始年。劉敞看似回到更貼合經文本身的解釋,以元連年來看,而非旁涉經文根本没有提及的氣。但正視漢代今古文經師皆以"元"爲宇宙本原的傳統,才能深入認識漢代《春秋》學的基本邏輯。

何休以元爲氣受到多方影響,最直接的影響來自緯書,比如《春秋緯·元命包》對五始的闡述:"黄帝受圖有五始。元者,氣之始;春者,四時之始;王者,受命之始;正月者,政教之始;公即位者,一國之始。"[④]東漢經學對《春秋》之"元"的理解影響深遠,康有爲亦采何休之注來解釋《禮運》:"太一者,太極也,即元也。無形以起,有形以分,造起天地,天地之始,《易》所謂乾元統天者也。天地陰陽,四時鬼神,皆元之分轉變化,萬物資始也。"[⑤]康有爲雖宗董氏,但采用的完全是何休的元氣創生論。實際上,緯書、何休乃至康有爲按元氣創生論的模式理解《春秋》五始,恰恰是采取了跟董仲舒相反

---

① 安居香山、中村璋八:《緯書集成》,第 885 頁。"自開辟至獲麟二百二十七萬六千歲,分爲十紀,凡世七萬六百年。一曰九頭紀,二曰五龍紀,三曰攝提紀,四曰合雒紀,五曰連通紀,六曰序命紀,七曰修蜚紀,八曰回提紀,九曰禪通紀,十曰流訖紀。"

② 何休注,徐彦疏:《春秋公羊傳注疏》,第 7 頁。

③ 蘇輿:《春秋繁露義證》,前揭,第 68 頁。"劉敞《春秋權衡》云:'元年者,人君也,非太極也。以一爲元氣,何當於義?其過在必欲成五始之説,而不究元年之本情也。'案:劉糾何氏。其實何本於董,義當有所受之。但董不言元氣,何足成之耳。"

④ 安居香山、中村璋八:《緯書集成》,前揭,第 605 頁。

⑤ 康有爲:《禮運注》,北京:中華書局,1987 年,第 259 頁。

的進路。董仲舒《對策》有言：

> 爲人君者，正心以正朝廷，正朝廷以正百官，正百官以正萬民，正萬民以正四方。四方正，遠近莫敢不壹於正，而亡有邪氣奸其間者。是以陰陽調而風雨時，群生和而萬民殖，五穀孰而草木茂，天地之間被潤澤而大豐美，四海之内聞盛德而皆來臣，諸福之物，可致之祥，莫不畢至，而王道終矣。①

董仲舒此文補充了《繁露》對五始的解釋。前文所述，董仲舒的元氣不是元，而是邪氣的對偶，《對策》所言王正則"無邪氣"，即"元氣和順"。元氣和順即大一統的現象描述，而大一統的宇宙論基礎是《春秋》之元。换言之，董仲舒對《春秋》五始的理解是雙軌制，有從"元"出發，以元統天、以天統人的一面；也有從"人"出發，以人法天、以天順元的一面，此即董仲舒引子夏之言曰"《春秋》重人"。② 兩個方向共同構成的循環即"元"的根本意義。

在董仲舒的設想中，作爲宇宙結構論的元循環論在天人結構上不僅體現在陰陽五行學之中，也體現在三統論等秩序安排之中。何休的元氣創生論則直接影響了他對三世説的重視，又或者，何休對三世説的重視決定了他對宇宙創生論的吸收。他有意將三世異辭在書法上的不同闡釋爲治法的不同，以冀通過王化的由近及遠達到天下的太平。因此，何休的《春秋》學有强烈的"致太平"情懷，將太平作爲孔子作《春秋》的根本目的，表達的是從亂世進化到治世的願望。但是，宇宙創生論原本更多是作爲道家歷史退化觀的論證，既然元氣作爲最高的醇和未分之氣，分化之後的元氣必然墮入歷史的塵埃。何休却想在元氣創生萬物的背景下實現某種歷史進化，這是何休的理論困境，最終也只能以《春秋》世愈亂而文愈治的修辭略過，並眼看着《春秋》徹底分裂爲經（文愈治）和史（世愈亂）兩部分。

結　語

現代研究多認爲漢代陰陽氣論只是經學研究中偶然生長出的歷史枝節，在理解經學的時候應當擯棄氣化宇宙論。但實際上，我們不僅無法剥離氣化宇宙論來理解漢代經學，也難以通過一鍵清除漢代宇宙論的方式抵達六經元意。比如，春秋董氏學的理論重心在三統論，春秋何氏學的理論重心在三世説。其中縱然有歷史時局的影響，但

① 班固：《漢書》，前揭，第 2502—2503 頁。
② 蘇輿：《春秋繁露義證》，前揭，第 162 頁。

三統論背靠宇宙結構論,三世説背靠元氣創生論,兩種宇宙論不僅暗含了經學觀的區别,也預示了天下觀的分化。

總而言之,兩漢今古文的分歧背後潛藏着宇宙論的差異,今文經學偏向宇宙秩序論,古文經學偏向宇宙創生論。在古文經師看來,元氣創生論和歷史溯源論的緊密結合足以構建古文經學的核心框架,即將六經視爲從三皇開辟到孔子總成的文明史。何休既和今文家一樣保留《春秋》作爲空言的維度,故不將《春秋》引入歷史溯源;同時,何休又承認元氣創生論的宇宙圖景,以及與元氣創生論相配的致太平的綫性史觀,何休思想的張力恰恰源於夾在今古之間。今古文的分判難以歸納一個經師的全部思想,但如果以董仲舒爲標尺,則何休是一個不徹底的今文家,劉歆是一個不徹底的古文家。有時正因爲某種不徹底性,爲經學打開了更豐富的理論空間。

作者簡介:

劉禹彤,女,1993 年生,雲南昆明人,清華大學哲學系博士生。主要研究方向爲漢代經學、《春秋》學,近年代表性論文有《終始之元與不變之天——董仲舒論“元年春王正月”》(《中國哲學史》,2022 年第 6 期)、《皮錫瑞“借事明義”的根基與限度》(《人文雜誌》,2023 年第 6 期)。

孔融傳《春秋公羊》嚴氏學考*

方　韜

内容摘要　由漢碑可知,東漢魯國孔氏世傳《公羊》嚴氏學。孔融生逢漢末,文章用典兼采三傳,但經學上却堅守家傳《公羊》學。在其文中,《春秋》《春秋傳》皆指《公羊》,未有以此指稱《左傳》者。孔融在政治上維護東漢王朝,與經學上主《左傳》的曹氏格格不入,爲其被害埋下了禍因。作爲聖人後裔,孔融之死也標誌著兩漢今文經特别是《公羊傳》的没落。

關鍵詞　孔融　《春秋》　《公羊傳》　嚴氏學　《左傳》

漢儒認爲,孔子作《春秋》立素王爲漢立法,故《春秋》在漢代實爲五經冠冕。延至漢末,主導兩漢數百年的《春秋公羊》走下神壇,而《左傳》學的發展方興未艾。古文經取代今文經成爲趨勢,學界對此論述甚夥。① 值經學劇變之際,聖人後裔魯國孔氏的《春秋》學值得關注。漢末孔融頗負盛名,但其地位被鎖定在文學史上,似與經學無涉。事實上,孔融的《春秋》學立場相當鮮明。筆者從出土文獻及孔融現存的著述中仔細爬梳,嘗試復原其《春秋》學的些許脈絡,試圖爲學界提供一些新的看法。

研治經學者,多關注著述宏富的大師碩儒,這確爲最重要的研究取向。但作爲儒學的創始人孔子,其家族的象徵地位不應低估。秦代焚書坑儒,大失儒者之心。孔子八世孫孔甲帶禮器投奔陳涉。《史記·儒林傳》:"陳涉之王也,而魯諸儒持孔氏之禮器往歸陳王。於是孔甲爲陳涉博士,卒與涉俱死。"②降至漢末,影響最大的經學流派有三:今文學、古文學、融合今古的鄭氏學。孔融不以經學名世,但以聖人後裔的獨特

---

* 本文係國家社科基金項目"知識史視域下的漢晉《左傳》學研究"(21BZW081)的階段性成果。

① 王國維:《漢魏博士考》,《王國維遺書》第一册,上海:上海書店,1983 年。蒙文通《經學抉原·古學》,上海:上海世紀出版集團,2006 年。本田成之:《中國經學史》,孫俍工譯,桂林:灕江出版社,2013 年等。

② 司馬遷:《史記》卷一二一,北京:中華書局,1982 年,第 3116 頁。

身份,與三個經學流派的重要人物皆有交往,這也從側面反映出孔氏對漢末經學的影響。其一,孔融出任北海相,對兼通今古學的大師鄭玄推崇備至,極盡恭敬之能事。[①] 其二,江東五世傳今文孟氏《易》學的虞翻,將其所注《周易》寄給孔氏,孔融對其《易》學多加揄揚。《三國志·吴書·虞翻傳》:"翻與少府孔融書,並示以所著易注。融答書曰:'聞延陵之理樂,睹吾子之治易,乃知東南之美者,非徒會稽之竹箭也。又觀象雲物,察應寒温,原其禍福,與神合契,可謂探賾窮通者也。'"[②]其三,漢末荆州古文經《左傳》特盛,其最精者爲謝該。孔融愛惜人才,曾向朝廷舉薦其爲官。《後漢書·儒林傳·謝該》:"善明《春秋左氏》,爲世名儒,門徒數百千人。……欲歸鄉里,會荆州道斷,不得去。少府孔融上書薦之曰……書奏,詔即徵還,拜議郎。"[③]因此,這也易使人産生錯覺:孔氏没有經學立場。其實不然。

《後漢書·孔融傳》云"性好學,博涉多該覽",[④]未及孔氏的經學取向。衆所周知,後漢博學之風有助於破除經學家法,這是否意味着孔融胸中已無今古學的芥蒂呢?先看史志的記載。《隋書·經籍志一》載:"《春秋塞難》三卷服虔撰。梁有《春秋雜議難》五卷,漢少府孔融撰;《春秋左氏釋駁》一卷,王朗撰。亡。"[⑤]孔氏所撰《春秋雜議難》在服虔、王朗兩位《左傳》學者間,《隋志》可能認爲孔氏亦主《左氏》。事實果真如此嗎?讓我們再考察其家族學術傳統。孔融之父孔宙,《後漢書》無傳,所幸漢桓帝延熹七年(164)《太山都尉孔宙碑》尚存,其文云:"君諱宙,字季將,孔子十九世之孫也,天姿醇嘏,齊聖達道,少習家訓,治嚴氏春秋。"[⑥]碑文提到孔氏自幼即治嚴氏《公羊春秋》。《公羊》嚴氏爲東漢今文十四博士之一,是官方認可的《春秋》學説。可知,孔宙習經恪守後漢今文家法。孔融的兩位兄長皆習《春秋》學。漢靈帝建寧四年(171)《漢故豫州從事孔褒碑》殘損嚴重,但仍保留了習經的相關内容:"君諱褒,字文禮,孔子廿世之孫,泰山都尉之元子也……治家業《春秋》經,綜核墳典,篇籍靡遺。"[⑦]可見,孔融長兄孔褒治家業《春秋》經,必是其父所傳嚴氏《春秋》學。兄長孔謙亦當如此。漢桓

① 参見范曄:《後漢書·鄭玄傳》卷三五,北京:中華書局,1965年,第1208頁。
② 陳壽:《三國志·吴書·虞翻傳》卷五七,北京:中華書局,1975年,第1320頁。
③ 范曄:《後漢書·儒林傳》卷七九,第2584頁。
④ 范曄:《後漢書·孔融傳》卷七〇,第2262頁。
⑤ 魏徵等:《隋書·經籍志》卷三二,1973年,北京:中華書局,第928頁。
⑥ 徐玉立主編:《孔宙碑》,《漢碑全集》,第四册,鄭州:河南美術出版社,2006年,第1003頁。
⑦ 徐玉立主編:《孔褒碑》,《漢碑全集》,第五册,第1756頁。

帝永興二年(154)《孔謙碣》記載:“孔謙,字德讓者,宣尼公廿世孫,都尉君之子也……祖述家業,修《春秋》經。升堂講誦,深究聖指。”[①]孔融性至孝,本傳寫道:“年十三,喪父,哀悴過毀,扶而後起,州裹歸其孝。”[②]更無不傳父兄之學的道理。那麽,孔融所習也當爲嚴氏《公羊》學。

東漢後期《公羊》學在民間式微,但嚴氏《公羊》學仍得到官方的支持。漢靈帝熹平四年刊刻石經,《公羊》傳即以嚴氏爲底本。那麽,孔融著述中是否充斥着《公羊》學的内容呢?事實並非如此簡單。

東漢《左傳》未立學官,但在士林的影響勝於《公羊》。士大夫對《左傳》典故信手拈來,這同樣體現在孔融的著述中。筆者統計,孔融現存著述中,用《左傳》典故多達26次,遠超過《公羊》8次與《穀梁》1次。譬如,孔融《喻邴原書》云:“國之將隕,嫠不恤緯。”[③]典出《左傳·昭公二十四年》:“抑人亦有言曰:‘嫠不恤其緯,而憂宗周之隕,爲將及焉。”這裹,孔融反用此典,以寡婦尚憂宗周之滅奉勸邴原應出仕爲國分憂。孔融甚至在一文中多次用《左傳》典故。譬如,《報曹公書》中云:“晉侯嘉其臣所争者大,而師曠以爲不如心競”,“子産謂人心不相似”,“趙衰之拔郤穀,不輕公叔之升臣也”。[④] 三典分别出自《左傳》襄二十六年、襄三十一年和僖二十七年。

頻繁使用《左傳》典故是否意味着孔融棄家傳嚴氏《公羊》學而改習《左傳》呢?孔融以文章見重於世,是否如何休《公羊傳序》所説“治古學貴文章者”[⑤]呢?答案恐怕是否定的。我們知道,左氏篇幅巨大内容豐富,可供遴選的典故遠多《公羊》,僅憑用典數量無法説明問題。關鍵在於性質判定:孔融是否視《左傳》爲《春秋》之傳?事實上,孔氏用《左傳》典故時,並未將其與《春秋》聯繫,不以左氏爲《春秋》傳。譬如,《與韋休甫書》:“雖爲國家威靈感應,亦實士轂堪事之效也。”[⑥]“士穀堪事”典出《左傳》文二年:“公未至,六月,穆伯會諸侯及晉司空士穀盟於垂隴,晉討衛故也。書‘士穀’,堪其事也。”魯文公二年,晉司空士穀在晉侯未至的情況下,與魯、鄭、宋、陳等諸

① 徐玉立主編:《孔謙碣》,《漢碑全集》,第三册,第730頁。

② 范曄:《後漢書·孔融傳》卷七〇,第2262頁。

③ 俞紹初輯校:《建安七子集·孔融集》,北京:中華書局,2017年,第13頁。

④ 俞紹初輯校:《建安七子集·孔融集》,第21頁。

⑤ 何休注,徐彦疏:《春秋公羊傳注疏》,阮元校刻《十三經注疏》第7册,臺北:藝文印書館,2007年,第4頁。

⑥ 俞紹初輯校:《建安七子集·孔融集》,第15頁。

侯訂立盟約,故左氏認爲士穀能勝任其事。而左氏云"書'士穀',堪其事也",實質是對文二年《春秋》"夏,六月,公孫敖會宋公、陳侯、鄭伯、晉士穀盟於垂隴"的解釋。杜預注:"晉司空,非卿也。以士穀能堪卿事,故書。"①根據左氏學的解釋,大夫非卿者其名不當書於《春秋》。士穀雖爲晉國司空,但其位不在晉六卿之列,《春秋》不當書名。《春秋》書其名是特例,《左傳》認爲是《春秋》對士穀此行的褒獎。顯然,此處關涉到《左傳》對《春秋》書法的闡釋,是經傳關係的重要關節。孔融文中以士穀喻韋端,稱讚韋氏主政涼州能和睦諸戎,勝任軍國大事。顯然僅用《左傳》事典,與《春秋》並無關聯。此條《春秋》經文,《公羊》無傳,因此也無涉《公羊》《左傳》間解釋異同的問題。

相反,孔融文中所謂《春秋》《春秋傳》者皆稱《公羊》,概莫能外。其一,孔融所謂《春秋》指稱《公羊傳》。建安九年(204)《上書請准古王畿制》:"臣聞先王分九圻以遠及近,《春秋》'内諸夏而外夷狄',《詩》云'封畿千里,惟民所止',故曰:'天子之居,必以衆大言之'。"②需要指出,孔融所言"《春秋》'内諸夏而外夷狄'"並非引《春秋》經,實爲成十五年《公羊傳》:"《春秋》内其國而外諸夏,内諸夏而外夷狄。"此語不見於《穀梁》《左傳》,所謂《春秋》即《公羊春秋》。後文"天子之居,必以衆大言之"亦出自桓六年《公羊傳》,其文云:"京者何?大也。師者何?衆也。天子之居,必以衆大之辭言之。"孔氏唯略去"之辭"二字。

其二,孔融所謂《春秋傳》僅指《公羊傳》。作於建安九年(204)的《與曹公論盛孝章書》云:"若使憂能傷人,此子不得復永年矣。《春秋傳》曰:'諸侯有相滅亡者,桓公不能救,則桓公恥之。'"③這句引文在《公羊傳》分别見於僖元年、僖二年、僖十四年,正是齊桓公爲霸諸侯之時。其文云:"上無天子,下無方伯,天下諸侯有相滅亡者,桓公不能救,則桓公恥之。"《左傳》《穀梁》皆無此語,孔氏所指《春秋傳》爲《公羊》甚明。這裏,孔融將曹操比爲齊桓公,意在激勵他出手救助盛孝章。

其三,孔融提到《春秋》書法也僅與《公羊》傳相關。約作于建安二年(202)的《崇國防疏》云:"是以齊兵次楚,唯責包茅;王師敗績,不書晉人。"④這裏,孔融用了《左傳》《公羊》兩個典故。前者出《左傳》僖四年,叙齊桓公伐楚責其不供王室苞茅一事。

---

① 杜預注,孔穎達疏:《春秋左傳正義》,阮元校刻《十三經注疏》第6册,臺北:藝文印書館,2007年,第302頁。

② 俞紹初輯校:《建安七子集・孔融集》,第5頁。

③ 俞紹初輯校:《建安七子集・孔融集》,第18頁。

④ 俞紹初輯校:《建安七子集・孔融集》,第8頁。

但需要注意的是,此處並未涉及《春秋》書法,僅述史實。而後者所謂"王師敗績,不書晉人"與《春秋》書法緊密相關。《崇國防疏》見《後漢書・孔融傳》,李賢注此語云:"《公羊傳》:'成西元年秋,王師敗績於貿戎。蓋晉敗之。曷爲不言晉敗之?王者無敵,莫敢當也。"①李賢注將經文也歸入《公羊傳》稍有不妥。《春秋》成元年:"秋,王師敗績於貿戎。"有意思的是,《穀梁》成元年也認爲是晉人敗王師:"不言戰,莫之敢敵也。爲尊者諱,敵不諱敗;爲親者諱,敗不諱敵。尊尊親親之義也。然則孰敗之?晉也。"穀梁最後雖指出王師爲晉所敗,但其文字闡述的是"不言戰"的原因,是爲親者尊者諱,並未提及《春秋》爲何不書晉人。《公羊》則指出,不書晉人是王者無敵,而孔融這篇上疏所言"萬乘至重,王者至尊","猶天之不可階,日月不可踰也",並要求討伐僭越不臣的劉表,顯然此處與《公羊》傳所表露的思想是一致的。

而且,孔融闡發的《春秋》經義與《公羊》家學説相合。建安二年(202)《馬日磾不宜加禮議》:"《春秋》魯叔孫得臣卒,以不發揚襄仲之罪,貶不書日。鄭人討幽公之亂,斲子家之棺。"②文中有兩個典故。後典出自《左傳》宣十年:"鄭人討幽公之亂,斫子家之棺,而逐其族。"此文與《春秋》經没有直接關聯。前典則不同。《春秋》宣五年:"叔孫得臣卒。"但三傳對經文皆無解釋。那麽孔氏之説竟屬何家呢?何休注經云:"不日者,知公子遂欲弑君,爲人臣知賊而不言明,當誅。"公子遂即東門襄仲。徐彦《公羊傳疏》闡發何注道:"推尋上下文,更不見得臣有罪之文,惟有文十八年秋公子遂叔孫得臣如齊,冬十月公子遂弑子赤,是以何氏消量作如此解。"③由於文十八年秋叔孫得臣與東門襄仲一起赴齊,隨後襄仲弑君,據此推知叔孫或預知襄仲的陰謀,但未揭發襄仲之罪,致使國君被弑,故《春秋》不書卒日以示貶。可見,孔融的理解與何休注是基本一致的。何休注《公羊》以嚴氏爲底本,其行年當孔融父輩,孔氏應能看到《公羊》何注。退一步,這至少説明孔氏所持爲《公羊》學説。

其四,同篇文章中用《春秋》三傳,唯以《公羊》爲正宗。漢末三傳融合漸強,孔融雖不排斥《左氏》《穀梁》,但以《公羊》爲《春秋》正統的觀念却未改變。《上三府所辟稱故吏事》:"臣惟古典,《春秋》女在其國稱女,在途稱婦,然則在途之臣應與爲比。

---

① 范曄:《後漢書・孔融傳》卷七〇,第2270頁。

② 俞紹初輯校:《建安七子集・孔融集》,第8頁。

③ 何休注,徐彦疏:《春秋公羊傳注疏》,阮元校刻《十三經注疏》第7册,臺北:藝文印書館,2007年,第191頁。

《穀梁傳》曰:‘天子之宰,通于四海。’三公之吏,不得以未至爲差。狐突曰:‘策名、委質,二乃辟也。’奉命承教,策名也。昔公孫嬰齊卒於貍蜃,時未入國,魯公以大夫之禮加焉。《傳》曰:‘吾固許之返爲大夫。’”[①]首先,孔融稱“《春秋》女在其國稱女,在途稱婦”,考隱二年《公羊傳》:“女在其國稱女,在塗稱婦,入國稱夫人。”故孔氏所稱《春秋》即公羊《春秋》。其次,孔融稱引《穀梁傳》但並不以《春秋傳》名之,意在與《公羊傳》相區别。再次,文中所引狐突之語出自《左傳》僖二十三年:“子之能仕,父教之忠,古之制也。策名、委質,貳乃辟也。”唯“貳”作“二”,與今本《左傳》小異。但孔氏不以《左傳》稱之。甚至在今存孔融的著述中,竟無“左傳”與“左氏”的名稱。最後,文中“《傳》曰:‘吾固許之返爲大夫’”仍出《公羊傳》成十七年:“無君命不敢卒大夫,公至,曰:‘吾固許之反爲大夫。’然後卒之。”此處《傳》即《公羊傳》。這同篇文章中,多次使用《春秋》三傳典故,但孔氏對其稱謂毫不紊亂。由此可見,孔子《春秋》正名,而孔氏後裔嚴遵祖訓。

如果稍作比較,就能發現孔融《春秋》學與同時人的差異。蔡邕爲漢末文壇泰斗,與孔融爲忘年之交。《後漢書・孔融傳》云:“與蔡邕素善。”[②]熹平石經是由蔡邕主持刊刻的。而《春秋》經傳正用《公羊》嚴氏。但蔡氏著述並非獨尊《公羊》,而多次稱《左傳》爲《春秋》或《春秋傳》。譬如,《讓高陽侯印綬符策》:“臣聞稷契之儔,以德受命,功德靡堪,讓所不如。昔之范匄,不忘禮讓,其下化之,《春秋》采焉。”[③]所謂“范匄不忘禮讓”指范宣子士丐之事,見於《左傳》襄十三年:“荀罃、士魴卒,晉侯搜於綿上以治兵。使士丐將中軍,辭曰:‘伯游長。昔臣習于知伯,是以佐之,非能賢也。請從伯游。’荀偃將中軍,士丐佐之……晉國之民是以大和,諸侯遂睦。君子曰:讓,禮之主也。范宣子讓,其下皆讓,欒黶爲汏,弗敢違也……”此事三傳僅見于《左傳》,所謂“《春秋》采焉”即指《左傳》。再如,《朱叔公謚號》則將《左傳》《公羊》並稱:“至於王室之卿大夫,其尊與諸侯並,故以公配,《春秋》曰:‘劉卷卒。葬劉文公。’《公羊傳》曰:‘劉卷者何?天子大夫也。’《經》又曰:‘王子虎卒’。《左傳》曰:‘王叔文公卒,而如同盟,禮也’。此皆天子大夫得稱其禮與同盟諸侯敵體故也。”[④]值得注意的是,蔡邕

---

① 俞紹初輯校:《建安七子集・孔融集》,第6頁。

② 范曄:《後漢書・孔融傳》卷七〇,第2277頁。

③ 鄧安生:《蔡邕集編年校注》,石家莊:河北教育出版社,2002年,第413頁。

④ 鄧安生:《蔡邕集編年校注》,第78頁。

分別用《公羊》《左傳》解釋對應的《春秋》,顯然認爲二傳皆爲詮釋《春秋》之傳。

稍晚,建安七子之一徐幹《中論》亦多稱《左傳》。《中論·修本》:"故《書》舉穆公之誓,善變也;《春秋》書衛北宫括伐秦,善攝也。"①按《春秋》襄十四年:"夏,四月,叔孫豹會晉荀偃、齊人、宋人、衛北宫括、鄭公孫蠆、曹人、莒人、邾人、滕人、薛人、杞人、小邾人伐秦。"《左傳》襄十四年云:"於是齊崔杼、宋華閲、仲江會伐秦。不書,惰也。向之會亦如之。衛北宫括不書于向,書于伐秦,攝也。"顯然,《左傳》解釋了《春秋》書"衛北宫括"之名于"伐秦"一事的原因是攝。由於北宫括服從霸主晉國之令,攝整衛國軍隊與鄭國子蟜一起渡過涇水伐秦,故《春秋》褒賞而書之。因此,這裏所稱《春秋》是《左氏春秋》。《中論·核辯》第八:"故辯之爲言别也,爲其善分别事類而明處之也。非謂言辭切給,而以陵蓋人也。故傳稱《春秋》微而顯,婉而辯者。"②所謂"傳稱"見昭三十一年《左傳》:"故曰:《春秋》之稱微而顯,婉而辨。上之人能使昭明,善人勸焉,淫人懼焉,是以君子貴之。"這是《左傳》作者對《春秋》的讚美。綜上可見,在孔融的時代,不少士人已承認《左傳》爲《春秋》傳。而像孔氏秉持家傳《公羊》嚴氏學的反較罕見。

值得注意的是,即使對甚爲推崇的後輩鄭玄,孔融也曾表示過對其經學的不滿。《太平御覽》卷六百八卷引孔融《與諸卿書》:"鄭康成多臆説。人見其名學,謂有所出也。證案大較,要在五經四部書。如非此文,近爲妄矣。若子所執,以爲郊天鼓必當麒麟之皮,寫《孝經》本當曾子家策乎?"③孔融認爲,鄭玄經説有不少臆説,因爲其超出了漢代官方正統的五經四部書的範疇。關於"五經四部"雖有争議,但余嘉錫《目録學發微》的看法仍被普遍接受:"蓋舉《易》《書》《詩》《禮》《春秋》立博士者言之,則曰五經;並舉樂言之,則曰六藝;更兼《論語》《孝經》、小學言之,則爲九種。漢末人以爲於九種之中獨舉五經,嫌於不備,故括之曰五經四部。四部者,即指六藝略中之樂、《論語》《孝經》、小學也。"④那麽,孔氏所推崇者爲官方立博士的學説。换言之,即東漢今文十四博士。可見,孔融爲捍衛漢代官方正統學説,對當時最負盛名的經學家鄭玄也頗有批評。

① 孫啓治:《中論解詁》,北京:中華書局,2014年,第48頁。
② 孫啓治:《中論解詁》,第134頁。
③ 俞紹初輯校:《建安七子集·孔融集》,第17頁。
④ 余嘉錫:《目録學發微》,北京:中國人民大學出版社,2004年,第145頁。

孔融在政治上竭力維護搖搖欲墜的漢王朝,對權臣曹操冷嘲熱諷,令其不堪。在經學上,孔氏堅守家傳《公羊》嚴氏學,與古文經學與鄭氏學鼎立。作爲聖人後裔,士林領袖,孔融秉持東漢經學官方學説無疑對士子們有相當的影響。孔融讀書甚博,文章兼采三傳,但其《春秋》學主《公羊》嚴氏學,可謂善繼父志不墜門風。衆所周知,曹操父子更喜歡文辭富贍的《左傳》。因此,孔氏無論在政治態度還是思想學術都與曹氏針鋒相對,最終被曹氏藉故殺害,成爲今文經學真正衰落的一個象徵。

作者簡介:

方韜,男,1978 年生,陝西漢中人,北京師範大學文學院副教授。主要研究方向爲《左傳》學與先秦兩漢魏晉南北朝文獻,近年代表論著有《杜預〈春秋經傳集解〉研究》(中國社會科學出版社,2017 年)、《再論〈左傳〉五十凡》(《中國經學》第 25 輯,2019 年)、《韋昭〈國語解〉文獻考釋》(《中國典籍與文化》,2021 年第 1 期)等。

從"經承舊史"到"史所不書,即以爲義"
——杜預《春秋》學義理管窺*

史應勇　盛煜華

内容摘要　無論在經學領域,還是在史學領域,杜預的《春秋》左氏學在歷史上影響頗爲深遠。但值得注意的是,近現代以來,由於它在史學領域的影響,其經學義旨似乎受到了遮蔽。在當下這個經學復興的時代,我們有必要重申杜預《春秋》左氏學的經學義旨,倡明《春秋經傳集解》這部重要著作不只是後人瞭解先秦歷史的案頭必備,不只是文學界所謂先秦散文中歷史散文的代表性文本,還是中國思想史、哲學史領域内涵豐富的經典文獻。

關鍵詞　杜預　《春秋》　"經承舊史"

當我們梳理漢晉經學歷史發展的脈絡時,可以看到,杜預的《春秋》左氏學相對於漢代的《春秋》學,是一種全新的詮釋體系,它與漢代頗爲興盛的《春秋》學相比,在理念、認識等各個方面都有很大的不同。而由於這種全新的《春秋》左氏學詮釋體系的興起,又對漢代原有的《春秋》左氏學有所遮蔽,甚至對於漢代原有的《公羊》《穀梁》學也有所遮蔽。這樣的此消彼長、相互遮蔽,似乎是學術歷史發展過程中一種毫無辦法的必然,但它又無法阻擋後人對歷史真相和被遮蔽歷史的探求。

一　杜預"經承舊史"説的經學思想解讀

在杜預全新的《春秋》左氏學詮釋體系中,"經承舊史"説是杜預的一個發明,是他構建出的一個新的《春秋》解釋學理念。晚清今文經學家對杜預此種經學詮釋理念多

* 本文係國家社會科學基金一般項目"《春秋公羊傳》《春秋穀梁傳》義理比勘研究"(19BZX050)階段性研究成果。

有批評。比如皮錫瑞(1850—1908)就説:"杜預'經承舊史,史承赴告'之説,止是鈔録一過,並無褒貶義例,則略識文字之鈔胥皆能爲之,何必孔子?"[①]"自《左氏》孤行,杜預謬解,人之視《春秋》者莫不如是,專信《左氏》家'經承舊史'之説。"[②]

皮錫瑞極尊孔子,認爲杜預的解説影響了孔子的偉大形象。這倒是反過來證實了杜預《春秋》左氏學的實際。仔細研讀杜預的《春秋》左氏學著作,確實可以看到,在他筆下的孔子,已没有漢代的《公羊》家與《穀梁》家筆下的孔子那麽神異,甚至没有漢代的《左氏》學筆下的孔子那麽神異。站在現代客觀的學術史研究角度,我們自不能站到皮錫瑞的立場上去。但同時我們還必須看到,杜預並未否定孔子在經學建構過程中的神聖性,他指出,《春秋》經文雖因舊史,亦有"因舊爲新"之處,不僅有"下以明將來之法"之意,且是"制作",不完全是"述而不作",如果魯史原文有"教之所存,文之所害"者,則"刊而正之",整部《春秋》,是經過孔子寓予深意而修定的,所謂"感麟而作,作起獲麟",而"文止於所起"。[③] 我們自不能全以現代史學眼光看待杜預的《春秋》左氏學。只是,杜預之前的《左氏》學家,雖然也有"仲尼修《春秋》,約之以《周禮》"[④]之説,但在論及"《春秋》大義"時,還是會遵從《公羊》家董仲舒(前179—前104)等所謂"孔子作《春秋》,先正王而系以萬事,見素王之文焉"[⑤]的説法。比如對《左氏》頗有研究的賈逵(30—101)就曾説:"孔子覽史記,就是非之説,立素王之法。"[⑥]這種情形,孔穎達在他的《春秋正義序》中已經有過總結。他在追述漢代的《左氏》學時説:"其前漢傳《左氏》者有張蒼、賈誼、尹咸、劉歆,後漢有鄭衆、賈逵、服虔、許惠卿之等,各爲訓詁,然雜取《公羊》《穀梁》以釋《左氏》。"[⑦]這只能説明漢代率先興起的《公羊》《穀梁》之學,在官學中長期佔據着絶對的優勢。

問題在於,因爲受到《公羊》《穀梁》之學的影響,兩漢今古文兩家基本都認爲《春秋》之例,皆爲孔子所制,他們並不認爲《春秋》經文中除"孔子之例"外,還存有一套"周公之例"。但在杜預的《春秋》學中,他强調的是:"諸所發凡,皆是國之大典","周

① 皮錫瑞:《經學通論·春秋》,北京:中華書局,1954年,第3—4頁。

② 皮錫瑞:《經學通論·春秋》,第70頁。

③ 杜預注,孔穎達疏:《春秋左傳正義》卷前,北京:北京大學出版社,2000年,第12—35頁。

④ 語出《春秋穀梁傳序》楊士勛疏:"先儒鄭衆、賈逵之徒,以爲仲尼修《春秋》,約之以《周禮》。"見范甯《春秋穀梁傳序》,《春秋穀梁傳注疏》,北京:北京大學出版社,2000年,第9頁。

⑤ 班固撰:《漢書》卷五六,北京:中華書局,1962年,第2509頁。

⑥ 賈逵:《春秋左氏傳解詁》卷上,載馬國翰:《玉函山房輯佚書》,上海:上海古籍出版社,1990年,第1223頁。

⑦ 杜預注,孔穎達疏:《春秋左傳正義》卷前,第4頁。

公垂法,史書舊章",孔子修《春秋》,"上以遵周公之遺制,下以明將來之法"。[①] 魏晉之際,以孔子當"素王""爲漢作法"的《春秋》學理念有了很大的變化。同時,以古書古禮附會周公之風氣已經形成。先前鄭玄經學中尊周公之傾向自不必説。再如張華《博物志》載蔡邕説:"《禮記·月令》,周公作。《謚法》《司馬法》,周公所作。"[②]曹魏間,張揖、劉徽亦將《爾雅》與《九章算術》一歸於周公。[③] 晉室司馬懿父子三人也曾被比附于周公。[④] 應當承認,杜預在自己的《春秋》左氏學中强調"五十凡"爲周公制作,也當是這樣的背景和時代觀念使然,自然也有爲司馬氏政權張本的嫌疑。而從經典詮釋學的角度看,杜預所謂"周公之例"的提出,呈現的是一種新的"周公——孔子"的經典傳承思路,這與漢代的經典由孔子所創設的思路大爲不同。

二　杜預"經承舊史"説的主要内容

杜預的"經承舊史"説主要包括以下幾個層面的内容:

第一,杜預認爲,在孔子修《春秋》之前,周公已制定過一個寄託"大義"的史策書寫之法。在禮壞樂崩的春秋時代,魯國難能可貴地將這種舊制保存了下來。《左傳》昭公二年曰:

> 春,晉侯使韓宣子來聘……觀書於大史氏,見《易》象與魯《春秋》,曰:"周禮盡在魯矣! 吾乃今知周公之德,與周之所以王也!"

杜注:"《春秋》遵周公之典以序事,故曰'周禮盡在魯矣'。"孔穎達《正義》:"大史之官,職掌書籍,必有藏書之處,若今之秘閣也。觀書於大史氏者,氏,猶家也,就其所司之處,觀其書也。……《春秋》用周公之法,書魯國之事……魯國寶文王之書,遵周公之典,故云'周禮盡在魯矣'……以周公制《春秋》之法故也。"杜注:"當此時,儒道廢,

---

① 杜預《春秋左氏傳序》,杜預注,孔穎達疏:《春秋左傳正義》卷一,第12—17頁。

② 張華撰,范甯校證:《博物志校證》卷六,北京:中華書局,2014年,第72頁。

③ 魏張揖于魏明帝世奏《上廣雅表》,言"周公,……六年制禮,以導天下,著《爾雅》一篇",將《爾雅》歸於周公。嚴可均校輯:《全上古三代秦漢三國六朝文·全三國文》卷四〇,北京:中華書局,1958年,第1276頁。曹魏末年劉徽注《九章算術》,序云"周公之禮而有九數,九數之流,則《九章》是矣",將《九章算術》亦歸於周公。參見嚴可均《全上古三代秦漢三國六朝文·全三國文》卷五三,第1352頁。詳論參見方韜:《杜預〈春秋經傳集解〉研究》,北京:中國社會科學出版社,2017年,第316—317頁。

④ 青龍四年(236),司馬懿獲白鹿,獻之魏明帝,帝贊曰:"昔周公旦輔成王,有素雉之貢。今君受陝西之任,有白鹿之獻,……"參見房玄齡等撰:《晉書》卷一,北京:中華書局,1974年,第9頁。魏帝贊司馬師曰:"公旦之綏甯周室,蔑以尚焉。"參見房玄齡《晉書》卷二,第29頁。又贊司馬昭曰:"周公之勤勞王家,罔以加焉。"參見房玄齡《晉書》卷二,第40頁。

諸國多闕,唯魯備,故宣子適魯而説之。"孔穎達《正義》:"定四年《傳》稱'分魯公以備物典策',所言'典策',則史官書策之法,若發凡言例,皆是周公制之。周衰之後,諸國典策各違舊章,唯魯《春秋》遵此周公之典以序時事,故云'周禮盡在魯矣'。……《春秋》,周公垂法……"①

杜預"經承舊史"説的思想史意義有兩個方面是需要明確的:一是它淡化了漢代以來孔子在經學建構中的獨創意義,彰顯了周公的原創意義;二是即使周公所開創的記史之法,其中也是有價值關懷在其中的,並非只是追求記事的客觀。中國的史書,也從來就不只是僅僅記事之"朝報",而是有相當的價值關懷在其中的。② 杜預強調的周公舊法,其義也在此。杜預認爲,魯《春秋》體現出來的史官所遵循的記事舊制,正是周公舊禮及與之相對應的價值判斷,孔子正是根據魯國這樣一部藴含着周公之"義"的國史,"修"之而成一部新的《春秋》。

第二,杜預認爲,所謂周公開創了記史之法,並非自己因尊周公而想像,它是在《左傳》正文中以凡例的形式表述出來的。這也是孔子據以闡發其"微言大義"的基礎和依據。杜預《春秋左氏傳序》曰:

> 其發凡以言例,皆經國之常制,周公之垂法,史書之舊章,仲尼從而修之,以成一經之通體。

孔穎達疏:"國之有史,在於前代,非獨周公立法,史始有章。而指言周公垂法者,以三代異物,節文不同,周公必因其常文而作,以正其變者,非是盡變其常也。……周公垂典,應每事設法……丘明采合而用之耳……丘明撮其體義,約以爲言……""發凡之體,凡有二條:一是特爲策書;一是兼載國事。特爲策書者,凡告以名則書之類是也。兼載國事者,凡嫁女於敵國之類是也。……此諸凡者,自是天下大例,其言非獨爲魯故。"③

據此可知,孔穎達似乎對杜預的見解有了一點校正。杜預強調文王、周公之典,孔穎達却説"國之有史,在於前代,非獨周公立法,史始有章"。難道文王、周公之典也不那麽具有開創意義嗎?至於這種由周公所開創的"凡例"具體内容究竟有哪些,楊向奎先生曾作過概括:

> 若其言"書""不書",如"凡諸侯之女行,唯王后書","凡物不爲災不書",是爲史官修史時法則,今簡謂之"史法"……若其言"曰"、言"爲",如"凡師之左右

① 杜預注,孔穎達疏:《春秋左傳正義》卷四二,第1348—1349頁。

② 參史應勇《周公其人的不同解釋鏡像——以〈尚書·金縢〉篇爲例》,刊《史林》2016年第3期。

③ 杜預注,孔穎達疏:《春秋左傳正義》卷一,第16—18頁。

之曰以","凡平原出水爲大水",爲修史時之屬辭,今簡謂之"書法"……若其言"禮"、言"常",如"凡天災有幣無牲,非日月之眚不鼓","凡候伯救患分災討罪,禮也",今簡謂之"禮經"……①

近來又有方韜等學者對杜預之例進行進一步研究。② 此處不贅。

第三,杜預雖然彰顯了周公之典的原創性,似乎弱化了孔子的地位,但他並不否認孔子在《春秋》學建構中仍有"微言大義"賦予其中。杜預相信《春秋左氏傳》爲左丘明所作,而"左丘明受經於仲尼",仲尼對於《春秋》經,不僅在"刊而正之"的部分有"以示勸戒"之義在其中,所謂以此"示後人,使聞善而知勸,見惡而自戒",③而且有些《春秋》經沒有書寫的内容,孔子也没有擅加增補,而是保持原樣,以寄託一種"不書"的特别意旨,這就是所謂"史所不書,即以爲義"。《左傳》文中左丘明所發明的旨意,也都是"仲尼之意","《傳》或先經以始事,或後經以終義,或依經以辯理,或錯經以合異,隨義而發……"④

杜預的這種《春秋》學詮解,有三層要義:一、漢代的《春秋》家認爲,幾乎所有的"微言大義"都是孔聖人的發明,後人只是如何認識和發現這樣的義旨,而杜預認爲,通過《左傳》彰顯出來的諸多《春秋》大義,有不少就是周公的原典原義,孔子"上以遵周公之遺制";二、漢代的《春秋》家認爲,幾乎《春秋》經中每一個字都是孔子的發明創造,都有"微言大義"在其中,杜預則强調,孔子是以魯史《春秋》爲藍本,故有些文字"皆即用舊史……不必改也";三、即使是《春秋》經文因舊史而不改之處,也並非只是不著善惡的史實記録,其中有相當一部分内容,雖是舊史原文,却仍寄寓了孔子的價值判斷和"微言大義",所謂舊史有正合仲尼褒貶之義者,夫子因而用之,同樣藴"《春秋》大義""褒貶之則"在其中。

---

① 楊向奎:《略論"五十凡"》,載《繹史齋學術文集》,上海:上海人民出版社,1983年,第216頁。

② 參方韜:《杜預"周公作凡例"説探微》,刊《中國文化研究》2011年第2期;趙友林:《杜預、孔穎達對左傳書法義例的層累闡釋》,刊《聊城大學學報(社會科學版)》2013年第2期。

③ 杜預:《春秋左氏傳序》,杜預注,孔穎達疏:《春秋左傳正義》卷一,第13頁。

④ 杜預:《春秋左氏傳序》,杜預注,孔穎達疏:《春秋左傳正義》卷一,第13—18頁。

三 “史所不書,即以爲義”的三種表現形式

杜預提出“經承舊史”的《春秋》學解釋理論,似乎是在回應當時史學漸興的形勢,[①]似乎使得《春秋》的“經”的性質不再純粹了。既然是“經承舊史”,當是以已有史事記録爲唯一依據的,即使這些史事記録也有“微言大義”在其中。可杜預在自己的《春秋》學理論中又專門提出了所謂“史所不書,即以爲義”。也就是説,在他看來,承周公舊法而記録的《春秋》經中,有一些經中没有記録的内容,也有特别的“義”在其中。這種解釋,很可能是他彌合《春秋》和《左傳》内容有出入的一種辦法,但仔細分析他在這方面的闡釋内容,還是有助於我們瞭解杜預的《春秋》學義理邏輯,而不當只從史事記録不相符這個角度看待。

杜預在他的《春秋左氏傳序》中説:

> 然亦有史所不書,即以爲義者,此蓋《春秋》新意,故《傳》不言凡,曲而暢之也。

孔穎達疏杜義曰:

> 仲尼修《春秋》者,欲以上遵周制,下明世教,其舊史錯失,則得刊而正之,以爲變例;其舊史不書,則無可刊正……亦有史所不書,正合仲尼意者,仲尼即以爲義。改其舊史及史所不書,此二者蓋是《春秋》新意……《釋例·終篇》杜自問而釋之,云丘明之爲《傳》,所以釋仲尼《春秋》。仲尼《春秋》皆因舊史之策書,義之所在,則時加增損,或仍舊史之無,亦或改舊史之有。雖因舊文,固是仲尼之書也。丘明所發,固是仲尼之意也。雖是舊文不書,而事合仲尼之意,仲尼因而用之,即是仲尼新意。若宣十年“崔氏出奔衛”……是告不以名,故知舊史無名,及仲尼修經,無罪見逐,例不書名,此舊史之文,適當孔子之意,不得不因而用之。因舊爲新,皆此類也。然杜唯言“史所不書,即以爲義”,不云史所書爲義者,但夫子約史記而修《春秋》,史記之文,皆是舊史所書,因而褒貶,理在可見,不須更言,但恐舊

① 許道勳指出,魏晉之際乃“經史關係演變的轉折時代”。參見許道勳:《論經史關係的演變》,《復旦學報(社會科學版)》1983年第2期,第100頁。方韜指出,三國兩晉時,撰述史書特爲“士大夫所熱衷。譬如陳壽撰《三國志》《益部耆舊傳》,注《季漢輔臣贊》,摯虞注《三輔決録》”等。參見方韜:《杜預“經承舊史”説探析》,刊《孔子研究》2015年第5期。此時,“史部”亦漸從“經部”中獨立出來,史漸不附《春秋》之後,“志藝文者以史自爲一部”。參見馬端臨《文獻通考》卷一八二,北京:中華書局,1986年,第1563頁。

史不書，而夫子不用，故特言之。①

杜預一方面強調孔子修《春秋》是依周公舊制而爲之，同時又承認它畢竟是“仲尼之書”。就“仲尼之書”而言，一方面承認孔子“上遵周制”，另一方面又強調孔子對於“舊史錯失”者，曾予以“刊而正之”，這一點是容易理解的。不容易理解的是，“有史所不書”，却“合仲尼意者”，“義之所在”，却是“仍舊史之無”。因爲這一點不易理解，故孔穎達特别多予筆墨加以解釋，但仍顯不明，我們只能結合《左傳》正文中的具體内容，以及杜注、孔疏的具體詮釋，加以領悟。根據筆者歸納，杜預所謂“史所不書，即以爲義”者，主要有如下三種情況：一是《春秋》據舊例而不書者；二是《春秋》背舊例而不書者；三是因闕禮而不書者。

（一）據舊例而不書

杜預認爲，魯史《春秋》因周公之法而作，仲尼又以“從周復禮”爲己任，因此，仲尼據魯史《春秋》而“作”時，遇魯史因“凡例”不書者，每每因而用之，並不補書。比如“不告不書”“諱而不書”②等均是周公舊例，因此此類《春秋》不書者，孔子每因而不改，並“即以爲義”。然而此種情況，具體又有不同。

如《左傳》隱公十一年：

> 冬十月，鄭伯以虢師伐宋。壬戌，大敗宋師，以報其入鄭也。宋不告命，故不書。凡諸侯有命，告則書，不然則否。師出臧否，亦如之。雖及滅國，滅不告敗，勝不告克，不書於策。

《左傳》中“鄭伯以虢師伐宋”之事，《春秋》經未有其文。杜注：“入鄭在十年。命者，國之大事政令也。承其告辭，史乃書之於策。若所傳聞行言，非將君命，則記在簡牘而已，不得記於典策。此蓋周禮之舊制。臧否，謂善惡得失也。滅而告敗，勝而告克，此皆互言，不須兩告乃書。”孔穎達正義：“此《傳》雖因宋不告敗而發此例，其言‘諸侯有

① 杜預注，孔穎達疏：《春秋左傳正義》卷一，第 20 頁。

② 按：《左傳》“五十凡”中有“諱而不書”例。如文公七年《傳》：“凡會諸侯，不書所會，後也。後至，不書其國，辟不敏也。”杜注：“不書所會，謂不具列公侯及卿大夫。”——參見杜預注，孔穎達疏：《春秋左傳正義》卷一九上，第 599 頁。文公十五年《傳》：“凡諸侯會，公不與，不書，諱君惡也。與而不書，後也。”——參見杜預注，孔穎達疏：《春秋左傳正義》卷一九下，第 645 頁。僖元年《傳》文又曰：“諱國惡，禮也。”杜注：“掩惡揚善，義存君親，故通有諱例，皆當時臣子率意而隱，故無深淺常準。聖賢從之以通人理，有時而聽之可也”。孔氏正義曰：“國亂，國之惡事，諱國惡，是禮也。時史諱而不書，仲尼因而不改，嫌諱非禮，故以禮居之。……是掩惡揚善之義，……君親之惡，務欲掩之，是故聖賢作法，通有諱例。”——參見杜預注，孔穎達疏：《春秋左傳正義》卷一二，第 367 頁。也就是説，在杜預及孔穎達的解釋中，諱國惡雖無常準，但爲君親隱亦是周公舊例。故《春秋》舊史若因舊例諱而不書，仲尼亦存之，以全臣子之心。

命’,非獨爲被伐之命,故注云:‘命者,國之大事政令也。’謂諸國大事,崩卒會盟,戰伐克取,君臣乖離,水火災害。經書他國之事,皆是來告則書,不告則否。來告則書者,或彼以實告,……立文褒貶,章示善惡,……終是歸於勸戒,得告乃書也。‘不然則否’者,雖復傳聞行言,實知其事,但非故遣來告,知亦不書,所以慎謬誤,辟不審。……明告命大事,皆書於國史正策,以見仲尼修定,悉因正策之文。”①

問題是,此處之“即以爲義”,“義”在哪裏?杜預並未闡發,只有“所以慎謬誤,辟不審”一句,似只呈現對告則書、不告則否這一周公舊例的遵守,並無如漢代《春秋》學中所彰顯的對人事之褒貶義解讀。這是否屬於孔穎達所説的“舊史不書,則無可刊正”者?是否不屬於有“《春秋》新意”者?杜注、孔疏的解讀均顯不够。

而“齊崔氏出奔衛”事,則較爲恰切的符合所謂“史所不書,正合仲尼意者,仲尼即以爲義”,屬於有“《春秋》新意”者。

宣十年《春秋》經:

> 齊崔氏出奔衛。

杜注:“齊略見舉族出,因其告辭以見無罪。”孔穎達《正義》:“崔杼有寵於惠公,惠公既薨,高、國二家恐其藉前世之寵,又有寵於新君,故畏其偪己,因君薨而逐之。崔杼未有罪也,齊人疑其事,故不言其名,略言‘崔氏’,見其舉族出奔耳。及仲尼修之,大夫出奔,無罪不名,不名即因無罪,故因告稱氏而書氏次,見無罪。若貴之,或稱官,或稱字,如司城子哀之類是也。”《左傳》:“書曰‘崔氏’,非其罪也,且告以族,不以名。”杜注:“典策之法,告者皆當書以名,今齊特以族告,夫子因而存之,以示無罪。又言‘且告以族,不以名’者,明《春秋》有因而用之,不皆改舊。”孔穎達《正義》:“《傳》言‘且告以族,不以名’,知法當以名告,而齊人誤以族告也。……齊國雖繆以族告,適合仲尼所褒之實,因而不革,以示無罪,且明《春秋》之作,或因仍舊史成文,不必皆有改也。”②

《春秋》經之所以書“崔氏”而不書其名,是因爲齊人僅“以族告”,未告其名,據告則書、不告則不書的周公舊例,魯《春秋》自是僅書其“族”,而孔子修《春秋》,本有“大夫出奔,無罪不名”之義例,故此處因其舊文而不改,以彰顯此義例,因爲在孔子看來,崔杼亦當是無罪而奔。問題是,孔子究竟有哪些《春秋》學新義例?我們很想知道,但杜預並未明示,或許這些只是杜預承傳漢代《春秋》學中的一些舊説而已。

又如《左傳》文公十四年曰:

---

① 杜預注,孔穎達疏:《春秋左傳正義》卷四,第148—149頁。

② 杜預注,孔穎達疏:《春秋左傳正義》卷二二,第717—718頁。

十四年春,頃王崩。周公閲與王孫蘇争政,故不赴。凡崩、薨,不赴則不書;禍、福,不告亦不書。懲不敬也。

如周頃王駕崩這樣的重大之事,《春秋》經文亦未有其文,但也屬於不告不書之舊例。孔子之所以因而不改,杜注曰:"欲使怠慢者自戒。"[①]意思是説,孔子之所以因而不改,是爲了有意給那些怠慢而不赴者看的,連這樣重大的事都没有通報給魯國,實屬不該。

(二)背舊例而不書

又有些事,據周公之舊例《春秋》經本當書而未書,所謂背舊例而不書。

如《春秋》桓公十七年經:

冬十月朔,日有食之。

《左傳》記此事曰:

"冬十月朔,日有食之",不書日,官失之也。天子有日官,諸侯有日禦。日官居卿以底日,禮也。日禦不失日,以授百官於朝。

杜注:"日官、日禦,典歷數者。日官,天子掌曆者,不在六卿之數,而位從卿,故言'居卿'也。底,平也,謂平歷數。日官平曆以班諸侯,諸侯奉之,不失天時,以授百官。"孔穎達正義:"……然則天子掌曆者,謂大史也。大史,下大夫,非卿,故不在六卿之數。《傳》言'居卿',則是尊之若卿,故知非卿而位從卿,故言'居卿'也。平歷數者,謂掌作歷數,平其遲速,而頒於邦國也。"[②]

此條據《左傳》和杜注,日食之事,依周公之例,當記其發生的具體日期,而《春秋》未載。爲什麽呢?"官失之也"。

此類又如僖公十五年《春秋》經:

夏五月,日有食之。

《左傳》:

"夏五月,日有食之",不書朔與日,官失之也。[③]

所謂"官失之",究竟是指天子之日官失之?未能平其曆,班之于諸侯?還是天子已頒其曆,諸侯之史官未能如實記録?杜注、孔疏未能説明。至於這兩條記録所涉及的日食之事,本當有朔與日,而《春秋》經無文,所謂"背舊例而不書",孔子也没有改而補

① 杜預注,孔穎達疏:《春秋左傳正義》卷一九下,第632頁。
② 杜預注,孔穎達疏:《春秋左傳正義》卷七,第240—241頁。
③ 杜預注,孔穎達疏:《春秋左傳正義》卷一五,第426—427頁。

記,其"義"爲何?條下《左傳》、杜注、孔疏均未見具體詮釋。依杜預序文中的陳述,當是指:

> 周德既衰,官失其守,上之人不能使《春秋》昭明,赴告策書,諸所記注,多違舊章。

據此可知,此類"背舊例而不書"者,孔子又未能改而補書,其"義"在譏刺當時"周德既衰,官失其守"。

又如《左傳》文公十一年:

> "襄仲聘于宋,且言司城蕩意諸而復之,因賀楚師之不害也。"杜注:"八年意諸來奔。歸不書,史失之。"孔穎达《正義》:"諸侯之卿出奔而復歸者,宋華元、衛孫林父之徒,皆書其歸,則蕩意諸之歸,亦當書之。……故杜以爲史官失之,故不書於策。"①

按照杜預及孔穎達的説法,宋蕩意諸復歸於宋之事,《春秋》經不書,亦屬於當書而未書者,是"史官失之"也。

(三)因闕禮而不書

所謂因"闕禮而不書"、孔子因其舊文不改者,最典型的是《春秋》經中隱、莊、閔、僖四公"不書即位""不稱即位"。

《春秋》隱元年經:

> 元年春王正月。

杜注:"隱雖不即位,然攝行君事,故亦朝廟告朔也。告朔朝正例在襄二十九年,即位例在隱、莊、閔、僖元年。"孔穎達正義:"隱公攝行君事,雖不即位,而亦改元朝廟,與人更始,異於常年之正月,故史特書其事,見此月公宜即位,而自不即位。莊、閔、僖元年皆書'春王正月',與此同也。……隱以桓公幼少,且攝持國政,待其年長,所以不行即位之禮。史官不書即位,仲尼因而不改……莊、閔、僖不書'即位',義亦然也。……《釋例》曰:'……隱既繼室之子,於第應立,而尋父娶仲子之意,委位以讓桓。天子既已定之,諸侯既已正之,國人既已君之,而隱終有推②國授桓之心,所以不行即位之禮也。隱、莊、閔、僖,雖居君位,皆有故而不修即位之禮,或讓而不爲,或痛而不忍,或亂而不得,禮廢事異,國史固無所書,非行其禮而不書於文也。'穎氏説以爲魯十二公,國

---

① 杜預注,孔穎達疏:《春秋左傳正義》卷一九下,第614頁。

② 校勘記:"推",閔、監、毛本作"讓"。見杜預注,孔穎達疏:《春秋左傳正義》,第55頁。

史盡書即位,仲尼修之,乃有所不書。若實即位,則爲隱公無讓;若實有讓,則史無緣虚書。是言實不即位,故史不書也。……隱公讓位賢君,故爲《春秋》之首……"①

儘管漢代的經學家多認爲此處《春秋》經原文當有"即位","孔子修經,乃有不書",②但在杜預看來,當是《春秋》經本無"即位",孔子修《春秋》,"經承舊史","即以爲義"。也就是説,在杜預、孔穎達看來,因爲魯隱公有讓桓之心,未行即位之禮,故史書中未書"即位",如果實際已即位,則表示隱公無讓桓之心;如果隱公有讓桓之心,則一定不會實行即位之禮,則史不書"即位"。在杜預、孔穎達的詮釋體系中,正因爲隱公有讓桓之心,《春秋》經才以此事爲首,以彰其義。在杜預、孔穎達的詮釋體系中,邏輯推論同樣是主要依據,並没有切實的史實記録佐證,這是整個《春秋》學的特色所在,其他幾家《春秋》學亦如之。

至於莊、閔、僖三公元年亦皆不書"即位",因與隱元年不書"即位"之例相類,隱元年杜注及孔疏已申其義,故可從略引述。

莊元年《春秋》經:"元年春王正月。"《左傳》:"'元年春'不稱即位,文姜出故也。"杜注:"文姜與桓俱行,而桓爲齊所殺,故不敢還。莊公父弑母出,故不忍行即位之禮。"孔穎達正義:"不稱即位爲文,姜出故也。則即位之日,文姜未還,故知莊公以父弑母出不忍行其即位之禮也。"③

閔元年《春秋》經:"元年春王正月。"《左傳》:"'元年春'不書即位,亂故也。"杜注:"國亂不得成禮。"④

僖元年《春秋》經:"元年春王正月。"《左傳》:"'元年春'不稱即位,公出故也。公出復入,不書,諱之也。諱國惡,禮也。"杜注:"國亂,身出復入,故即位之禮有闕。"孔穎達正義:"去年八月閔公死,僖公出奔邾。九月慶父出奔莒,公即歸魯。言'公出故'者,公出而復歸,即位之禮有闕,爲往年公出奔之故,非言應即位之時公在外也……國内有亂,致令公出,不書公出復入,諱國亂也。國亂,國之惡事,諱國惡……時史諱而不書,仲尼因而不改。"⑤此條既屬於闕禮而未書者,也屬於依舊例諱而不書者。

仔細玩味《左傳》、杜注、孔疏文字,可以看出,關於《春秋》經這幾處爲何不書"即位",而孔子又"因而不改",其"微言大義"之所指:隱公不書"即位",義在彰顯隱公之

① 杜預注,孔穎達疏:《春秋左傳正義》卷二,第43—56頁。

② 孔穎達正義:"舊説賈、服之徒以爲四公皆實即位,孔子修經,乃有不書。"詳參杜預注,孔穎達疏:《春秋左傳正義》,第55頁。

③ 杜預注,孔穎達疏:《春秋左傳正義》卷八,第246—249頁。

④ 杜預注,孔穎達疏:《春秋左傳正義》卷一一,第345—346頁。

⑤ 杜預注,孔穎達疏:《春秋左傳正義》卷一二,第364—367頁。

讓桓;莊公不書"即位",彰顯的是莊公之"不忍";閔公、僖公不書"即位",彰顯的是國亂而未能成即位之禮。

相較可见,杜預筆下的孔子《春秋》大義,更多呈現的是事實背後蘊含的價值指向,而不像漢代《春秋》家那樣,更多呈現的是主觀性的義理推演。正因如此,杜預《春秋釋例》才有這樣的話:

> 隱公,《傳》則以"攝"爲文;莊公,《傳》則以"姜出"爲文;閔公,《傳》則以"亂"爲文;僖公,《傳》則以"公出"爲文,此皆是實,不假文讬義也。[①]

可以看出,在杜預以"經承舊史"説爲主導的《春秋》學詮釋體系中,"史"的客觀性與經義的主觀詮釋特色之間的衝突,已有所表現。杜預試圖彌合這種衝突,但彌合得並不圓滿,所以儘管他依然承認孔子曾經修訂過《春秋》,而且將自己的"微言大義""《春秋》新意"賦予其中,但具體到每一處"史所不書"與"刊而正之"的事例,其"《春秋》新意"究竟如何? 杜預、以及信奉杜預《春秋》左氏學的孔穎達《正義》,其詮釋並不十分圓滿和全面。或許由於杜預自己也感覺到經學義理的闡釋不能處處圓融,所以才有所謂"此皆是實,不假文讬義"的説法。但這種理念一但彰顯,漢代傳統的那種幾乎認爲《春秋》經字字都有孔意的主觀詮釋,就不免顯得虚妄。

至於爲何有的内容孔子又要"刊而正之"? 爲何有的内容孔子又因而不改? 杜預曰:"其教之所存,文之所害,則刊而正之,以示勸戒。其餘則皆用舊史。"[②]那麽,那些因而不改者,即是文無所害,不影響"示勸戒"。也就是説,那些孔子因而不改者,即大多是孔子遵周公舊制以"示勸戒"者,只有少量的内容,是孔子因而不改而又賦予"《春秋》新意"者。關於曾經孔子"刊而正之"的部分,究竟有哪些,還需逐條根據《左傳》文字、杜注及孔疏加以清理和分析。本文只就其"經承舊史"説與"史所不書,即以爲義"兩説,略陳一管之見,以就教于方家。

作者簡介:

史應勇,男,1965年生,陝西榆林人,江南大學人文學院副教授。主要研究方向爲經學,近年代表性論文有《再論鄭玄經學——兼與喬秀岩先生商榷》(《中國哲學史》2020年第5期)、《經學史視野下的"君子和而不同"之道》(《中國典籍與文化》2022年第4期)。

盛煜華,女,1996年生,吉林松原人,復旦大學歷史學系博士研究生。

① 杜預:《春秋釋例》卷一,叢書集成初編本,北京:中華書局,1985年,第4頁。

② 參杜預《春秋左氏傳序》,杜預注,孔穎達疏:《春秋左傳正義》,第13頁。

作新與修舊
——杜預《春秋經傳集解》中的"經承史策"説

肖　瀟

内容摘要　"經承史策",是杜預《春秋經傳集解》中關於《春秋經》之形成與性質的學説,與《左氏》先儒立場有别。在經承史策的認識下,杜預將《春秋經》區分爲性質不同的兩層,分别係屬於魯史策書書寫與孔子筆削示義的環節,又在《左傳》中提出凡例、變例與之相應,從而在以傳解經之時,形成從《左傳》到魯史策書,再到《春秋經》的理解進路,這是《春秋經傳集解》尤其是其中經注部分展開的基本框架與依據。由"經承史策"之説所導致的對於《春秋經》中"修舊"因素的凸顯,以及對孔子"作新"之義的淡化,在《左氏》學發展歷程中具有重要意義。

關鍵詞　經承史策　魯史策書　舊典禮經　孔子新意

一　"經承舊史"與"經承史策"之辨

"孔子作《春秋》"是《春秋》學中的傳統説法,其中包含了對於《春秋經》的來源、形成過程與性質的認識。西晉杜預撰作《春秋經傳集解》,對此問題有不同見解。杜預《春秋左氏傳序》曰:"《春秋》者,魯史記之名也。……周禮有史官,掌邦國四方之事,達四方之志,諸侯亦各有國史,大事書之於策,小事簡牘而已。……周德既衰,官失其守,上之人不能使《春秋》昭明,赴告策書,諸所記注,多違舊章。仲尼因魯史策書成文,考其真僞,而志其典禮,上以遵周公之遺制,下以明將來之法。其教之所存,文之所害,則刊而正之,以示勸戒。其餘則皆即用舊史,史有文質,辭有詳略,不必改也。"①其

① 杜預注,孔穎達疏:《阮刻春秋左傳注疏》卷一,杭州:浙江大學出版社,2015年,第22、28、35—38頁。又,關於《序》名,《正義》曰:"此序題目文多不同,或云《春秋序》,或云《左氏傳序》,或云《春秋經傳集解序》,或云《春秋左氏傳序》。案晉宋古本及今定本並云《春秋左氏傳序》,今依用之。"程元敏認爲序名當作《春秋左氏經傳集解序》,本文姑從《正義》之説,稱作《春秋左氏傳序》。分别參見《阮刻春秋左傳注疏》卷一,第19頁;程元敏:《春秋左氏經傳集解序疏證》,臺北:學生書局,1991年,第12頁。

中,"《春秋》者,魯史記之名也",開宗明義地點出《春秋經》與"魯史記"的原初關聯;而"仲尼因魯史策書成文",或"刊而正之",或"即用舊史",則指明孔子據"魯史策書"以成《春秋》的具體做法。[①] 這是杜預相較於前人的一種新的學説。

杜預此説對後世影響很大,沈玉成、劉寧《春秋左傳學史稿》指出:"後世的《春秋》《左傳》學家大多接受了這一看法並逐漸作了更完善的論證。"[②]清儒孔廣森、皮錫瑞將杜預此説概括爲"經承舊史"四字,[③]逐漸被廣泛接受。當代學者在論述杜預對於《春秋經》性質的認識,尤其是要顯示杜預與漢儒在這一方面的差異時,常承用此一表述。[④] 然而,以"經承舊史"概括杜預的相關學説,似乎不能與實際情況完全契合。在《春秋左氏傳序》中,杜預明確提出了"魯史策書"的説法,認爲這是孔子修《春秋》所依據的原始文獻,而魯史策書(或史策、策書等)作爲杜預《左氏》學中一個特定而核心的概念,並不等同於寬泛的"舊史",在探討杜預相關學説時使用"經承舊史"的表述,會使關鍵問題變得模糊。首先,《孟子》《公羊傳》及《史記》中,均提到了孔子修《春秋》所依據的原始文獻:

《孟子・離婁下》:"晉之《乘》,楚之《檮杌》,魯之《春秋》,一也。其事則齊桓

---

① 關於"策書"與《春秋》,過常寶深入考察了祭告制度、史官書策在商、周時期巫史傳統和禮樂秩序中的文化功能、表述形態和祭告儀式,認爲"策"是《春秋》的原初形態,《春秋》之名來自於魯國四時常祭之名:"原始《春秋》是以'策'的形態存在的,源於魯國史官告廟或諸侯國史官'來告',而'告'則與古已有之的祭告儀式相關,祭告内容須經史官事先書策,成爲'歲典',於四時常祭集中告廟。"參見過常寶:《祭告制度與〈春秋〉的生成》,《文學遺産》2017 年第 3 期,第 18 頁。

② 沈玉成,劉寧:《春秋左傳學史稿》,南京:江蘇古籍出版社,1992 年,第 140 頁。

③ 孔廣森《春秋公羊經傳通義叙》曰:"杜預始變亂貫、服古訓,以爲經承舊史,史承赴告。"(孔廣森:《春秋公羊經傳通義》,上海:上海古籍出版社,2014 年,第 724 頁。)皮錫瑞諸作多有"經承舊史"之語,如《經學通論・春秋》:"若如杜預經承舊史、史承赴告之説。"(皮錫瑞:《經學通論》,《皮錫瑞全集》(6),北京:中華書局,2015 年,第 495 頁。)《經學歷史》:"信《左氏》家經承舊史、史承赴告之説,是《春秋》如朝報矣。"(皮錫瑞:《經學歷史》,《皮錫瑞全集》(6),第 77 頁。)《左傳淺説》:"説《左氏》者每云經承舊史。"(皮錫瑞:《左傳淺説》卷下,《皮錫瑞全集》(5),第 453 頁。)

④ 較有代表性的,如趙伯雄《春秋學史》:"杜預對《春秋》的總的看法,是認爲《春秋》基本上是魯史舊文。""孔子所做的工作,主要有這麼兩點:一是'因魯史策書成文,考其真僞,而志其典禮';一是'其教之所存,文之所害,則刊而正之,以示勸戒'。所謂'刊而正之',就是改變史策原文的記事方法,使之合乎通則,也就是合於'例'。除此之外,'其餘則皆即用舊史',也就是大量照搬魯史舊文。……這就是杜預的'經承舊史'説。"(趙伯雄:《春秋學史》,濟南:山東教育出版社,2014 年,第 210—211 頁。)方韜《杜預〈春秋經傳集解〉研究》將杜預此説總結爲"孔子《春秋》的主體爲舊史遺文,换言之,《春秋》等同於'史',清儒皮錫瑞稱杜預此論爲'經承舊史'",且指出"杜預'經承舊史'説有兩層次:首先,杜氏認爲孔子《春秋》據魯史修訂而來,實質上視《春秋》爲史,與漢儒之《春秋》觀劃清了溝塍;其次,從史料來源上,《春秋》記大事多據史策,《左傳》兼及傳聞故用簡牘,因此《左傳》可解釋《春秋》,但兩者絶非一一對應。由此構成了獨立於《公羊》《穀梁》的左氏解經理論"。(方韜:《杜預〈春秋經傳集解〉研究》,第 162、168—169 頁。)諸如此類,在論及杜預的相關學説時,均使用了"經承舊史"一詞。

晉文,其文則史,孔子曰:‘其義則丘竊取之矣。’”[①]

《公羊傳·莊公七年》:“不修《春秋》曰:‘雨星不及地尺而復。’君子修之曰:‘星賈如雨。’”何休曰:“不修《春秋》謂史記也,古者謂史記爲《春秋》。”[②]

《史記·孔子世家》:“子曰:‘弗乎弗乎,君子病没世而名不稱焉。吾道不行矣,吾何以自見於後世哉?’乃因史記作《春秋》。”[③]

孔子作《春秋》的原始文獻依據,《孟子》曰“魯之《春秋》”,《史記》曰“史記”,《公羊傳》則有“不修《春秋》”的説法,而何休認爲此“不修《春秋》”亦即“史記”。這些文獻均可稱爲“舊史”,其具體内容所指或有不同,但相對而言,它們與杜預學説中的“魯史策書”在内容上有更爲顯著的差異。在杜預的學説中,史策是與凡例、周公舊典禮經緊密關聯的義項,上承周公,而下啓孔子,並最終決定了對於《春秋經》的性質認定與解説路徑,是杜預《左氏》學中的核心概念之一;其内容大體可據《左傳》中的相關文字進行推定,而與先儒認識中孔子修《春秋》所依據的“舊史”有疏密詳略之不同。

其次,杜預有史官記事“大事書之於策,小事簡牘而已”[④]之説,以爲“此蓋周禮之舊制”。[⑤]策書、簡牘同爲魯國史官所記,内容又有大事、小事之分,而“仲尼修《春秋》,皆承策爲經;丘明之傳,博采衆記”,[⑥]策書與簡牘的關聯與差異指向並最終確立了《左氏》經傳同源互補、同時又有等級高下之分的關係結構。杜預明言“孔子修《春秋》,皆承策爲經”,成公十四年傳“《春秋》之稱,微而顯,志而晦,……非聖人,誰能修之”,杜注曰:“修史策成此五者”。[⑦]就杜預學説内部而論,史策與《春秋經》綁定在一起,有其特定所指;而舊史是相對泛化的稱謂,它在直觀上兼及記載大事之策與記載小事之簡牘,包含史策,而不等同於史策。事實上,當杜預從溯源的角度對《春秋經》的文字内容進行解説時,對於“史策”的使用佔絶對優勢。據筆者統計,“舊史”在杜注中

---

① 焦循:《孟子正義》卷一六《離婁章句下》,北京:中華書局,1987年,第574頁。

② 何休解詁,徐彦疏:《春秋公羊注疏》卷六,臺北:藝文印書館影印阮刻本,1979年,第81頁上。

③ 司馬遷撰,裴駰集解,司馬貞索隱,張守節正義:《史記》卷四七《孔子世家第十七》,北京:中華書局,2013年,第2340頁。

④ 杜預注,孔穎達疏:《阮刻春秋左傳注疏》卷一,第30頁。

⑤ 隱公十一年傳“凡諸侯有命”杜注,《阮刻春秋左傳注疏》卷四,第322頁。

⑥ 隱公七年傳“謂之禮經”杜注,《阮刻春秋左傳注疏》卷四,第281頁。“大事書之於策,小事簡牘而已”是杜預《左氏》學中的重要命題,對此筆者擬另撰文討論。

⑦ 杜預注,孔穎達疏:《阮刻春秋左傳注疏》卷二七,第1836頁。

只出現了五次,遠不及史策的使用頻次,[①]並且就其具體語境而論,"舊史"的實際所指往往仍是史策,使用"舊史"一詞,更多是爲了强調《春秋經》對於史策舊文的承繼。比較典型的例證,如《春秋左氏傳序》説:"仲尼因魯史策書成文,……刊而正之,以示勸戒,其餘則皆即用舊史。"[②]細審前後文意,此"舊史"無疑是指魯史策書。又如,莊公二十五年《春秋經》"公子友如陳",杜注曰:"稱公子者,史策之通言。母弟至親,異於他臣,其相殺害,則稱弟以示義;至於嘉好之事,兄弟篤睦,非例所興,或稱弟,或稱公子,仍舊史之文也。"[③]首句已明言"史策",則其後的"仍舊史之文",自然是指因承舊有史策之文。以上二例均是在史策的語境統攝下使用了舊史一詞,舊史的實際所指仍是史策,只不過相對突出了"舊"的含義。

總之,不論是著眼於杜預學説本身,還是杜預與先儒的學説差異,"史策"均不便替代以"舊史"一詞。以往的研究使用"經承舊史"的表述,在具體論述中,對於史策、舊史似未有明確而嚴格的區分。[④] 考慮到"舊史"一詞可能産生的混淆,本文不再沿用"經承舊史"之説,而是突出"策"字,將杜預的相關學説概括爲"經承史策"。再具體地講,可以説,杜預在"經傳集解"的體例下,[⑤]通過《左傳》中相關内容與《春秋》經文

---

① 杜注中表示"史策"之義,具有多種文字形式。有直言"史策"的,如隱公十一年經"公薨",杜注:"實弑,書薨,又不地者,史策所諱也。"(《阮刻春秋左傳注疏》卷四,第308頁。)有言"史……策"的,如隱公元年傳"不書即位,攝也",杜注:"假攝君政,不修即位之禮,故史不書於策,傳所以見異於常。"(《阮刻春秋左傳注疏》卷二,第132頁。)有言"史之策書"的,如隱公元年傳"費伯帥師城郎,不書,非公命也",杜注:"傳曰,君舉必書,然則史之策書皆君命也,今不書於經,亦因史之舊法。"(《阮刻春秋左傳注疏》卷二,第135頁。)有言"諸侯之策"的,如襄公十四年經"衛侯出奔齊",杜注:"諸侯之策書孫、甯逐衛侯,《春秋》以其自取奔亡之禍,以諸侯失國者,皆不書逐君之賊也。"(《阮刻春秋左傳注疏》卷三十二,第2196頁。)其他更多的情況,文繁不録。由於表述形式多樣,故不易統計其確切數目,但可以肯定,杜注中對於"史策"及其同義表述的使用遠多於"舊史"。

② 杜預注,孔穎達疏:《阮刻春秋左傳注疏》卷一,第36—37頁。

③ 杜預注,孔穎達疏:《阮刻春秋左傳注疏》卷一〇,第683—684頁。

④ 如上文所引趙伯雄《春秋學史》,"魯史舊文"與"魯史策書""史策"並舉。方韜在相關論著中使用了"史策"一詞,如"杜氏以爲,《春秋》本是魯史策書",且對"魯國史策的來源"有所討論,但作者同時也採取了較爲寬泛的表述,比如"孔子《春秋》據魯《春秋》修訂","孔子《春秋》的主體爲舊史遺文","《春秋》源自魯史記"。謝明憲有孔子"承策爲經"之説,但似乎没有進一步展開論述。分别參見方韜:《杜預〈春秋經傳集解〉研究》,第166、161、162、167頁;謝明憲:《"經傳集解"的形成——杜預春秋左氏學析論》,臺灣南華大學碩士論文,2002年,第238頁。

⑤ 杜預《春秋左氏傳序》曰:"分經之年與傳之年相附,比其義類,各隨而解之,名曰'經傳集解'。"《正義》曰:"丘明作傳,不敢與聖言相亂,故與經别行。……杜分年相附,别其經傳,聚集而解之。杜言'集解',謂聚集經傳爲之作解,何晏《論語集解》乃聚集諸家義理以解《論語》,言同而意異也。"(《阮刻春秋左傳注疏》卷一,第60頁。)方韜也認爲"杜預《集解》主旨不在集前人之善注,……《集解》實爲集合經傳作解"。(方韜:《杜預〈春秋經傳集解〉研究》,第69—70頁。)"經傳集解"主要取"聚集經傳爲之作解"之義,其爲杜預《左氏》學成立與展開的重要體例與形式基礎,對此筆者擬另撰文討論。

的相互發明，使孔子修《春秋》所依據的原始文獻“魯史策書”能够在《春秋經》的文字中得以落實，在此基礎上，形成對於《春秋經》的一種新的解説路徑，支撑起《春秋經傳集解》的具體内容。這樣一種整體的學説安排可稱爲“經承史策”。“經承史策”是杜預《春秋經傳集解》成立與展開的基礎之一，下文將嘗試探討杜預“經承史策”説的形成過程，及其在《春秋經傳集解》中的具體表現與實際作用。

二 從“作新”到“修舊”

孔子“作《春秋》”，是《孟子》以及漢代《春秋》學中的普遍説法，如：

> 《孟子·滕文公下》：“世衰道微，邪説暴行有作，臣弑其君者有之，子弑其父者有之，孔子懼，作《春秋》。《春秋》，天子之事也。是故孔子曰：‘知我者其惟《春秋》乎，罪我者其惟《春秋》乎？’”①
>
> 孔舒元本《公羊傳》：“十有四年春，西狩獲麟。……孰爲而至？爲孔子之作《春秋》。”②
>
> 服虔曰：“夫子以哀十一年自衛反魯而作《春秋》，約之以禮，故有麟應而至。”③

對此，今文、古文家的意見没有根本分歧，劉師培指出：“夫漢師説經，學靡今古，概云孔作《春秋》。”④孔子作《春秋》，其中的“作”字，並不意味着孔子《春秋》不參考任何舊有文獻。顯然，前述《孟子》《公羊傳》《史記》中，均提及孔子作《春秋》實有舊史文獻依據，皮錫瑞也認爲：“孔子作《春秋》，非可憑空結撰，其承舊史是應有之事。”⑤但《春秋》既成，則爲孔子之經，寓孔子之義，與舊史即有根本上的不同。故而“作《春秋》”説的關鍵，不在於孔子《春秋》是否有舊史文獻依據，而在於《春秋》所具有的“作新”之義。僅就《左氏》學内部而論，《左氏》先儒以及漢代傾向於《左氏》學立場的相關文獻對孔子作新之義的强調也非常明顯，如《論衡·超奇篇》：“孔子得史記以作《春秋》。及其立義創意，褒貶賞誅，不復因史記者，眇思自出於胸中也。”⑥賈逵也説：“孔子覽史

---

① 焦循：《孟子正義》卷十三《滕文公章句下》，第 452 頁。

② 《春秋左氏傳序》“或曰《春秋》之作”下《正義》所引，《阮刻春秋左傳注疏》卷一，第 62 頁。

③ 《春秋左氏傳序》“先儒以爲制作三年”下《正義》所引，《阮刻春秋左傳注疏》卷一，第 72 頁。

④ 劉師培：《〈春秋左氏傳〉古例詮微·崇經篇第一》，《劉申叔先生遺書》(1)，臺北：大新書局，1965 年，第 389 頁上。

⑤ 皮錫瑞：《經學通論·春秋》，《皮錫瑞全集》(6)，第 588 頁。

⑥ 王充撰，黄暉校釋：《論衡校釋》卷一三《超奇篇》，北京：中華書局，1990 年，第 606 頁。

記,就是非之説,立素王之法。"[①]均承認孔子作《春秋》有其原始文獻依據"史記",但最終強調的則是孔子"眇思自出於胸中""立素王之法"的"作新"之義。[②] 劉師培對此有總括性的説明:"《春秋》名一書二,前史後經。史出魯臣所録,經爲孔子所修。"又曰:"條蕞衆文,剟定撝損,上下比義,俾即檃括,僉出孔裁,即非史舊。"又以形象的比喻説明孔子《春秋》與原始文獻"史記"的區別:"是猶璧出於石,璧玉殊珍。冰凝于水,水冰貿性也。"又曰:"述而不作,弟屬禮樂詩書,弗晐《春秋》爲通例也。"[③]

在劉歆"引傳文以解經,轉相發明"[④]之後,東漢時期的《左氏》學者不斷完善《左氏》學立場上的《春秋》經説,發明《春秋》"作新"之義。雖然孔子修《春秋》所依據的"史記"不可確知,不能在明白而確切的新舊對比中得知孔子筆削之處,据以解説《春秋》;但《左傳》作爲《春秋》之傳,往往能够提供孔子筆削舊史以成《春秋》的綫索,即劉師培所言《左傳》"事因史記而恉主闡經","傳有經無,所以明刊削而昭簡擇"是也。[⑤] 换言之,《左氏》先儒認爲從《左傳》到《春秋經》的變化,頗能顯示孔子對於舊史之文的筆削與藴含其中的大義,而先儒也的確就此對《春秋》經義加以發明。比如昭公元年經:"三月,取鄆。"昭公元年傳:"季武子伐莒,取鄆。"傳文既言伐莒,又言取鄆,而經文僅有取鄆之事。在先儒看來,多出的内容,是傳文欲以表明孔子對舊史有所刊削,而刊削之中即有大義存焉。經文"取鄆"之下,《正義》曰:"賈逵云,楚以伐莒來討,故諱伐不諱取。"[⑥]即是以《左傳》與《春秋經》的内容差異作爲立論基礎,認爲其中體現出孔子對於舊史的筆削,寓有"諱伐不諱取"之義。又如,莊公二十九年經:"春,新延廄。"莊公二十九年傳:"春,新作延廄,書不時也。"傳言"新作",而經僅言"新",兩者内容存在差異,先儒同樣認爲,傳文在此是要表明孔子對舊史有筆削示義。經"新

---

① 《春秋左氏傳序》"或曰《春秋》之作"下《正義》所引,《阮刻春秋左傳注疏》卷一,第62頁。

② 就前一句而論,可稱爲"修《春秋》";就後一句而論,可稱爲"作《春秋》"。對孔子《春秋》而言,"作"與"修"的表述並非判然相對,比如《公羊傳》有"不修《春秋》"之語,明確使用了修字,但《公羊》學對於孔子微言大義的發明無疑是屬於"作新"層面的内容。李威熊《中國經學發展史論》認爲:"《史記》稱孔子'因魯史記作《春秋》',與《論語・述而篇》稱孔子'述而不作',並不相矛盾,如就《春秋經》資料的整理上説,它是據魯史的'述';但經孔子整理後的《春秋經》,則具有微言大義在,這是孔子所獨創,與魯史《春秋》已大不相同,因此從經義上説是孔子'作',亦無不可。"張素卿《叙事與解釋——〈左傳〉經解研究》認爲:"蓋所謂'作'《春秋》,必不能毫無憑藉,憑藉舊史而加損焉,則'作'亦即是'修';雖是'修'舊史而成,筆削裁正,寄託大義,則'修'亦'作'也。"分别參見李威熊:《中國經學發展史論》,臺北:文史哲出版社,1988年,第76—77頁;張素卿:《叙事與解釋——〈左傳〉經解研究》,臺北:花木蘭文化出版社,2008年,第31頁註2。

③ 劉師培:《〈春秋左氏傳〉古例詮微・崇經篇第一》,《劉申叔先生遺書》(1),第389頁。

④ 班固撰,顔師古注:《漢書》卷三六《楚元王傳》附《劉歆傳》,第1967頁。

⑤ 劉師培:《〈春秋左氏傳〉古例詮微・明傳篇第三》,《劉申叔先生遺書》(1),第390頁上。

⑥ 杜預注,孔穎達疏:《阮刻春秋左傳注疏》卷四一,第2747頁。

延廏"下《正義》曰:"劉、賈云,言新有故木,言作有新木,言廏不書作,所用之木非公命也。"[①]此例中,劉歆、賈逵亦是著眼於《左傳》與《春秋經》的内容差異,認爲其中體現着孔子的筆削之舉,並對《春秋》經義有所發明。

由於存有《春秋經》"錯文見義"的認識,[②]《左氏》先儒也從經文同類條目的差異中發明孔子《春秋》之義。如桓公十七年經"葬蔡桓侯",一般而言,《春秋》中對於諸侯葬事,均記爲"葬某某公",而此處稱侯,表述有别,其中應該有所寓意。《左傳》對此未加説明,先儒則有解釋。經"葬蔡桓侯"下《正義》引《春秋釋例》曰:"劉、賈、許曰,桓卒而季歸,無臣子之辭也。"[③]劉歆、賈逵、許淑認爲,孔子在此變公言侯,是要表達"無臣子"之義。又如,成公八年經:"秋七月,天子使召伯來賜公命。"《正義》引賈逵之説,曰:"諸夏稱天王,畿内曰王,夷狄曰天子。王使榮叔歸含且賵,以恩深加禮妾母,恩同畿内,故稱王。成公八年乃得賜命,與夷狄同,故稱天子。"[④]其中所言榮叔之事爲文公五年經文:"春,王正月,王使榮叔歸含,且賵。"[⑤]賈逵此説《左傳》無文,但由於《春秋經》於周王之稱有天王、王、天子三種,孔子既有此特筆,應該有所寓意,故而賈逵有相應的經義發明。由此可見,在《左氏》先儒的學説中,《左傳》與《春秋經》以及《春秋經》不同條目之間的變化,均有可能體現着孔子對於舊史文獻的筆削示義。换一個角度,若以實際可見的《春秋經》的文字爲基礎,根據先儒的説解反推孔子修《春秋》所依據的"舊史"文獻,二者之間的差異程度是相當大的。

杜預上承先儒之説,同樣認爲孔子修《春秋》有其原始文獻依據。《春秋左氏傳序》開篇即曰:"《春秋》者,魯史記之名也。"[⑥]意指孔子《春秋》與"魯史記"的因承關係,這與先儒的説法尚無明顯分歧。但杜預隨即又指出,孔子修《春秋》所依據的原始文獻爲"魯史策書"。"魯史策書"與"魯史記"在名稱上較爲相似,但若配合以杜預的相關學説,則實際所指並不相同。杜預在《春秋左氏傳序》中,從與先儒未有明顯分歧的"魯史記"出發,逐步提出"魯史策書"之説:

(1)《春秋》者,魯史記之名也。

(2)周禮有史官,……諸侯亦各有國史,大事書之於策,小事簡牘而已。《孟子》曰,楚謂之《梼杌》,晉謂之《乘》,而魯謂之《春秋》,其實一也。

---

① 杜預注,孔穎達疏:《阮刻春秋左傳注疏》卷一〇,第702頁。
② 杜預注,孔穎達疏:《阮刻春秋左傳注疏》卷一,第54頁。
③ 杜預注,孔穎達疏:《阮刻春秋左傳注疏》卷七,第507頁。
④ 杜預注,孔穎達疏:《阮刻春秋左傳注疏》卷二六,第1754—1755頁。
⑤ 杜預注,孔穎達疏:《阮刻春秋左傳注疏》卷一九上,第1227頁。
⑥ 杜預注,孔穎達疏:《阮刻春秋左傳注疏》卷一,第22頁。

(3)韓宣子適魯,見《易象》與《魯春秋》。

(4)仲尼因魯史策書成文,考其真僞,而志其典禮,……其教之所存,文之所害,則刊而正之,以示勸戒。其餘則皆即用舊史,史有文質,辭有詳略,不必改也。[①]

從上述摘録的《序》文來看,杜預先後提出了"魯史記""魯謂之《春秋》""《魯春秋》"與"魯史策書"的説法,其中"魯史記"以及《孟子》所言"魯謂之《春秋》",與先儒學説中孔子據以修《春秋》的"舊史"仍基本類同,不過在杜預的學説中,此舊史進一步又有"大事書之於策,小事簡牘而已"的區分。至《序》文言及韓宣子所見"《魯春秋》",則是一個關鍵的轉變。《魯春秋》與《孟子》所言"魯謂之《春秋》"在表述上極其接近,但在杜預的學説中,其具體所指已非先儒學説中的"舊史"或"史記",而是等同於記載大事的"魯史策書"。昭公二年傳"韓宣子來聘,……觀書於大史氏,見《易象》與《魯春秋》",杜注即曰:"《魯春秋》,史記之策書。"[②]經過《序》文的上述過渡與轉换,"魯史策書"作爲孔子修《春秋》所依據的原始文獻即被正式推出。更爲關鍵的是,在杜預的學説中,孔子對於魯史策書的筆削寓意之處被《左傳》中的"變例"所限定(具體論述見後文),具有較爲清晰的邊界範圍;而在釐清並剔除孔子的筆削寓意之文後,一部完整的、獨立存在的魯史策書則從《春秋經》中浮現出來,具有切實可見的内容。可以説,杜預的"魯史策書"相較於先儒的"史記",其文字内容與《春秋經》更爲接近,這也就意味着孔子的筆削示義之處減少了。因此,杜預雖仍强調《春秋》爲"仲尼之書",[③]但孔子的筆削之義既已縮減,則杜預之學對於《春秋經》的關注重點已悄然從作新之"新"轉移到了修舊之"舊"上。

在先儒的認識中,《左傳》與《春秋經》以及《春秋經》不同條目之間的差異,均有可能體現着孔子的筆削之文與筆削之義。然而根據杜預之學的思理過程,在《左傳》與《春秋》之間,尚有"魯史策書"一環——《左傳》在很大程度上呈現着當日事件的真實情形,[④]從《左傳》到魯史策書的變化,是魯國史官的書寫活動所致;從魯史策書到

---

① 杜預注,孔穎達疏:《阮刻春秋左傳注疏》卷一,第22、28—33、36—37頁。

② 杜預注,孔穎達疏:《阮刻春秋左傳注疏》卷四二,第2831—2832頁。

③ 杜預著,徐淵整理:《春秋釋例》卷一五《終篇第四十六》,北京:中國社會科學出版社,2021年,第888頁。

④ 此處涉及《左傳》的文獻依據。杜預認爲,史官記事"大事書之於策,小事簡牘而已"。隱公七年傳"謂之禮經",杜注曰:"仲尼修《春秋》,皆承策爲經。丘明之傳,博采衆記。"(《阮刻春秋左傳注疏》卷四,第281頁。)隱公元年傳"有蜚",杜注曰:"傳之所據,非唯史策,兼采簡牘之記。"(《阮刻春秋左傳注疏》卷二,第155頁。)是言《春秋經》據策書成文,《左傳》則兼采策書、簡牘,並載大事、小事,故而是對當日事件較爲全面的呈現。

《春秋經》的改變,才是孔子的筆削示義之文。至於《春秋經》中不同條目之間的差異,同樣應該以《左傳》中是否存在特定説解爲依據,將其置於孔子筆削或是魯史策書書寫的不同環節中去理解。由於杜預的《春秋經》實際上包含兩重不同性質的内容,故而在以傳解經的模式下,《左傳》中的説解之語也相應被區分爲兩類,分别與《春秋經》中兩個層次的内容相對應,這就是杜預的凡例、變例之説。《春秋左氏傳序》曰:

> 仲尼因魯史策書成文,……其教之所存,文之所害,則刊而正之,以示勸戒。
>
> 左丘明受經於仲尼,……諸稱書、不書、先書、故書、不言、不稱、書曰之類,皆所以起新舊,發大義,謂之變例。……此蓋《春秋》新意。①

這是説孔子對於魯史策書進行筆削寓意之處,《左傳》即以書、不書、先書、故書、不言、不稱、書曰等詞進行標識,是爲"變例",代表着《春秋》新意。而《左傳》中的凡例則體現着魯國史官將當日之事載於魯史策書時,在理想狀況下所應遵循的書寫原則,即《春秋左氏傳序》所言:

> 其發凡以言例,皆經國之常制,周公之垂法,史書之舊章。②

《正義》曰:"先儒説《春秋》者多矣,皆云丘明以意作傳,説仲尼之經,凡與不凡無新舊之例。"又曰:"自杜以前不知有新舊之異。"③杜預與先儒立異,專門區分出凡例、變例,即與"經承史策"之説變改了對於《春秋經》的認識模式有關。

在杜預經承史策説下,當著眼於《左傳》到《春秋經》的内容變化以及《春秋經》不同條目之間的差異時,如果不存在相應的變例説解,則與孔子"作新"無關,而應在魯史策書書寫的環節中去考慮。《左氏》先儒從經、傳以及經文不同條目間的差異中發明孔子"作新"之義,前文已舉例説明,下面仍就同例加以討論,藉以展示杜預與先儒解經模式的區别。昭公元年經:"三月,取鄆。"傳:"季武子伐莒,取鄆。"其中"季武子伐莒"之事,經文未加記載,此處《左傳》與《春秋經》的差異,賈逵以爲寓有孔子"諱伐不諱取"之義。但在杜預看來,由於傳文不存在與此相關的變例,則傳文到經文的變化與孔子新意無關,而是魯國史官史策書寫的自然結果。杜預傳注曰:"兵未加莒而鄆服,故書'取'而不言'伐'。"④認爲兵未加莒,事實上不構成伐,故而魯史策書不載"伐"事,而是依據"凡書'取',言易也"的書寫規則,⑤記爲"取";經承史策,亦不載伐

① 杜預注,孔穎達疏:《阮刻春秋左傳注疏》卷一,第 36—37、39、46—47 頁。
② 杜預注,孔穎達疏:《阮刻春秋左傳注疏》卷一,第 42 頁。
③ 杜預注,孔穎達疏:《阮刻春秋左傳注疏》卷一,第 42、46 頁。
④ 杜預注,孔穎達疏:《阮刻春秋左傳注疏》卷四一,第 2759 頁。
⑤ 杜預注,孔穎達疏:《阮刻春秋左傳注疏》卷三二,第 2185 頁。

莒之事,而曰"取鄆"。又如成公八年經:"秋七月,天子使召伯來賜公命。"在《春秋經》的不同條目中,周王一共有王、天王、天子三種稱號,賈逵以爲其間有畿内、諸夏、夷狄之别,且有大義存焉。但在杜預的學説中,《左傳》並未有相應的變例對此進行解釋,因此王、天子、天王之稱與孔子新意無關,而是魯史策書本來應有的内容,故而成公八年經注曰:"天子、天王,王者之通稱。"①以上兩例表明,在先儒對孔子《春秋》"作新"之義有所發明之處,杜預往往以不存在相關的變例爲據,將其置於魯史策書書寫的環節中去理解,這體現出在經承史策之説下,從先儒"作新"到杜預"修舊"的轉變。

杜預的經承史策之説,使《春秋經》的内容呈現爲性質不同的兩層,分别係屬於魯史策書書寫與孔子筆削示義的環節,因而在以傳解經的做法下,形成從《左傳》到魯史策書、再到《春秋經》的理解進路。這樣一種分層、分步的理解模式是《春秋經傳集解》尤其是其中經注部分展開的基本框架與依據,故而經承史策之説,對於杜預的《左氏》學具有基礎性的支撑作用。

三　魯史書寫:從史事到史策之文

在杜預的《春秋經傳集解》中,從《左傳》所記録的事實情況到魯史策書理應呈現的具體文字,可以還原爲魯國史官依據一定的書寫規則,對事件進行甄選、記録的過程,并且杜預認爲,《左傳》中的凡例是對此書寫規則的重要表述,即《春秋左氏傳序》所言:"其發凡以言例,皆經國之常制,周公之垂法,史書之舊章。"②不過,魯史策書書寫規則並不限於《左傳》中凡例的範圍,《春秋左氏傳序》"其發凡以言例"一段,《正義》曰:"據經有例,於傳無凡多矣。《釋例》四十部,無凡者十五。然則周公之立凡例,非徒五十而已,蓋作傳之時已有遺落,丘明采而不得故也。"③因此,魯史策書的書寫規則,除了凡例所呈現的豐富内容之外,尚有通過經傳總結或其他途徑而得者,它們共同爲杜預在魯史策書書寫環節解説《春秋經》提供了依據。

總體而言,杜預認爲魯史策書記録當日之事,對他國之事、魯國之事有不同處理,下面分别討論。

---

① 杜預注,孔穎達疏:《阮刻春秋左傳注疏》卷二六,第1754頁。

② 杜預提出"凡例"説的依據以及《左傳》中"五十凡"的具體情況,涉及問題較爲複雜,此處未能展開。相關討論可參看晁岳佩:《杜預"禮經"説駁議》,《山東師範大學學報(人文社會科學版)》1996年第2期,第39—43頁;方韜:《杜預"周公作凡例"説探微》,《中國文化研究》2011年第2期,第100—106頁;方韜:《再論〈左傳〉"五十凡"》,《中國經學》2019年第25輯,第203—218頁。

③ 杜預注,孔穎達疏:《阮刻春秋左傳注疏》卷一,第43頁。

(一)魯史策書對他國之事的記載

他國之事從發生到載於魯史策書,首先要經過"赴告"的環節。有所赴告於魯,才有書於魯史策書的可能,這一點在《左傳》中有多處體現,亦涉及多方面的内容,如:

> 隱公十一年傳:"冬十月,鄭伯以虢師伐宋,壬戌,大敗宋師,以報其入鄭也。宋不告命,故不書。凡諸侯有命,告則書,不然則否。師出臧否亦如之,雖及滅國,滅不告敗,勝不告克,不書于策。"杜注:"命者,國之大事政令也,承其告辭,史乃書之於策。若所傳聞行言,非將君命,則記在簡牘而已,不得記於典策,此蓋周禮之舊制。"①
>
> 文公十四年傳:"春,頃王崩,周公閱與王孫蘇争政,故不赴。凡崩薨不赴則不書,禍福不告亦不書。"杜注:"奔亡,禍也。歸復,福也。"②
>
> 僖公五年經:"春,晉侯殺其世子申生。"僖公五年傳:"晉侯使以殺大子申生之故來告。"杜注:"釋經必須告乃書。"③
>
> 宣公十四年經:"春,衛殺其大夫孔達。"宣公十四年傳:"春,孔達縊而死,衛人以説于晉而免。遂告于諸侯曰:'寡君有不令之臣達,構我敝邑于大國,既伏其罪矣,敢告。'"杜注:"諸殺大夫亦皆告。"④

根據杜預的解説,以上數則傳文均顯示了他國之事經過赴告才可書於魯史策書,涉及國之大事政令、諸侯之崩薨、奔亡、歸復、殺世子、殺大夫等多方面的内容,可見赴告是他國之事能否書於魯史策書的決定性條件。⑤ 除了赴告以外,他國之事能否載於魯史策書,尚有其他一些判斷標準。如上述隱公十一年杜注所言"傳聞行言,非將君命",則"不得記於典策",表明他國所赴之事亦須"將君命",才可載於魯史策書。又如,桓公九年傳:"凡諸侯之女行,唯王后書。"杜注:"爲書婦人行例也。適諸侯,雖告魯猶不書。"⑥表明魯史策書對於諸侯嫁女之事的記載,除了赴告的因素,亦須慮及諸侯之女是否爲王后。

他國之事既已赴告於魯,且未有其他書寫規則的限制,即可書於魯國史策。對於其中的關鍵信息,一般應遵循承告而書的原則,這在《左傳》中亦有多處體現。僖公二

---

① 杜預注,孔穎達疏:《阮刻春秋左傳注疏》卷四,第 322 頁。

② 杜預注,孔穎達疏:《阮刻春秋左傳注疏》卷一九下,第 1321 頁。

③ 杜預注,孔穎達疏:《阮刻春秋左傳注疏》卷一二,第 805、812 頁。

④ 杜預注,孔穎達疏:《阮刻春秋左傳注疏》卷二四,第 1597 頁。

⑤ 方韜將《春秋經傳集解》中杜預以"不告不書"進行解釋的事件總結爲 13 類 25 事,參見方韜:《杜預〈春秋經傳集解〉研究》,第 242—258 頁。

⑥ 杜預注,孔穎達疏:《阮刻春秋左傳注疏》卷七,第 470—471 頁。

十三年傳曰：

> 凡諸侯同盟，死則赴以名，禮也。（杜注：此凡又爲國史承告而書例。）赴以名則亦書之，（杜注：謂未同盟。）不然則否，（杜注：謂同盟而不以名告。）辟不敏也。（杜注：同盟然後告名，赴者之禮也。承赴然後書策，史官之制也。内外之宜不同，故傳重詳其義。）①

據傳文及杜注，同盟之國，國君之卒，理應以名告魯；若不告其名，則魯史承赴，亦不書其名。非同盟之國，國君之卒，不應以名告魯；若實又有告，則魯史承赴，亦書其名。杜預認爲，此條凡例體現了諸侯卒而魯史承告書名的做法，故注文推此及彼，認爲"此凡又爲國史承告而書例"，"承赴然後書策，史官之制"，明確提出"承告而書"作爲魯史策書的書寫規則。《春秋釋例・氏族例》也總結説："國之大事見告，則皆承告而書。"②與此相關，杜預亦指出《左氏》經傳中的不少印證性内容，如：

> 襄公七年經："鄭伯髡頑如會，未見諸侯。丙戌，卒于鄵。"經注："實爲子駟所弑，以瘧疾赴，故不書弑。"襄公七年傳："鄭僖公……將會于鄬，……及鄵，子駟使賊夜弑僖公，而以瘧疾赴于諸侯。"傳注："傳言經所以不書弑。"③
>
> 昭公元年經："冬，十有一月，己酉，楚子麇卒。"經注："楚以瘧疾赴，故不書弑。"昭公元年傳："冬，楚公子圍將聘于鄭，伍舉爲介，未出竟，聞王有疾而還，伍舉遂聘。十一月己酉，公子圍至，入問王疾，縊而弑之。……使赴于鄭，伍舉問應爲後之辭焉，對曰'寡大夫圍'，伍舉更之曰：'共王之子圍爲長。'"傳注："伍舉更赴辭使從禮，此告終稱嗣，不以篡弑赴諸侯。"④

襄公七年鄭僖公被弑，但鄭國以瘧疾赴告於諸侯，故魯史策書不書其弑。杜預經注曰："實爲子駟所弑，以瘧疾赴，故不書弑。"傳注曰："傳言經所以不書弑。"均指出經文乃從赴而書。雖然所言在經，而未明確提及魯史策書，但由於此處傳文未有變例，在杜預的學説中，這表明孔子在此對魯史策書之文未有筆削示義，故而經注、傳注所言經文從赴而書，實際上仍是魯史策書從赴而書的情況。昭公元年楚公子圍弑君之事亦類似，由於《左傳》中有伍舉更改赴辭的記載，杜預認爲這意味着"更赴辭使從禮，此告終稱嗣，不以篡弑赴諸侯"，且類比鄭僖公之事，認爲楚國同樣以瘧疾赴於諸侯，故而魯史

① 杜預注，孔穎達疏：《阮刻春秋左傳注疏》卷一五，第986頁。
② 杜預著，徐淵整理：《春秋釋例》卷二《氏族例第八》，第88頁。
③ 杜預注，孔穎達疏：《阮刻春秋左傳注疏》卷三〇，第2045、2053頁。
④ 杜預注，孔穎達疏：《阮刻春秋左傳注疏》卷四一，第2748、2801—2802頁。

策書不載楚子郟敖之弑，經承史策，亦不書其弑。據杜注，這兩處經傳文均可印證魯史策書從告而書的做法。[①] 又如：

桓公五年經："春，正月，甲戌，己丑，陳侯鮑卒。"經注："慎疑審事，故從赴兩書。"桓公五年傳："春正月，甲戌，己丑，陳侯鮑卒，再赴也。"[②]

成公元年經："秋，王師敗績于茅戎。"經注："書秋，從告。"成公元年傳："遂伐茅戎，三月癸未，敗績于徐吾氏。……秋，王人來告敗。"傳注："解經所以秋乃書。"[③]

桓公五年陳侯鮑卒，陳國兩次赴告於魯，所言時日不同，故魯史承赴書策，並列甲戌、己丑二日。杜預經注曰："慎疑審事，故從赴兩書。"成公元年三月，王師敗績，至秋乃告敗，故魯史策書記載此事不在三月，而在秋，經承史策，亦書在秋，故杜預傳注曰："解經所以秋乃書。"以上兩處經傳文，同樣可以印證魯史策書從告而書。雖然在少數情況下，杜預認爲魯史書寫也可能更改告辭，如隱公三年經："八月，庚辰，宋公和卒。……癸未，葬宋穆公。"杜注："始死書卒，史在國承赴，爲君故，惡其薨名，改赴書也。"[④]但從告而書仍是一般性原則。

"諱"的因素主要在魯史策書記載本國之事時發揮影響，此點後文再論。對於他國之事一般應從告而書，魯史並不具有主觀上的隱諱意圖。但若考慮到他國對於魯國的赴告之辭可能存有隱諱，則"諱"在一定程度上仍然影響着魯國史策對於他國之事的記述。昭公三年傳載晉大夫張趯言於鄭子大叔"晉將失諸侯"，子大叔以爲"張趯有知，其猶在君子之後"，杜注曰："譏其無隱諱。"[⑤]同年傳文又載齊晏嬰對晉叔向言齊侯失政，"國之諸市屨賤踊貴"，但傳文進而説："既已告於君，故與叔向語而稱之。"杜注曰："傳護晏子，令不與張趯同譏。"[⑥]據傳文所言二事及杜注，臣子對於國惡理應有所隱諱，故而杜預認爲，存在諱國惡而不以實情告魯的情況，如：

莊公二十二年經："陳人殺其公子御寇。"經注："陳人惡其殺太子之名，故不稱君父，以國討公子告。"

---

① 《春秋經傳集解》中以"從告"進行解説的具體事件類型，參見方韜：《杜預〈春秋經傳集解〉研究》，第 258—281 頁。

② 杜預注，孔穎達疏：《阮刻春秋左傳注疏》卷六，第 411、415 頁。

③ 杜預注，孔穎達疏：《阮刻春秋左傳注疏》卷二五，第 1656—1658 頁。

④ 杜預注，孔穎達疏：《阮刻春秋左傳注疏》卷三，第 195 頁。

⑤ 杜預注，孔穎達疏：《阮刻春秋左傳注疏》卷四二，第 2845 頁。

⑥ 杜預注，孔穎達疏：《阮刻春秋左傳注疏》卷四二，第 2850、2854 頁。

莊公二十二年傳:“陳人殺其大子御寇。”傳注:“傳稱太子,以實言。”①

此處經傳對御寇身份表述不同,杜預認爲御寇實爲太子,由於殺太子爲國之惡事,陳人諱之,而以國討公子告魯,故魯史策書承其告辭,記爲“陳人殺其公子御寇”。這表明,在杜預看來,他國諱國惡而變改告辭,的確會對魯史策書産生影響。

除了從告而書,魯史策書記載他國之事還遵循一定的語辭規則,如:

莊公二十九年傳:“夏,鄭人侵許。凡師,有鐘鼓曰伐,無曰侵,輕曰襲。”②

宣公十六年傳:“夏,成周宣榭火,人火之也。凡火,人火曰火,天火曰災。”③

宣公十八年傳:“秋,邾人戕鄫子于鄫。凡自内(從阮校補“内”字)虐其君曰弑,自外曰戕。”④

宣公四年傳:“凡弑君,稱君,君無道也;稱臣,臣之罪也。”⑤

出師之事,根據是否鳴鐘鼓聲討其罪,可有“伐”與“侵”的不同表述;若輕行而至,掩其不備,則稱爲“襲”。又如弑君之事,根據涉事雙方的是非曲直,可有“稱君”與“稱臣”的不同表述。這樣一些書寫規則是史官書寫的特定用語,不但具有約言示制、以簡御繁的效果,有時還直接帶有價值判斷的意味。對於這些體現魯史策書書寫規則的凡例,杜預有時也加以進一步説明,或澄清其文字意藴,或指明文字背後的理據。如上述弑君之例,“稱君”“稱臣”具體何指,杜注解釋説:“稱君,謂唯書君名而稱國以弑,言衆所共絶也。稱臣者,謂書弑者之名以示來世,終爲不義。”⑥又如國君被殺,曰“弑”,曰“戕”,之所以如此區分,杜注曰:“弑、戕皆殺也,所以别内外之名。弑者積微而起,所以相測量,非一朝一夕之漸。戕者卒暴之名。”⑦

更進一步,杜預有時也自行歸納魯史策書的書寫規則,構成對於凡例的補充。如“卿大夫再命以上書其名氏”,《左傳》中未有相關的凡例,這一書寫規則,是杜預根據《左氏》經傳内容總結而得。成公二年傳曰:“(晉)司馬、司空、輿帥、候正、亞旅皆受一命之服。”⑧晉國司空、亞旅之人,《春秋》皆不載其名氏,此爲一命而名氏不書於經之

① 杜預注,孔穎達疏:《阮刻春秋左傳注疏》卷九,第639—640頁。

② 杜預注,孔穎達疏:《阮刻春秋左傳注疏》卷一〇,第703—704頁。

③ 杜預注,孔穎達疏:《阮刻春秋左傳注疏》卷二四,第1622頁。

④ 杜預注,孔穎達疏:《阮刻春秋左傳注疏》卷二四,第1633頁。

⑤ 杜預注,孔穎達疏:《阮刻春秋左傳注疏》卷二一,第1456頁。

⑥ 杜預注,孔穎達疏:《阮刻春秋左傳注疏》卷二一,第1456頁。

⑦ 杜預注,孔穎達疏:《阮刻春秋左傳注疏》卷二四,第1633頁。

⑧ 杜預注,孔穎達疏:《阮刻春秋左傳注疏》卷二五,第1685頁。

例。昭公十二年傳曰:"叔孫昭子……三命踰父兄,非禮也。"[①]叔孫婼"三命踰父兄",則叔孫氏此前諸人並非三命。叔孫婼之父爲叔孫豹,《春秋》載其名氏,一命者名氏又不當見經,故而叔孫豹應爲再命,此爲再命而名氏見經之例。上述再命名氏見經、一命名氏不見經的情況,《左傳》未有針對性的變例,這表明如此書寫並非孔子特筆,而應視作魯國史官所爲。《春秋釋例·會盟朝聘例》曰:"魯之叔孫,父兄再命,而書于經;晉之司空、亞旅一命,而經不書。推此,知諸侯之卿大夫,再命以上,皆書于經。"[②]顯示了杜預從《左氏》經傳中歸納得出魯史策書書寫規則的思理過程。

以上大致總結了杜預學説中魯史策書記載他國之事的書寫規則,可以看出,"赴告"在其中的作用非常突出。

(二)魯史策書對魯國之事的記載

魯國史官身處其國,無需赴告便可知曉本國之事,故而相應的書寫規則與上文所論"他國之事"有明顯區别。首先,魯國之事是否書於魯史策書,以"公命"爲重要條件:

> 隱公元年傳:"夏四月,費伯帥師城郎,不書,非公命也。"杜注:"傳曰:'君舉必書。'然則史之策書皆君命也。今不書於經,亦因史之舊法,故傳釋之。諸魯事傳釋不書,他皆倣此。"[③]

費伯帥師城郎爲魯國之事,傳文曰"不書,非公命",杜注解釋説"史之策書皆君命",明確表示"公命"是魯國之事是否書於魯史策書的判斷標準。但傳文又有"不書"一詞,在杜預的學説中,屬於與孔子筆削有關的變例。因此,"非公命不書"爲何是魯史策書書寫之例,而不是孔子筆削之例,需要有所説明。杜注曰:"史之策書皆君命也,今不書於經,亦因史之舊法,故傳釋之。"是言城郎之事未有公命,依照史官的書寫規則,不可載於魯史策書;經文如今亦不載此事,其中便體現着孔子對魯史策書書寫規則的遵循與維護。傳文出之以"不書"變例,正爲顯示孔子"因史之舊法"之意,否則孔子此意便無從知曉;而變例的義涵既然在此,則"非公命不書"仍然應該視作魯史策書的書寫規則。處理了此處變例的問題後,杜注又説:"諸魯事傳釋不書,他皆倣此。"意在表明《左傳》中某些以"不書"一詞所引發、呈現的内容,看似與孔子變例有關,實際上均可同理視爲魯史策書的書寫規則,如:

---

① 杜預注,孔穎達疏:《阮刻春秋左傳注疏》卷四五,第3120頁。
② 杜預著,徐淵整理:《春秋釋例》卷一《會盟朝聘例第二》,第35頁。
③ 杜預注,孔穎達疏:《阮刻春秋左傳注疏》卷二,第135頁。

隱公元年傳:"及邾人、鄭人盟于翼,不書,非公命也。"

隱公元年傳:"新作南門,不書,亦非公命也。"杜注:"非公命不書三見者,皆興作大事,各舉以備文。"

隱公元年傳:"冬十月庚申,改葬惠公,公弗臨,故不書。"

隱公元年傳:"衛侯來會葬,不見公,亦不書。"杜注:"不得接公成禮,故不書於策,他皆倣此。"①

以上傳文,前兩條所言仍是"非公命不書"的策書書寫規則,而傳文對此之所以再三示意,杜預解説原因爲:"非公命不書三見者,皆興作大事,各舉以備文。"後兩條傳文與杜注則顯示,某些與魯國相關之事有特定的禮制儀節,其是否載於魯史策書,與魯君能否據禮成事有關。"非公命"則不書於策,魯君未能依禮成事亦不書於策,這些書寫規則在内容上雖然有一定區别,但關注重點均在於魯君之身及其作爲國之元首的象徵意義。

其次,魯國之事是否可載於魯史策書,"告廟"亦發揮着一定作用:

桓公二年經:"冬,公至自唐。"經注:"凡公行,還不書至者,皆不告廟也。"桓公二年傳:"冬,公至自唐,告于廟也。凡公行,告于宗廟;反行,飲至、舍爵、策勳焉,禮也。"②

據杜注,魯君出行以朝、會、盟等,待其返國之時,魯史策書是否記載"公至",與魯君是否行告廟之事有關。夫人之行也是如此,如莊公二年經:"夫人姜氏會齊侯于禚。"杜注曰:"夫人行不以禮,故還皆不書,不告廟也。"③推此以往,杜預認爲,魯史策書是否完備地記載魯君出行所歷之事,亦與魯君告廟詳略有關,如隱公十年傳:"春王正月,公會齊侯、鄭伯于中丘,癸丑,盟于鄧。"經文僅書中丘之會,不書鄧之盟;而傳文無變例表明孔子在此有筆削示義,則魯史策書本應如此記載。杜注曰:"公既會而盟,盟不書,非後也,蓋公還,告會而不告盟。"④後盟則不書,蓋由文公十五年凡例"凡諸侯會,……與而不書,後也"⑤推得,但鄧之盟不書,原因不在此。《春秋釋例·會盟朝聘例》曰:"盟于鄧,盟于犖,盟于戚,公既在會,而不書其盟者,以理推之,會在盟前,知非

① 杜預注,孔穎達疏:《阮刻春秋左傳注疏》卷二,第158、156、157頁。

② 杜預注,孔穎達疏:《阮刻春秋左傳注疏》卷五,第351、375頁。

③ 杜預注,孔穎達疏:《阮刻春秋左傳注疏》卷八,第542頁。

④ 杜預注,孔穎達疏:《阮刻春秋左傳注疏》卷四,第304頁。

⑤ 杜預注,孔穎達疏:《阮刻春秋左傳注疏》卷一九下,第1341頁。

後盟也。蓋公還告會而不告盟也。"[①]杜預認爲,鄧之盟不書,並非魯君後盟,而是魯君僅以中丘之會告廟,未以鄧之盟告廟,故魯史策書不載鄧之盟。僖公元年犖之盟、襄公五年戚之盟與此類似,杜注均解以"不以盟告廟",顯示了告廟之事對魯史策書書寫産生的影響。

對於一些特定類别的魯國之事,其是否載於魯史策書又有具體考量。如桓公五年傳:"凡祀,啓蟄而郊,龍見而雩,始殺而嘗,閉蟄而烝,過則書。"[②]表明魯國郊祀等事是否見載史策,"過時"是重要判斷標準。又如莊公二十九年傳:"凡物不爲災不書。"[③]是言魯國若發生災害之事則書於史策,未爲災害則不書。

滿足了載於史策的條件,魯史策書對本國之事的記載也遵循着一定的語辭規則。前文所述記載他國之事的語辭規則,很多對此同樣適用,如"凡師,有鐘鼓曰伐,無曰侵,輕曰襲","凡火,人火曰火,天火曰災"等。但也有一些語辭規則爲魯國之事所獨有,如:

> 宣公七年傳:"夏,公會齊侯伐萊,不與謀也。凡師出,與謀曰及,不與謀曰會。"杜注:"與謀者,謂同志之國,相與講議利害,計成而行之,故以相連及爲文。若不獲已,應命而出,則以外合爲文。皆據魯而言。師者,國之大事,存亡之所由,故詳其舉動,以例别之。"[④]

魯國與他國共同出師,曰"及"者,如隱公十一年"公及齊侯、鄭伯入許"[⑤];曰"會"者,如此處宣公七年"公會齊侯伐萊"。杜注曰"皆據魯而言",表明以"及""會"區分出師是否與謀,是魯史策書針對魯國之事的專用表述,他國之事則未有如此記録者。然而僖公三十三年經曰:"晉人及姜戎敗秦師于殽。"從文字上看,似乎爲他國之事,却同樣使用了"及"字。不過杜注對此專門解釋説:"不同陣,故言及。"[⑥]明確指出此處的"及"與"與謀曰及"無關,而是不同陣之意。因此,在杜預的認識中,"與謀曰及,不與謀曰會"仍爲魯史策書記載魯國之事的專有表述。

此種專有表述還體現在内外之辭的區分上,即針對同類事件,魯史策書對於魯國之事的表述與他國之事不同,如:

---

① 杜預著,徐淵整理:《春秋釋例》卷一《會盟朝聘例第二》,第40頁。
② 杜預注,孔穎達疏:《阮刻春秋左傳注疏》卷六,第420—427頁。
③ 杜預注,孔穎達疏:《阮刻春秋左傳注疏》卷十,第704頁。
④ 杜預注,孔穎達疏:《阮刻春秋左傳注疏》卷二二,第1490頁。
⑤ 杜預注,孔穎達疏:《阮刻春秋左傳注疏》卷四,第308頁。
⑥ 杜預注,孔穎達疏:《阮刻春秋左傳注疏》卷一七,第1138頁。

僖公二十八年經:“公子買戍衛,不卒戍,刺之。”杜注:“公子買,魯大夫子叢也。内殺大夫皆書刺,言用周禮三刺之法,示不枉濫也。”①

成公十六年經:“刺公子偃。”杜注:“魯殺大夫皆言刺,義取於周禮三刺之法。”②

他國殺大夫即言“殺”,如僖公十年經“晉殺其大夫里克”,③襄公二十二年經“楚殺其大夫公子追舒”;④魯國殺大夫言“刺”,如上引二例。以上四處經文均未有相應的變例,則孔子於此未有筆削示義,魯史策書本應如此書寫,這顯示出在殺大夫一事上,魯史策書對於魯國之事與他國之事的不同記述。又如:

成公九年經:“夏,季孫行父如宋致女。”杜注:“女嫁三月,又使大夫隨加聘問,謂之致女,所以致成婦禮,篤昏姻之好。”⑤

桓公三年經:“冬,齊侯使其弟年來聘。”桓公三年傳:“冬,齊仲年來聘,致夫人也。”杜注:“古者女出嫁,又使大夫隨加聘問,存謙敬,序殷勤也。在魯而出則曰致女,在他國而來則揔曰聘,故傳以致夫人釋之。”⑥

據傳文及杜注,此二者均爲“女嫁三月,又使大夫隨加聘問”之事,傳文於此未有變例,表明魯史策書本應如此書寫。雖爲同類事件,魯史策書記載魯國之事曰“致女”,他國來魯則以“聘”言之,顯示出魯史策書針對内外之事的表述差異。襄公十六年傳“齊子帥師會晉荀偃”,杜注曰:“《春秋》於魯事所記不與外事同者,客主之言,所以爲文固當異也。”⑦襄公二十一年經“邾庶其以漆、閭丘來奔”,杜注曰:“以邑出爲叛,適魯而言來奔,内外之辭。”⑧其中“客主之言”“内外之辭”基本都是指記載魯國之事的專用語辭規則而言。

諱筆對魯史策書記載本國之事亦有較大影響。對於他國之事,魯史策書基本是從告據實而書,但對本國之事則常有隱諱而書不以實,如:

閔公二年經:“秋八月,辛丑,公薨。”杜注:“實弑,書薨,又不地者,皆史策

---

① 杜預注,孔穎達疏:《阮刻春秋左傳注疏》卷一六,第1056頁。
② 杜預注,孔穎達疏:《阮刻春秋左傳注疏》卷二八,第1866頁。
③ 杜預注,孔穎達疏:《阮刻春秋左傳注疏》卷一三,第871頁。
④ 杜預注,孔穎達疏:《阮刻春秋左傳注疏》卷三五,第2357頁。
⑤ 杜預注,孔穎達疏:《阮刻春秋左傳注疏》卷二六,第1764頁。
⑥ 杜預注,孔穎達疏:《阮刻春秋左傳注疏》卷六,第403、407頁。
⑦ 杜預注,孔穎達疏:《阮刻春秋左傳注疏》卷三三,第2260頁。
⑧ 杜預注,孔穎達疏:《阮刻春秋左傳注疏》卷三四,第2321頁。

諱之。"①

文公十八年經:"冬十月,子卒。"文公十八年傳:"書曰子卒,諱之也。"經注:"先君既葬,不稱君者,魯人諱弑,以未成君書之。子,在喪之稱。"②

杜言"皆史策諱之","魯人諱弑,以未成君書之",表明魯史策書記載本國之事有隱諱之法。對此,杜預又有更明確的表述:

僖公元年傳:"公出復入,不書,諱之也。諱國惡,禮也。"杜注:"掩惡揚善,義存君親,故通有諱例,皆當時臣子率意而隱,故無深淺常準。聖賢從之,以通人理,有時而聽之可也。"③

傳文曰"諱國惡,禮也",表明諱法爲史策書寫之舊制,杜注因言"義存君親,故通有諱例,皆當時臣子率意而隱",指出魯史策書記載魯國之事存在諱筆。但此處傳文有"不書"一詞,似屬變例,則諱筆究爲魯史所爲,或是孔子之意?杜注曰:"皆當時臣子率意而隱,……聖賢從之,以通人理,有時而聽之可也。"這意味着,《春秋經》中的隱諱之文在很多情況下是魯史策書書寫所致,但經過了孔子的審定,而傳文中的"不書"變例正爲表明孔子對此諱筆的認同,亦即"有時而聽之"之意。上引文公十八年傳文有"書曰",杜注不言孔子,而以爲"魯人諱之",即是此理。總之,在杜預看來,諱筆是魯史策書記載本國恥惡之事的慣常做法,對史策之文産生了一定的影響。

以上分别就他國之事、魯國之事兩方面,展示了魯史策書書寫的一些基本規則。在理想情況下,史策書寫應該以此爲準繩,但杜預認爲,春秋時期的魯國史官已不能如此。《春秋左氏傳序》曰:"周德既衰,官失其守,……赴告策書,諸所記注,多違舊章。"《正義》曰:"雖廣言衆官失職,要其本意,是言史官失其所掌也。"④因爲史官失其所掌,史策多違舊章,才有孔子筆削刊正之舉;就其可見的結果而言,則體現爲從史策之文到《春秋經》的變化。

四　孔子筆削:從史策之文到《春秋》

在杜預的整體認識中,針對"多違舊章"的魯史策書,孔子的筆削刊正大體包含兩方面的内容:一是依據以凡例爲主的史策書寫規則,對魯史策書進行修正,以期恢復合

① 杜預注,孔穎達疏:《阮刻春秋左傳注疏》卷一一,第746頁。
② 杜預注,孔穎達疏:《阮刻春秋左傳注疏》卷二〇,第1384、1388頁。
③ 杜預注,孔穎達疏:《阮刻春秋左傳注疏》卷一二,第779頁。
④ 杜預注,孔穎達疏:《阮刻春秋左傳注疏》卷一,第35頁。

於舊法的魯史策書之文;一是在此基礎上因事制宜,隨義而發,在進一步的筆削中寓以己之新意。《春秋左氏傳序》"仲尼因魯史策書成文,考其真僞,而志其典禮,上以遵周公之遺制,下以明將來之法。其教之所存,文之所害,則刊而正之,以示勸戒",即包含上述兩重意味。除此之外,則承襲魯史策書舊文,未加改動,即《春秋左氏傳序》所言"其餘則皆即用舊史,史有文質,辭有詳略,不必改也"。《春秋經》的内容,大體即由這三部分構成。

依據以凡例爲主體内容的史策書寫舊制,對多違舊章的魯史策書加以修正,使其恢復理想狀態,在孔子修《春秋》的過程中應該是普遍而基本的做法。《春秋左氏傳序》曰:"其發凡以言例,皆經國之常制,周公之垂法,史書之舊章,仲尼從而修之,以成一經之通體。"①其中"從而修之,以成一經之通體",便體現出孔子的上述修正之舉。據凡例而修正,孔子在其中似乎未有實質性的貢獻,但這部分内容依然歸屬於孔子之《春秋》,其理據即在魯史策書與周公舊典的密切關係,以及孔子的"從周"之志。《論語》載孔子之語,曰:"周監於二代,郁郁乎文哉! 吾從周。"②又曰:"如有用我者,吾其爲東周乎!"何晏曰:"興周道於東方,故曰東周。"③由於杜預以凡例爲"周公所制禮經",④而史策亦應"遵周公之典以序事",⑤因此孔子依據凡例對多違舊章的魯史策書進行恢復,正是承周公之志,行"從周"之事,這與《論語》所載孔子之語是一貫的。故《春秋左氏傳序》曰:"仲尼因魯史策書成文,考其真僞,而志其典禮,上以遵周公之遺制,下以明將來之法。"又曰:"周公之志,仲尼從而明之。"又曰:"采周之舊,以會成王義,垂法將來。……子曰:'如有用我者,吾其爲東周乎!'此其義也。"⑥在杜預的認識中,孔子據凡例以修正魯史策書,並不妨礙包含此部分内容的《春秋經》在整體上作爲孔子之經的意義與正當性。

魯史策書既然多違舊章,以常情而論,孔子對史策之文的修正與恢復應該有多處。但違舊失辭的魯史策書既經修正,便鮮有痕跡,《左傳》對此亦未一一明示,因此,孔子的修正之舉具體涉及魯史策書中的哪些内容,已經無法判斷。《春秋左氏傳序》"官失

① 杜預注,孔穎達疏:《阮刻春秋左傳注疏》卷一,第42頁。

② 劉寶楠:《論語正義》卷三《八佾第三》,中華書局,1990年,第103頁。

③ 劉寶楠:《論語正義》卷二〇《陽貨第十七》,第681頁。

④ 隱公七年傳:"凡諸侯同盟,於是稱名,故薨則赴以名,告終稱嗣,以繼好息民,謂之禮經。"杜注曰:"此言凡例乃周公所制禮經也。"《阮刻春秋左傳注疏》卷四,第281頁。

⑤ 昭公二年傳:"晉侯使韓宣子來聘,……觀書於大史氏,見《易象》與《魯春秋》,曰:'周禮盡在魯矣,吾乃今知周公之德與周之所以王。'"杜注曰:"《魯春秋》,史記之策書。《春秋》遵周公之典以序事,故曰'周禮盡在魯矣'。"《阮刻春秋左傳注疏》卷四十二,第2831—2832頁。

⑥ 杜預注,孔穎達疏:《阮刻春秋左傳注疏》卷一,第36、38、69頁。

其守”一段《正義》即曰:“策書記注多違舊章者,仲尼既已修改,不可復知。”[①]此類修正與恢復的工作,使魯史策書的文字在史策書寫規則所能涉及的範圍内,實現了從“多違舊章”到“合於舊制”的轉變。雖由孔子親自完成,但其中並未有明顯的孔子新意,實際上仍可歸入魯史策書書寫的環節去理解。

既經孔子修正而合於舊有書寫規則的魯史策書文字,其實仍存有不同史官的個性化書寫印記。根據杜預的學説,孔子對魯史策書的修正與恢復工作是依據已知的魯史策書書寫規則進行的,其中又以《左傳》中的凡例爲主,那麽,在此書寫規則未有涉及之處,孔子自然無法據以修正,這便使經過修正而合於舊制的魯史策書内容呈現出一種混合的狀態——在相應的書寫規則範圍内,通常與之相合;此外,則保留了許多當日史官的個性化表述,杜預在《春秋左氏傳序》中稱之爲“史有文質,辭有詳略”。

在此基礎上更進一步的筆削處理,亦即從合於舊制的魯史策書到《春秋經》的變化,才是孔子真正寓以新意之處,對此進行提示與標識的則是《左傳》中的變例。杜預認爲變例與孔子新意有關,其理據來自《左傳》本身。僖公二十八年傳曰:“是會也,晉侯召王,以諸侯見,且使王狩。仲尼曰:‘以臣召君,不可以訓。’故書曰‘天王狩于河陽’,言非其地也,且明德也。”[②]魯史策書除了對魯國的恥辱之事存有諱筆,其餘一般是據實而書。晉侯召王使狩,魯史策書理應從實而書,然而經文作“天王狩于河陽”,《正義》釋爲“言天王自來狩獵于河陽之地”,[③]則是書不以實,顯示出對於魯史策書書寫規則的突破。並且,傳文於此特稱“仲尼”,又以“書曰”引出經文之表述,且明言孔子“以臣召君,不可以訓”“明德”之新意,則“書曰”作爲孔子筆削示義的標記,頗爲順理成章。《正義》曰:“此傳稱仲尼之語,即云‘書曰’,明是仲尼新意,非舊文也。杜以‘書曰’爲仲尼新意,亦以此而知之。”[④]除了此處的“書曰”之外,《左傳》中還有一些相同或類似的詞語,與之相應的經文在表述上同樣突破了魯史策書的書寫規則,如:

隱公四年經:“衛人立晉。”隱公四年傳:“衛人逆公子晉于邢。冬十二月,宣公即位。書曰‘衛人立晉’,衆也。”[⑤]

桓公二年經:“宋督弑其君與夷及其大夫孔父。”桓公二年傳:“宋督攻孔氏,殺孔父,而取其妻。公怒,督懼,遂弑殤公。君子以督爲有無君之心,而後動於惡,

① 杜預注,孔穎達疏:《阮刻春秋左傳注疏》卷一,第 36 頁。

② 杜預注,孔穎達疏:《阮刻春秋左傳注疏》卷一六,第 1089—1090 頁。

③ 杜預注,孔穎達疏:《阮刻春秋左傳注疏》卷一六,第 1090 頁。

④ 杜預注,孔穎達疏:《阮刻春秋左傳注疏》卷一六,第 1090 頁。關於“天王狩于河陽”與孔子修《春秋》,可參看傅剛師《孔子修〈春秋〉與〈春秋〉義例論》,《文學遺産》2019 年第 2 期,第 12—14 頁。

⑤ 杜預注,孔穎達疏:《阮刻春秋左傳注疏》卷三,第 220、224—225 頁。

> 故先書弑其君。”[①]
>
> 襄公元年經:“圍宋彭城。”襄公元年傳:“圍宋彭城,非宋地,追書也。於是爲宋討魚石,故稱宋,且不登叛人也。”[②]

隱公四年州吁之亂,衛人逆公子晉於邢而立之。成公十八年傳曰:“凡去其國,國逆而立之曰‘入’。”[③]據此,魯史策書當書“衛晉入于衛”,然而經文實作“衛人立晉”,在表述上超出了魯史策書的一般書寫規則。桓公二年,宋督殺孔父而取其妻,又懼而弑宋公。魯史策書據實而書,當先書殺孔父,後書弑其君,然而經文先書弑君,同樣不合於魯史策書書寫規則。襄公元年,諸侯爲宋討叛臣魚石而圍彭城,彼時彭城已非宋所有,魯史策書據實而書,彭城前不當有宋字,因此經文“圍宋彭城”亦非史策書寫規則所能涵括。此三例中,經文的表述均不合於魯史策書書寫之舊法,而傳文以書曰、先書、追書等詞指出了其中的獨特義涵,類比於“天王狩于河陽”,則此三例亦屬孔子筆削之文,而書曰、先書、追書均是對孔子新意的提示與標記。在此基礎上,杜預總結了變例詞的幾種常見類型,《春秋左氏傳序》曰:“諸稱書、不書、先書、故書、不言、不稱、書曰之類,皆所以起新舊,發大義,謂之變例。”《正義》補充説:“先書、故書既是新意,則追書亦是新意;書與不書俱是新意,則稱與不稱、言與不言,亦俱是新意。……《序》不言者,蓋諸類之中足以包之故也。”[④]總之,在杜預的《左氏》學中,孔子新意與變例密不可分。獨屬於孔子的筆削寓意,亦即從合於舊制的魯史策書到《春秋經》的文字變化中所藴含的孔子新意,需由《左傳》中的變例進行提示與標識。换言之,《左傳》中的變例決定了孔子新意的具體内容,及其在《春秋經》中的呈現位置與方式。

在杜預的學説中,經由孔子之“修”而最終呈現的《春秋》經文大體由以下三部分構成:一、既經孔子修正而合於史策書寫舊法之文;二、孔子進一步筆削而寓以新意之文;三、史策書寫規則未有涉及,同時亦於義無害,因而孔子未加刊正、一仍其舊之文。其中孔子新意的部分由《左傳》中的變例決定,但變例在《左傳》中畢竟内容有限,因此《春秋經》中的孔子新意亦有限度。在《春秋經》中剔除了孔子筆削示義的部分後,其餘的經文既合於魯史策書書寫規則,同時又帶有史官個人書寫之印記,應在魯史策書書寫的環節中去理解。在這樣的整體安排下,孔子《春秋》“作新”之“新”即爲變例所限定的孔子新意,而“修舊”之“舊”則爲魯史策書書寫層面的諸多内容。這樣一種具

---

① 杜預注,孔穎達疏:《阮刻春秋左傳注疏》卷五,第347、352頁。

② 杜預注,孔穎達疏:《阮刻春秋左傳注疏》卷二九,第1959—1961頁。

③ 杜預注,孔穎達疏:《阮刻春秋左傳注疏》卷二八,第1929頁。

④ 杜預注,孔穎達疏:《阮刻春秋左傳注疏》卷一,第46—47頁。

有順序先後與層次區分的理解模式，是《春秋經傳集解》尤其是其中經注部分展開的基本框架；而前文分别就他國之事、魯國之事所總結的魯史策書書寫規則，則是杜預在魯史策書書寫層面解説《春秋經》的重要依據。

結　語

"魯史策書"作爲杜預《左氏》學中的特定概念，在典策、舊典禮經的意義上上承周公而下啓孔子，結合杜預對策書、簡牘、大事、小事與《左氏》經傳相關性的論斷，最終形成《左氏》經傳同源互補、尊卑有别的關係結構，同時也形成"經承史策"的整體認識。藉助魯史策書這一中介，杜預將《春秋經》分作兩部分，分别係屬於魯史策書書寫與孔子筆削示義的不同層面。在孔子筆削的層面，通過《左傳》中"書曰"等變例詞與孔子新意的關聯，對獨屬於孔子的《春秋》新意加以限定，使這部分經文在一定程度上成爲可以依據變例進行專門處理的獨立單元。將《春秋經》中帶有孔子新意的部分剔除後，即進入魯史策書書寫的層面，杜預在此通過史策與典策、周公舊典禮經、凡例的關聯，並在孔子"從周"之志的理據前提下相應提出"官失其守"導致魯史策書"多違舊章"，而孔子對其加以修正、恢復的擬設情形，一則保證了以凡例爲主的魯史策書書寫規則對於此部分經文的通透解釋力，二則爲《春秋經》中存在的"史有文質，辭有詳略"之文保留可能性，從而爲魯史策書書寫規則未能涉及的經文留下緩衝與解説的空間，第三也同時顧及並肯定了《春秋》作爲孔子之經的存在意義。

在以傳解經的做法下，劉歆、賈逵等《左氏》先儒依據《左傳》發明《春秋》"作新"之義，從《左傳》到《春秋經》的内容變化往往被視作孔子筆削舊史的相應體現。同樣是以傳解經，杜預固然承認《春秋經》與孔子的密切關係，但在"經承史策"的理念下，杜預從《春秋經》中分出魯史策書，從《左傳》中分出凡例，最終使得真正具有實質内容的孔子之意幾乎只被限定在《左傳》中的變例部分。整體而言，杜預對《春秋經》中"修舊"因素的强調，以及對孔子"作新"之義的減損與淡化頗爲明顯。皮錫瑞對杜預的不滿大概與此有關，其《春秋通論》曰：

> 若如杜預經承舊史、史承赴告之説，止是鈔録一過，並無褒貶義例，則略識文字之鈔胥皆能爲之，何必孔子？即曰"據事直書，不虚美，不隱惡"，則古來良史如司馬遷、班固等亦優爲之，何必孔子？孔子何以有"知我罪我""其義竊取"之言？孟子何以推尊孔子作《春秋》之功配古帝王，説得如此驚天動地？與其信杜預之

> 説,奪孔子制作之功以歸之周公,曷若信孟子之言,尊孔子制作之功以上繼周公乎![1]

此外,《經學歷史》《師伏堂春秋講義》《左傳淺説》等著作中也多次提及"經承舊史"並加以駁斥,前文已有引述。對於杜預之説的具體情況,皮氏的表述有不準確的地方,比如將其描述爲孔子修《春秋》,對於舊史"止是鈔録一過",便明顯忽略了杜預以變例爲孔子新意、以仲尼"從周"之志肯定《春秋》爲"孔子之經"的安排。但就實際效果而論,"經承史策"説的確導致了孔子作新之義的減損與淡化,這與《左氏》先儒針對《春秋》作新之義的著意發明已有很大不同,與《公》《穀》之學幾乎更是背道而馳。如果着眼於整體層面上的學理變化,皮氏對杜預的批評仍頗具啓發。

對杜預的《左氏》學而言,"經承史策"之説不但是《春秋經傳集解》據以展開的基本框架,更是重要的學理建樹。前文已引述孔廣森的説法:"杜預始變亂賈、服古訓,以爲經承舊史,史承赴告。"[2]劉師培也説:"(杜預)以揭凡爲舊法,……以書策屬舊史,史不書册,則孔弗書經,衆誤萌興,兆耑於是。"[3]雖然均是從否定的立場發論,但"衆誤萌興,兆耑於是""始變亂賈、服古訓"的評價,恰能從反面印證"經承史策"説在杜預《左氏》學中的基礎地位,及其在《左氏》學發展歷程中所發揮的關鍵作用。

作者簡介:

肖瀟,女,1990 生,陝西西安人,西北大學文學院、中國文化研究中心講師。主要研究方向爲漢晉經學、文學,近年代表論著有《杜預〈春秋經傳集解〉中的無傳之經》(收於《〈春秋〉學的新視野與新方法——〈春秋〉三傳研討"黌門對話"集》,北京大學出版社,2020 年)。

---

① 皮錫瑞:《經學通論・春秋》,《皮錫瑞全集》(6),第 495 頁。

② 孔廣森:《春秋公羊經傳通義敘》,第 724 頁。

③ 劉師培:《〈春秋左氏傳〉古例詮微・釋赴告篇第八》,《劉申叔先生遺書》(1),第 392 頁下。

漢唐曆術演進中的節月與祭祀
——以杜預“龍見而雩”之解爲中心*

馬 濤

内容摘要 漢魏禮學舊注之中有關郊祀、雩祭等行祭時月的釋讀紛然歧出,而隨着節氣制度的確立以及“無中氣置閏”的推廣,傳統經典中與星象相繫聯的祀時規定便被經師通過“節氣”的形式加以疏解。此後,杜預圍繞“節氣”“朔月”前却不一的特點,賦予土功興作以及“龍見而雩”等時限規定不同於漢儒的新内涵,用以通融經傳記載的差異。伴隨六朝曆法革新,曆學家又從“歲差”的視角,嘗試將不同時期的禮文還原到各自的時代序列之中,其説與漢儒舊説以及杜預祀據節氣的規定一道,構成了後世禮典設計的複雜面嚮。

關鍵詞 節氣 祭祀 時限 歲差

《春秋》叙史以時歲相繼、以日月爲次,①其間多載順天授時之語,故《漢書·律曆志》有言:“夫曆《春秋》者,天時也,列人事而因以天時。”②自劉歆作《三統曆》,並因之解説《左傳》曆朔、日食,緣曆釋經便成爲漢代以降左氏家解經的一大特色。曆朔以外,《左傳》經傳多將人事繫諸恒星天象,若“水昏正而栽”以啟土功,“火中,寒暑乃退”以記物候,俱其表徵。另外,由於古人未曉歲差,故“繫星度于節氣”,③經傳所涉時令便與後世所謂“節氣”發生關聯。由此而産生的節氣天象與時曆月序之參差,星象與時令之差異,便成爲過往學者所究心之處,如六朝經師曾以“節前月却”之理釋讀

* 本文爲教育部人文社科基金項目“魏晉南北朝禮學演化與王朝禮制關係研究”(20YJCZH120)、湖南省社科基金項目“兩漢經注文獻所涉曆術思想研究”(21YBQ023)的階段性成果。

① 劉知幾評《春秋》之體曰:“夫《春秋》者,繫日月以爲次,列時歲以相續。”(劉知幾著,浦起龍通釋:《史通通釋》,上海:上海古籍出版社,2009年,第25頁。)

② 班固:《漢書》卷二一上《律曆志》,北京:中華書局,1962年,第979頁。

③ 歐陽修、宋祁:《新唐書》卷二七上《曆三》,北京:中華書局,1975年,第600頁。

《堯典》中星與後世冬至點之差異,[①]孔穎達則用"月節有前有却"之法通融孟冬、仲冬烝祭得時,[②]皆嘗試從節氣與月序的角度疏解經傳文本中時令規定的差異。此中,《左傳》桓公五年,載郊祀時月的諸項規定,又成爲代表性的一則文獻:

> 秋,大雩。書,不時也。凡祀,啓蟄而郊,龍見而雩,始殺而嘗,閉蟄而烝,過則書。[③]

該引文涉及星象、節氣諸端,爲歷代經師所關注。又因其雩祭時月同《月令》仲夏"大雩帝,用盛樂"規定有異,學者圍繞其間星象所指、行祭時限等問題異論紛然,鄭玄、服虔、杜預據《左傳》以正雩在建巳之月,穎容則由《月令》而以雩祭在五月仲夏爲宜,各據所聞而發。本文更就"龍見而雩"中的經師異解,從杜預疏解《左傳》時令所展現的節月關係入手,還原曆法演進過程中學者有關"龍見"星象認知的變化,並梳理其對歷代禮典雩祭規定的影響。

一　彌縫經、曆:《釋例》《長曆》中的閏月與"城向"書時

(一)"無中氣置閏法"與杜預《春秋長曆》的置閏規則

古人觀象授時,往往通過"日躔宿度""昏旦中星""晨見夕見"等恒星天象,來標識太陽年中的固定時節,用以規定農作、工程、祭祀等事項,《詩經》所謂"定之方中,作于楚宫"、[④]《左傳》引述"日在北陸而藏冰,西陸朝覿而出之"[⑤]等等,皆是其例。然而基於太陽視運動的節氣時令,同朔望月序之間有時並不完全一致而存有參差,這也構成傳統中國陰陽合曆中的一對基本矛盾,進而牽涉出古曆閏月設置的問題。

---

① 唐一行《日度議》載:"梁武帝據虞劆曆,百八十六年差一度,則唐、虞之際,日在斗、牛間,而冬至昴尚未中。以爲皆承閏後,節前月却使然。"(《新唐書》卷二七上《曆三》,第600頁。)梁武帝時由歲差推得上古唐堯冬至在斗牛之間,昴宿尚未昏中,而《堯典》言"日短,星昴,以正仲冬",時人皆以唐堯冬至昏昴宿中。兩處昏中星宿度之差,則以"節前月却"解之,即《堯典》所述前有閏月,故使節氣星象前置於上月之中,换言之,亦是當月得有下月節氣之星象。

② 爲解釋杜預《春秋釋例》所主持仲月(仲冬)烝祭亦爲得時之説,孔穎達疏曰:"然仲月雖不過時,而月節有前有却,若使節前月却,即爲非禮。"認爲烝祭繫於節氣,故若節前月却,則仲冬節氣前置孟冬月中,故仲冬之烝仍有"失時"之時。(杜預注,孔穎達疏:《春秋左傳正義》卷六,《十三經注疏》(清嘉慶刊本),北京:中華書局,2009年,第3797頁。)

③ 杜預注,孔穎達疏:《春秋左傳正義》卷六,第3796—3798頁。

④ 毛亨傳,鄭玄箋,孔穎達疏:《毛詩正義》卷三,《十三經注疏》(清嘉慶刊本),北京:中華書局,2009年,第665頁。

⑤ 杜預注,孔穎達疏:《春秋左傳正義》卷四二,第4416頁。

在《左傳》舊説中,劉歆、賈逵、服虔皆以《三統曆》爲基準校覈經傳曆日,其置閏規則亦由諸年"閏餘"決定,遵循太初曆以來的"無中氣置閏法"。如韋昭注《國語》引"(魯僖公二十三年)賈侍中以爲閏餘十八,閏在十二月後",[①]即從"閏餘"推導閏月所在。所謂"閏餘",即所求年冬至同年首朔日之差率,決定着本年各月節氣同朔日相對位置的變化規律。故《漢書·律曆志》載:

> 推閏餘所在,以十二乘閏餘,加七得一。盈章中,數所得,起冬至,算外,則中至終閏盈。中氣在朔若二日,則前月閏也。[②]

所言"加七"者,乃爲《三統曆》每月餘分($\frac{7}{12\times19}$),即氣朔之差。[③] 其術本義爲在冬至與年首朔日時差(閏餘)之上,逐月累積氣朔時差,便得下月中氣所在。當中氣在下月朔日時,其前月當閏,閏月無中氣。[④] 以今日數學公式可表之如下:

$\frac{閏餘}{19}+n\left(\frac{7}{12\times19}\right)\geqslant1$(n 月後有閏)

換算作《律曆志》文本所述則爲:

閏餘×12+n×7⩾228(即"章中數")[⑤]

韋昭注引賈逵説,以魯僖公二十三年閏餘 18,由上式可知其應閏正月後,而引文作"閏在十二月後",前後文意不協。考《三統曆》該年確爲閏十二月,然其閏餘當作"十二",故其間引文或有譌訛,[⑥]劉師培以爲賈義"謂二十三年十二月,閏餘積至十八,故置閏當在次月",[⑦]於曆理亦通。但無論如何,賈、服諸人據《三統曆》解《左傳》,其所用乃太初以後的置閏法則,於無中氣之月置閏。

但春秋魯曆閏法究爲何術,歷代學者觀點不一,或以其爲歲終置閏,或以其爲年中

---

① 徐元誥:《國語集解》,北京:中華書局,2002 年,第 342 頁。

② 班固:《漢書》卷二一下《律曆志》,第 1001 頁。

③ "每月餘分"指每月氣朔相差所少個月,即 $\frac{氣—朔}{朔}$。由於《三統曆》一章有 235 個月,228 個中氣,兩者時長相等,所以"氣/朔=235/228",每月餘分即爲 $\frac{7}{228}$。

④ 錢大昕:《三統曆鈐》,《嘉定錢大昕全集》第 8 册,南京:鳳凰出版社,2016 年,第 249 頁。

⑤ 有關《三統曆》閏月計算方法的詳細釋讀,亦可參考劉洪濤《古代曆法計算法》,天津:南開大學出版社,2003 年,第 27 頁。

⑥ 項名達以韋昭注引賈逵説"當是誤閏餘十二爲十八"。參見徐元誥:《國語集解》,第 342 頁。

⑦ 劉師培:《古曆管窺》,《儀徵劉申叔遺書》第 5 册,揚州:廣陵書社,2014 年,第 2028 頁。

隨時置閏,所論紛然。[①] 劉歆、服虔諸儒以《三統曆》解《春秋》,失時尤多,杜預《春秋釋例》即言其"攷古今十曆以驗《春秋》,知《三統曆》之最疏也"。[②] 因此,杜預《春秋長曆》便以"曲循經傳日月日食"的形式排定曆譜,並不根據某一特定曆法的推算,"就經、傳上下日月推排干支,遇有窒礙,則置閏以通之",[③]其間閏月設置實無一定之準。然論及閏月曆理,杜氏所言又與上述不同:

> 《書》稱"朞三百六旬有六日"……舉全數而言故曰六日,其實五日四分日之一日。一日行一度,而月日行十三度十九分度之七有奇。日官當會集此之遲速,以攷成晦朔,錯綜以投閏月。閏月無中氣而北斗斜指兩辰之間,所以異于他月也。[④]

其謂閏月的存在實由氣朔不一而來,杜氏以年有 365 又 1/4 日,又據月行"十三度十九分度之七有奇"的行度,推得朔策當爲 $29\frac{499}{940}$,[⑤]一年氣朔相差近 11 日,故隔數年即需置閏以調節年首所在。所謂"北斗斜指兩辰之間"者,爲節氣在望日之象,[⑥]這種情況下當月無中氣,故以之爲閏。其置閏原理與規則同《三統曆》《四分曆》並無二致。這一有關閏月的釋讀,實際同《長曆》的置閏規則不同,某種程度上甚至是相互悖斥的。如《左傳》襄公二十七年十一月乙亥朔日食"辰在申",《集解》以爲:"九月斗當建戌而在申。"[⑦]故《長曆》於該年連置兩閏,其閏月必不可能皆無中氣;又如僖元年閏十一月至於五年閏十二月,四十九月間無閏,其間必有無中氣之月但没有置閏的情況。

---

① 王韜《答湛約翰書》中對過往學者有關春秋時置閏規則的觀點做過較爲詳盡的總結:"春秋時置閏,諸曆家各執一説。錢大昕、梁玉繩謂'古法以無中氣之月爲閏,一歲皆可置閏',蓋本唐孔穎達、僧一行而言。顧棟高謂'春秋亦是隨時置閏,特不拘於常曆法',蓋本晉杜預而言。沈彤謂'周時積氣朔餘日以置閏,在四季月',説雖特刱,理或未符。顧炎武、萬斯大並謂'春秋古術,閏在歲終'。梅文鼎、江永、范景福則謂"定時以無中氣置閏爲安,考古以歲終置閏爲合",説介兩可。而范氏仍欲以《授時》消長上推朔閏日至,則歲終置閏猶未能果於信《傳》也。聚訟紛紜,莫衷一是。"(王韜:《答湛約翰書》,《春秋曆學三種》,北京:中華書局,1959 年,第 121 頁。)

② 杜預:《春秋釋例》,《文淵閣四庫全書》第 146 册,臺北:商務印書館,1985 年,第 266 頁。

③ 王韜:《答湛約翰書》,第 112 頁。

④ 杜預:《春秋釋例》,第 264 頁。

⑤ 杜預此謂年有 365 又 1/4 日,是用四分術。而月行度與朔策關係滿足:朔策×月行度=周天度+朔策。設月行度 $13\frac{7}{19}$,周天度 $365\frac{1}{4}$,得朔策爲 $29\frac{499}{940}$。

⑥ 雷學淇《古經天象考》云:"是故曆數之法,必視夜半之建,依次推數,月徙一辰,每月節氣必建于本宫之初,每月中氣必建于本宫之中,閏無中氣,則月之望日,斗指兩辰之間,此法無古無今,不差累黍。"(雷學淇:《古經天象考》,《叢書集成續編》第 78 册,臺北:新文豐出版社,1988 年,第 83 頁。)

⑦ 杜預注,孔穎達疏:《春秋左傳正義》卷三八,第 4338 頁。

(二)“節月前却”與詮釋悖論:“城向”杜解中的“無中氣置閏法”

由上可知,杜預於《釋例》中所標舉的“閏月無中氣”原則,在《春秋》經傳中實難落實。受制於經傳曆日,《長曆》閏月設置或如襄公二十七年因“司曆過”而疊置兩閏,或如僖公十二年至僖公十七年數年無閏,兩閏間隔並無一定之數。因此,節氣同朔日之關係亦非如後世《三統》《四分》諸術而有順次移易之規律。雖則如此,杜預在疏解《左傳》桓公十六年“冬,城向,書時也”一事,仍本諸“無中氣置閏法”的原則,從“節”“月”關係的角度論證傳文“書時”的合理性。其解曰:

> 傳曰“書時也”而下有“十一月”,舊説因謂傳誤。此城向,亦俱是十一月,但本事異,各隨本而書之耳。……又推挍此年,閏在六月,則月却而節前,水星可在十一月而正也。《詩》云“定之方中,作于楚宫”,此未正中也。功役之事皆摠指天象,不與言歷數同也。故傳之釋經,皆通言一時,不月别。①

據杜氏所言,漢魏《左氏》“舊説”以周十一月(建戌之月)築城有悖於常典,而謂别本“書時也,十一月”之語爲非。②“舊説”立論背景當源自《詩·定之方中》“定之方中,作於楚宫”諸語對於土功時令的規定。“定”爲北陸室宿,鄭玄箋此詩句,以爲夏十月小雪節,室、壁二宿南中天,方得營建宫室。③而韋昭注《國語·周語》“營室之中,土功其始”一語,亦同鄭説,以版築修城當自小雪節始。④校覈後漢《四分曆》,小雪日躔箕一度,昏室三度中,⑤“定中”之象,見於小雪前後。故漢魏諸儒,皆以定中版築爲夏十月事,而别本傳文“十一月(夏九月)”城向則失於過早。與此同時,《左傳》莊公二十九年亦載:

> 冬,十二月,城諸及防。書,時也。凡土功,龍見而畢務,戒事也;火見而致用,水昏正而栽,日至而畢。⑥

以“水昏正而栽”的營室昏中之象,釋十二月“城諸及防”之得時,杜解此傳:“謂今十月,定星昏而中,於是樹版榦而興作。”⑦所論同鄭玄、韋昭相近,雖未指明其爲小雪節,但仍以營室筑城的星象規定爲夏十月的昏時景象。

---

① 杜預注,孔穎達疏:《春秋左傳正義》卷七,第 3817 頁。

② 臧恭壽《左氏古義》以“舊説”爲東漢賈逵、服虔之論。(臧恭壽:《左氏古義》,《續修四庫全書》第 125 册,上海:上海古籍出版社,2002 年,第 666 頁。)

③ 毛亨傳,鄭玄箋,孔穎達疏:《毛詩正義》卷三,第 665 頁。

④ 徐元誥:《國語集解》,第 65 頁。

⑤ 司馬彪:《續漢書·律曆志》,北京:中華書局,1965 年,第 3079 頁。

⑥ 杜預注,孔穎達疏:《春秋左傳正義》卷一〇,第 3867—3868 頁。

⑦ 杜預注,孔穎達疏:《春秋左傳正義》卷一〇,第 3868 頁。

杜氏以桓公十六"十一月城向"書時不誤,同莊公二十九年《傳》文"十二月城諸及防"存在月序上的差異,且有違於"定之方中"在十月小雪節的時令常識。有鑒於此,杜氏引入"節月前却"的曆學概念用以疏解"定中"星象同實際月序之間的錯移。所謂"節月前却",指節氣同朔日之間的前退關係,在"無中氣置閏"的曆法原則中,這一關係由該月距離閏月的間隔所決定:由於閏月無中氣,後一月中氣必在朔日而節氣在閏月望日,故閏後第 n 月的節氣在前一月望日後的"(n-1)×(2倍氣策—朔策)"日,所以闰月後 16 个月之内,節氣皆在前月,構成"節前月却"(如圖 1)。

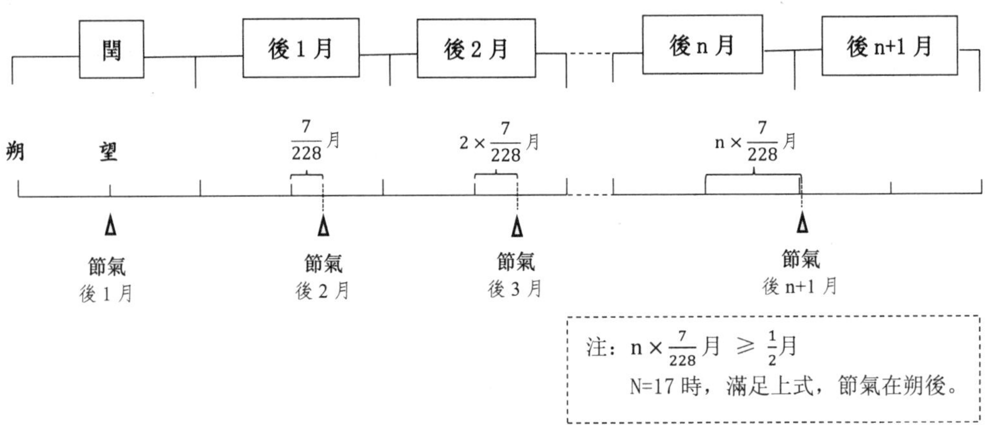

圖 1 閏月後節月關係圖

據此,杜預推校《長曆》,以桓公十六年有閏六月(夏正閏四月),如此十月立冬節便在朔日前 10 日左右,爲"月却而節前"。同時,又以作爲規定營築宫室的"水星"(室宿)昏中南天之象,隨十月節氣前移至夏正九月份,故傳言周正十一月"城向,書時"契於常典。其中,室宿昏中被杜氏認爲是近於十月立冬節的天象,而同鄭玄、韋昭等人以"營室之中"爲小雪節的傳統看法相距一氣之長。杜預將《詩經》"定之方中"有關城作之事的規定,視作始自十月節氣的一個時段,從節月移易的角度彌縫經傳"十一月"與"十二月"的矛盾,通過曆術層面的轉化將兩説納入統一的體系内。但由於所謂立冬營室昏中之象與時曆相悖,爲彌縫矛盾,杜預又不得不自創新解,言"定之方中"實乃尚未正中,①以模糊星象具體時日的形式將楚宫之作移至小雪之前。其論不僅有悖於傳統經注的詮釋脈絡,亦同《集解》"水星十一月而正""定星昏而中"之語自相齟

① 孔疏釋杜預《集解》曰:"方者,未至之辭,故以'定之方中'爲方欲向中而實未正中。"(《春秋左傳正義》卷七,第 3817 頁。)

齬,致使後世學者多有非難。[1] 因此,杜預解説實際上陷入到詮釋悖論之中,即主於"定中"小雪時,則城向不時;主於十一月定星昏中,則有違時曆。

杜預基於《長曆》的閏月設置,結合"無中氣置閏法",爲經傳土功異時提供了新的詮釋視角。然而,由於《春秋》經、傳用曆不明,學者各依所習,雖採用同樣的釋經理路,仍會出現迥異的結果。如孔穎達在解釋《定之方中》鄭箋時曾循杜氏方案,據《三統曆》以爲:僖公元年閏餘17,二年閏正月,[2]冬至在晦,"節却月前",月初近於小雪節,故《左傳》僖公"二年春,王正月,城楚丘",仍契合"定之方中"的規定。但考諸《長曆》,僖公元年閏十一月,則二年正月當爲"節前月却",正月朔日在冬至前兩日,距"定之方中"已近一月。可見,"節""月"由曆術不同而前退不一,土功興作亦因之而無定準。"杜氏方案"雖爲通融經傳時月差異提供了便捷的解釋途徑,但這種理想化的曆術設定,施之於紛然的春秋曆法實際,仍舊造成歧解迭出。

二　由"卜郊"到"雩祭":杜預祀期中的節與月

杜預在釋讀《左傳》經傳土功興作時間的過程中,嘗試通過古曆"節""月"的參差關係來彌縫文獻所述時月不一的情況。而在《左傳》桓公五年所載郊祀、大雩諸禮的時月規定中,杜預亦由此角度而發,申明其祭祀用節不用月的祀時理論。

(一)從"月"到"節":杜解《左傳》魯郊的祀時變化

前引《左傳》桓公五年有關"郊雩烝嘗"祀時的規定中,有"啓蟄而郊"一語,襄七年傳文中孟獻子復據此答卜郊失時的緣由,其文曰:

> 夏,四月,三卜郊,不從,乃免牲。孟獻子曰:"吾乃今而後知有卜筮,夫郊祀后稷,以祈農事也,是故啓蟄而郊,郊而後耕,今既耕而卜郊,宜其不從也。"[3]

其中"啓蟄而郊"一句涉及郊祀時月的問題,對此兩漢經學家解説莫衷一是:《公羊》《左氏》所論相異,鄭玄、何休操戈而嚮,解多紛擾。唐人《五經正義》中所見諸家論説,

---

① 張聰咸《左傳杜注辨證》即以杜説前後彌縫,其義未恰:"即據杜氏以爲月却節前,則時未小雪,定星何由昏正？即以爲定未昏正可以興功,則顯與夏令詩言相戾矣,傳猶'書時'何邪?"(張聰咸:《左傳杜注辨證》,《續修四庫全書》第125册,第301頁。)

② 閏餘17,其當置閏在周正三月後,此言"正月"爲夏正,但觀孔疏又據周正閏正月之説作解,並云:"正月之初未冬至,故爲得時也。"故此處僅從孔疏自身邏輯出發疏解。(《毛詩正義》卷三,第666頁。)

③ 杜預注,孔穎達疏:《春秋左傳正義》卷三〇,第4206—4207頁。

大率以周郊爲常祀不需卜日,而魯則需卜從乃郊。只不過何休以魯郊三卜不吉則不行之,①而鄭玄以爲魯郊常祀,唯需卜其用牲與日期。專就《左傳》"啓蟄而郊"所規定的郊祀時月而論,皮錫瑞據《春秋左傳正義》所輯鄭玄《箴膏肓》有言:"魯之郊天,惟用周正建子之月,牲數有災,不吉,改卜後月。或用周之二月、三月,故有啓蟄而郊。四月則不可。"②將"啓蟄"所在建寅之月作爲魯郊祀期之下限,以禮當卜祀行祭於周正子月冬至到寅月的時段之中。③ 故四月卜郊,會遭失時之譏。另觀王肅有關説法,其以"魯無仲冬大郊之事;至于祈穀,與天子同在啓蟄"。④ 亦以周禮爲準論證魯禮祀時,其中"啓蟄"是周郊時限,義爲啓蟄所在月之辛日。

總之,在漢儒有關郊禮周魯之異的討論中,"啓蟄而郊"的祀時規定究竟屬於何種郊祀體系,已經難以確指。但基本可以確定的是,"啓蟄"一語,在漢儒的話語體系内,多指建寅孟春的一個曆法月(朔望月),不同於後來杜預的解釋。

在杜預看來,傳文"啓蟄"是一個較爲確切的祀時規定,約束着卜郊、行祀的起訖,其在《釋例》中闡述到:

> 曆法,正月節立春,啓蟄爲中氣;二月節驚蟄,春分爲中氣……凡十二月而節氣有二十四,共通三百六十六日,分爲四時,間之以閏月。故節未必得恒在其月初,而中氣亦不得恒在月之半。是以舉天宿、氣節爲文,而不以月爲正。僖公、襄公,夏四月卜郊,但譏其非所宜卜,而不譏其四月不可郊也。孟獻子曰:"啓蟄而郊,郊而後耕。"耕謂春分也。言得啓蟄即當卜郊,不應過春分也。⑤

其中所謂四月可行郊祀並不失時的觀點與漢儒所論不同,但結合《釋例》之言以及杜氏以"節前月却"疏通桓公十六土功興作時月的方案,可推知其此處所言亦是從"節氣

① 何休《解詁》云:"故不三卜,吉則用之,不吉則免牲。"(《春秋公羊傳注疏》卷一二,《十三經注疏》,第4914頁。)

② 皮錫瑞:《箴膏肓疏證》,《皮錫瑞全集》第4册,中華書局,2015年,第380頁。又鄭玄《駁五經異義》亦云:"魯數失禮,牲數有災,不吉,則改卜後月。"(皮錫瑞:《駁五經異義疏證》,《皮錫瑞全集》第4册,第216頁。)

③ 且有學者指出,《左傳》兩引"啓蟄而郊"證祭祀失時,皆是據"周禮"以證"魯禮"。陳壽祺《五經異義疏證》以爲"是時,魯既耕,卜郊過時非禮,故獻子稱周禮爲斷,以正其失"。(陳壽祺:《五經異義疏證》,北京:中華書局,2014年,第30頁。)黄以周説與陳壽祺近,亦以"此獻子並據周禮以定魯事"。(黄以周:《禮書通故》,北京:中華書局,2007年,第628頁。)

④ 此從黄以周之説,以魯郊唯一。(《禮書通故》,第622—623頁。)冬至之月郊天之禮,王肅之説尚有爭議,孔穎達《郊特牲》疏云:"崔氏、皇氏用王肅之説,以魯冬至郊天,至建寅之月又郊以祈穀,故《左傳》云'啓蟄而郊',又云'郊祀后稷,以祈農事',是二郊也。"(《禮記正義》卷二六,第3146頁。)黄以周則以爲:"崔、皇氏誤。王肅改定《家語》亦云魯無冬至大郊之事,未嘗言有二郊。"(《禮書通故》,第623頁。)

⑤ 杜預:《春秋釋例》,第60—61頁。

月”的角度考量魯郊的時月問題,認爲春郊祈穀是在建寅中氣至於建卯中氣的一個節氣月之内。而在“無中氣置閏法”所規定的節月關係中,中氣必在除却閏月以外的序數月中前後遊移,因此,郊祭於三月、四月本爲常態。由此出發,襄公七年“四月,三卜郊,不從,乃免牲”之所以被傳所譏,並不在於郊祀失時,而是由於“卜郊”非禮,實際上,《左氏》經傳還有三處記載四月卜郊失禮的情況:

> 僖公三十一年經:夏,四月,四卜郊,不從,乃免牲,猶三望。
>
> 成公十年經:夏,四月,五卜郊,不從,乃不郊。
>
> 襄公十一年經:夏,四月,四卜郊,不從,乃不郊。

以上三例,杜氏《集解》皆圍繞“禮常祀不卜”展開,認爲魯郊作爲常祀不可由占卜決定行祭與否,“卜”的内容唯有用牲及吉日。所以,無論“三卜”“四卜”“五卜”,制作者若據以決定行祭與否,皆當被視作有違禮典之舉。[①] 故《釋例》有“但譏其非所宜卜,而不譏其四月不可郊”之言。

但由孟獻子之言所表述的内容來看,其並不認爲“卜郊”失禮,而是以祀期太晚,已在“耕”後。與杜氏前説相異。杜氏解此,則採用“隨文注經”的方式,並不拗改孟獻子文意,而特於“今既耕而卜郊”之言下將“既耕”解作春分,以三卜已逾春分中氣,故傳書失時。其解釋邏輯已同《集解》論述“四卜”“五卜”失禮的情況有所不同。

但“既耕”一語,本無涉於春分,王引之《經義述聞》於此亦有駁斥。[②] 杜預釋“既耕”爲“春分”,是爲了契合其祭祀“以天宿、氣節爲文,不以月爲正”的祀時理論以及一個“節氣月”的時限規定,故爲彌縫其説而有“卜郊逾於春分”的解釋。王引之譏杜説之誤、孔氏之曲,當是未予慮及杜預基於節氣的祀時理論以及當年閏月所在而作解的初衷。

(二)由“卜郊”到“常雩”:杜預節月關係中的雩祭祀時

與“卜郊”的時限規定相似,杜預對於“龍見而雩”的祀期理解亦以節氣爲時間節點展開,但兩者存有小異,即以夏雩自節氣爲起,將雩期限定在建巳立夏至於建午芒種之間的一個節氣月内,《釋例》於此解云:

> 龍星之體畢見,謂立夏之月。得此月節,則當卜祀,過涉次節,則以過而書。故秋雩,書不時,此涉周之立秋節也。[③]

---

① 對此,孔穎達《禮記正義》所論較詳,其曰:“若左氏之説,魯郊常祀,不須卜可郊與否,但卜牲與日,唯周之三月爲之,不可在四月。雖一卜亦爲非禮。故《左傳》僖三十一年云‘禮不卜常祀’,是常祀不卜也。”(《禮記正義》卷三,第2710頁。)

② 王引之:《經義述聞》,南京:鳳凰出版社,2000年,第431—432頁。

③ 杜預:《春秋釋例》,第61頁。

結合杜預所論魯郊時限的觀點,以節氣月作爲祀期的雩祭一般情況下得跨兩個朔望月,亦即杜氏在解釋桓公六年城向中所提到的"節月前却"之理。因此,建午五月舉行雩祭也並非一定"不時",桓公五年"秋雩書不時"實由其"涉周之立秋節"致然。换言之,由於《長曆》該年閏正月,使得夏正五月朔日在芒種節之後,秋五月已過雩祭時限,故傳文因過時而書。

考《三統曆》《四分曆》,桓公五年閏餘皆爲16,依曆理當閏六月,但如上文所析,杜氏置閏不全據此,孔穎達論杜預《長曆》亦云:"杜唯勘經傳上下日月以爲《長曆》。"[①]校覈桓公五年前後曆日:桓公三年經,七月"壬辰"朔日食;五年正月有"己丑",其間不容有閏。因此,桓公五年正月朔當如杜預《長曆》在"甲申"前後,[②]而桓公六年經有"八月壬午",則其間必有一閏。杜預必以閏正月者,或慮及前閏距離,而緊貼正月置閏;抑或與《集解》"啓蟄而郊,龍見而雩"所涉"節前月却"之理有關。但無論從何種角度出發做出設置"閏正月"之舉,其本質仍舊是爲了盡力牽合"無中氣置閏法"規則中的節月關係所作的便宜之舉。

此外,還需指出的是,"龍見而雩"所指具體天象及其發生的時節,漢代經師所述與唐代學者的理解並不完全一致。服虔注"龍見"以爲:"龍,角、亢也。謂四月昏,龍星體見,萬物始盛,待雨而大,故雩祭以求雨也。"[③]以角、亢升越晨見,爲傳文"龍見"之象。就實際觀測而言,東漢末年夏四月初,昏見東方爲氐、房之星,五月初可見尾、箕。服虔以"角、亢"而不以龍體全見指代"龍見",當是慮及傳文"秋雩書不時"對於雩祭不過四月的規定。總之,"龍見"之象無法如同"昏旦中星",作爲一個確指的天象來標識特定的日期,故其内涵模糊不定。而服虔、鄭玄皆據《左傳》以雩祭在四月爲常祀,因此其所謂"龍見"之象也應根據時人所見的四月天象而來並具有相應的時代特徵。

至於杜預之説,今存文獻尚有相異之處:(1)《後漢書·孝安帝紀》注所引杜預之語,"謂建巳之月,龍星角、亢見東方。雩,遠也,遠爲百穀求膏雨"。[④] 同服虔説相似;(2)《初學記》引杜氏《釋例》則作"龍見而雩,謂建巳之月,蒼龍七宿之體,昏見東方",[⑤]從"角亢"二宿,轉作蒼龍七宿(角亢氐房心尾箕)。而服、杜所謂"龍見"究指何象,後世學者各據所聞,論見不一,清儒李貽德嘗試以《夏小正》四月初"昏南門正"作

---

① 杜預注,孔穎達疏:《春秋左傳正義》卷一八,第3987頁。

② 杜預:《春秋長曆》,《春秋長曆二種》,北京:中華書局,2021年,第24頁。

③ 司馬彪:《續漢書·禮儀志》,北京:中華書局,1965年,第3118頁

④ 范曄:《後漢書》卷五《孝安帝紀》,北京:中華書局,1965年,第219—220頁。

⑤ 《初學記》引作"左傳曰:龍見而雩。注云:龍見建巳之月。蒼龍七宿之體。昏見東方。"未言何注。(徐堅:《初學記》卷三《歲時部》,中華書局,1962年,第50頁。)然《文淵閣四庫全書》據《永樂大典》輯本有相同佚句,標爲《春秋釋例》。(杜預:《春秋釋例》,第59頁。)

爲角宿(南門)昏見東方之證,以"龍見"專指龍角,[①]但其説誤以"昏正"爲昏見而遭到黄以周的駁斥,後者復由《玉燭寶典》所引服解"四月昏龍星體畢",[②]力主服、杜所解本指東方七宿畢現爲"龍見"之象。但就杜預當時所能依憑的晉漢曆而言,蒼龍七星畢現,相當於角、亢昏中,在四月中氣至於五月中氣之間,與杜氏所謂"得此月節則當卜祀""始夏而雩者"等以立夏節氣得有雩祭的論述相矛盾。且據《史記正義》引《漢舊儀》所謂"夏則龍星見而始雩,龍星左角爲天田,右角爲天庭"之言,[③]是服虔所解自有其源,而杜氏承襲前説亦當以龍角昏見爲始雩之期爲恰。故最大的可能還是杜氏所持"龍見"之象,與服虔並無二異,所謂"七宿昏見"之語,不排除是六朝經師據當時"龍見"爲角昏中之説而誤衍。

但到孔穎達《正義》及僧一行《大衍曆議》之中,傳文"龍見"則被理解爲七宿畢現的特定天象,而角宿昏中便成爲這一天象的指徵,從而具備標識具體時節的功能。就"漢曆"而言,昏角中在四月中氣(小滿)前後,故孔穎達認爲雩期當自此始至於下月中氣而終。因此,將杜預《釋例》中"得此月節""過涉次節""周之立秋節"之"節"俱解釋爲中氣,即有所謂"言'涉立秋節'者,謂涉立秋之月中氣節也"之言。[④] 但如此,雩祭祀時便與"節月前却"之理無涉,而隨中氣移易常置於夏正四、五月之間,不僅與杜氏"始夏而雩"的論述相悖,也同傳文"秋雩書不時"的時限規定有歧。

綜上可知,杜預之義在於:祭祀以星象所示節、氣爲始,一個節氣月的時段内行祀皆爲得時。而"節前月却"之理應當僅存於以節氣爲祀時起訖的祭祀之中。若起訖皆由中氣,這一説法便無法通釋,孔穎達於此未達一間,以爲凡祀皆由中氣起,並誤解杜預"節前月却"的具體含義,而令杜預構建的祀時理論没有得到正確的疏解。

三　昏見與歲差:經師雩期與"龍見"之象

無論是桓十六年"冬城向"中的"定之未中",抑或"龍見而雩"的專指角亢,杜預(包括服虔)等漢晉學者對於天象時令關係的論述,往往受到具體經傳文意的約束,而在天象觀測允許的範圍内略作便宜。後世學者以精進的曆法知識將經傳所指天象精確化,以便賦予其紀時内涵,又同此前學者的經注疏解産生歧差。

---

① 李貽德:《春秋左氏傳賈服注輯述》,《續修四庫全書》第125册,上海:上海古籍出版社,2002年,第418頁。

② 黄以周:《禮書通故》,第639—640頁。

③ 司馬遷:《史記》卷二八《封禪書》,北京:中華書局,1959年,第1380頁。

④ 杜預注,孔穎達疏:《春秋左傳正義》卷六,第3797頁。

(一)昏見與“龍見”星象

傳統曆法中的“日躔”與“昏旦中星”記述了太陽與相關星宿在固定時節的天球赤經,兩者可通過晝夜漏刻度數而相互推知,本質仍爲藉太陽所在宿度來紀時的授時方法。古典經傳中昏見、晨見紀時意義的成立,實際上亦同上述兩個概念相關,唐代學者討論晨見星象特徵曾提及兩種舊有方案:其一,僧一行在《日度議》中提到:“古曆,距中九十一度,是日晨出。”①其二,孔穎達《春秋左傳正義》所謂:“曆法,星去日半次,則得朝見。”②前者通過距離旦中星的赤經差度判斷晨見星所在,後者則由日躔所在後推半次 15 度而得。但校覈東漢《四分曆》以來的“晨昏日躔去中度”,兩種方案所得的晨見宿度並不能完全耦合,足見其時學者對於晨昏東見星象的認知尚未準確、統一。且孔疏所謂“去日半次”晨見之法,出自劉歆《三統曆》,其術本爲測定行星晨見而設。③ 由於行星軌道與黄道基本吻合,晨見黄道距日度也因之基本一致。但作爲具體星象的二十八星宿,其分佈並不固定於黄道、赤道等統一緯綫之上,諸宿高低上下、緊密疏離亦無定準。故就實際觀測而言,每宿晨出、昏見時刻的“中星”與“日躔”並非按照上述兩種設定按照統一的距度(黄道、赤道)有規律地展開。

若以現代數學的角度考察,當某宿“晨、昏見”時刻躍升地平綫上(高度角爲 0°),根據球面三角的相關定理,該宿的“距中度”(t)主要同觀測者的“地球緯度”(δ)與該宿的“天球緯度”(φ)有關,並構成一組固定的函書關係:④

$\cos t = -\tan\delta\tan\varphi$($t$=去中度,$\delta$=緯度,$\varphi$=赤緯)··················(式 3.1)

以一行在《日度議》中引述“古曆,距中九十一度是日晨出”之法而論,古曆去中九十一古度,折合今度 90°,由上式可得昏見宿在赤緯 0°,⑤即處於天球赤道上,是一種特殊情況。就實際星象分佈而言,東方蒼龍七宿的天球赤緯並不恰巧分部於天赤道之上,因此,諸星昏見時的“去中度”,由其各自的“去極度”不同而有差異。若設觀測點在以洛陽爲中心的中原地區附近,緯度在北緯 35°左右,東方七宿“距星”昏見東方時的“距中度”以及“昏中星”可依次推得如下表:

---

① 歐陽修、宋祁:《新唐書》二七上《曆三上》,第 606 頁。

② 杜預注,孔穎達疏:《春秋左傳正義》卷四二,第 4416 頁。

③ 去日半次晨見之説皆見於《漢書·律曆志》“五步”中,描述行星晨見之象,如“木,晨始見,去日半次”“金,晨始見,去日半次”之類是也。(《漢書》二一下《律曆志下》,第 998 頁。)

④ 夏堅白等:《實用天文學》,北京:商務印書館,1956 年,第 76 頁。

⑤ $\cos(90°)=0$,$\tan(35°)=0.70020$,tan 赤緯 =0。故赤緯爲 0°,在赤道上。

表 1　東方七宿距星昏東見時刻中星所在

距星	西星名	天赤緯(°)	距中度(°)	折合距中古度	昏中星
角宿一	室女座 α	-0.75	89.4748	91 度	井 21 度
亢宿一	室女座 κ	-10	82.9078	84 度	柳 3 度
氐宿一	天秤座 α2	-15.83	78.5487	80 度	星 1 度
房宿一	天蠍座 π	-25.83	70.1873	71 度	翼 0 度
心宿一	天蠍座 σ	-25.33	70.6442	72 度	翼 4 度
尾宿一	天蠍座 μ1	-38	56.8345	58 度	軫 5 度
箕宿一	人馬座 γ1	-30.5	65.6410	67 度	軫 14 度
斗宿一	人馬座 φ	-27	69.0981	70 度	角 5 度

説明:天赤緯度數,以赤道以北爲正(+),赤道以南爲負(-)。

由上表可知,一行在《日度議》中以“龍見”爲角宿昏中,契合於東方蒼龍七宿之體躍升地平綫上的景象。若以東漢《四分曆》的節氣日躔體系衡量,整個蒼龍七宿的昏見歷程爲:角昏畢見(柳 3 度昏中),在二月春分後 3 日;尾昏畢見(軫 14 度昏中),在四月小滿前 3 日;東方七宿畢現(角 5 度昏中),在四月小滿後 5 日餘。整個過程從二月中氣至四月中氣,歷時兩個月左右,對於實際觀測而言,受制於地平綫附近地形環境,這一過程實際上可能會稍晚於上述時間節點。

反觀漢晉經師以建巳之初“龍見”行雩的注解,結合其時曆術背景,可知立夏前後心宿漸升東方而尾宿尚無法得見。故經師所謂的“晨見”“昏見”究竟描繪的是何種景象,尚需從其時遺留舊注之中予以推測。而《國語》“定王使單襄公聘於宋”一節韋昭注文中,便曾屢據晨見星覈定時節,現略析如下:

①“火朝覿矣”,韋昭曰:“火,心星。朝見謂夏正十月。”據《四分曆》立冬晨中星在翼 17 度,心宿距此時中星有 80—85 度。據“表 1”心宿東見的理論距中度在 70 度左右,因此,立冬時心宿尚在地平綫下,其晨見當稍晚於立冬。故韋昭謂“夏至十月”不言立冬節。

②“辰角見而雨畢”,韋昭曰:“……建戌之初,寒露節也。”《四分曆》寒露日晨中星在鬼 3 度,角宿距其在 76—88 度之間。考“表 1”角宿東見時的理論距中度在 82—89 度左右,是韋昭所謂晨見角宿處於理論限值内。而韋氏所謂“天根見”在寒露後 5 日,“本見”在寒露後 10 日,亦基本與上表相合。

③“驷見而隕霜”,韋昭曰:“駟,天驷,房星也。謂建戌之中,霜始降也。”《四分

曆》霜降晨中星在星宿 3 度,房宿距中星有 93—98 度。而"表 1"所述房宿東見的理論距中度不超過 70 度左右,霜降時房宿尚不可見。故此處韋昭所注當爲霜降後某日,清儒項名達校覈前後星象亦以此處所涉晨見之象晚於霜降。①

可見,除却"房見霜降節"明顯有悖於觀測實際以外,韋昭的晨見星大體上合乎所涉節氣前後幾日的目視實際,並在理論限值之内。尤其韋昭所謂"辰角見於寒露節"基本與理論上的去中度相契合。而漢儒鄭玄答孫皓問《左傳》"西陸朝覿"時,以四月立夏昴星朝見解之,其中所涉晨見距中度亦同理論數據相近。② 因此,服虔注解"龍見而雩",亦應當考慮到建巳之初東方蒼龍諸宿並無法畢現東方,故舉角亢而言之,且其謂"龍體畢現"也很有可能專指龍體"房""心"二宿。

(二)歲差與杜預祀期星象的歧解:歲差的引入與"龍見"星象的精確化

雖然晨昏見星與"中星"具有間接的數理聯繫,但漢魏學者的相關注解尚未從中星所在來推算晨見星宿及其發生時節,仍應根據實測目驗而得。由此可見,對於漢晉經師而言,横跨七宿的蒼龍之體,其"昏見"作爲一段時間的星象特徵本難以確指時節。加之經傳所載歷史星象同漢曆、目測不無有差,因此精確的星象時節描述往往無法解釋經傳中的不同時令規定,杜預所謂十月節氣"定之方中,尚未正之中"的解釋,便是通過模糊星象所指的精確性,來謀求通釋經傳文本的空間。

而虞喜以來,歲差現象的發現則爲學者提供了將平面的歷史星象記載還原爲立體年代序列的工具。祖沖之將歲差引入曆術推算,以歲移 860 分(每度 39491 分)的歲差率,③校覈經傳歷史星象。此後唐一行循其路徑,於《日度議》中全面梳理群經星象的年代序列,將"龍見而雩"描繪成精確的具體天象,並因之推演有周以來"龍見"的時節變遷:

> 《春秋·桓公五年》"秋大雩",傳曰:"書不時也。凡祀,啓蟄而郊,龍見而雩。"周曆,立夏日在觜觿二度。於軌漏,昏角一度中,蒼龍畢見。然則當在建巳之初,周禮也。至春秋時日已潛退五度,節前月却,猶在建辰。《月令》以爲五月者,吕氏以《顓頊曆》芒種亢中。則龍以立夏昏見,不知有歲差,故雩祭失時。然

① 徐元誥:《國語集解》,第 64 頁。

② 《四分曆》立夏晨中星在女 10 度,昴宿距其有 96—107 度。距式(3.1)昴宿晨見星距中度爲 107 度左右,兩者相差不大。鄭説見皮錫瑞《鄭志疏證》,《皮錫瑞全集》第 3 册,第 401 頁。

③ 《大明曆》載:"紀法,三萬九千四百九十一(39491)。歲餘,九千五百八十九(9589)。虚分,萬四百四十九(10449)。"亦即回歸年爲 $365\frac{9589}{39491}$($\frac{\text{歲餘}}{\text{紀法}}$),恒星年 $365\frac{10449}{39491}$($\frac{\text{虚分}}{\text{紀法}}$),兩者之差爲歲差 $\frac{860}{39491}$。《宋書》卷十三《曆志下》,北京:中華書局,1974 年,第 291—292 頁。

> 則唐禮當以建巳之初,農祥始見而雩,若據《麟德曆》以小滿後十三日,則龍角過中,爲不時矣。①

《大衍曆議》用"定氣",並認爲"今冬至定在赤道斗十度",據此推得立夏日約在昴 4 度上下,距觜觿二度約 24 度。以其年移 36.75 分(每度 3040 分)的歲差率推之,其間當有 1900 餘年。開元十一年(723)一行製黄道游儀成,並以覈驗星度,②則前此 1900 餘年,當指西周之初,故其所謂"周曆"是以歲差逆推周初天象而言。至於一行所謂"於軌漏,昏角一度中,蒼龍畢見"者,專指"龍見"時刻的星象特徵,並非是延續上句的立夏中星。據此,《曆議》論述不同時期的"龍見"時節可依此疏解如下:

A 周初:據周初立夏日在觜觿二度,其時昏中星在軫 9 度,約需 8 日後方得角宿昏中,但尚在"建巳之初"。

B 春秋:春秋日退 5 度,天象後移 5 日,但就"龍見"而言仍在四月中氣之前,因此,若"節前月却"則建卯三月尚有"龍見"之可能。

C 秦:《月令》據《顓頊曆》五月節氣昏亢中,逆溯諸節:小滿節後昏角中、立夏昏翼 12 度中。以龍宿諸星畢見始得雩祭,已近於五月節氣,故《月令》大雩在仲夏。③

D 唐:比及唐時,《麟德曆》小滿日在畢 12 度,其時採用定氣,十三日後日躔参 7 度,昏中星在角 0 度,龍星方得畢現。然於雩祭而言過晚。

可見,在一行的論述中,"龍見"應當指角宿昏中的具體天象,此時尾星東見,龍體畢現。因此,若要滿足雩祭行於立夏節後,則必須結合歲差對周禮雩祭星度的規定加以調整。對於唐曆而言,《大衍曆》立夏昏中星在翼 4 度,通過"表 1"的昏見與中星關係,可知知其時房、心昏時初見東方,故一行議以爲當據"農祥(房宿)始見"作爲雩祭行祀的天象依據。

由上可知,一行、服虔、杜預俱以"龍見"爲建巳之初,但漢晉經師未曉歲差,其經注語境中的"龍見"之象也必然與一行《曆議》中所描繪的不同。且覈西晉所用《景初曆》節氣日躔,參酌其時昏中星去日度,④可知三節昏中星分别在:翼 17 度,角 0 度,亢 5 度,而昏見星依次爲心、尾、箕。據此,建巳之初的天象對於漢晉學者而言,當非蒼龍七宿全體。另外,杜預《釋例》駁斥潁容五月行雩的觀點,還提到"潁氏因之以爲龍見

① 歐陽修、宋祁:《新唐書》卷二七上《曆三上》,第 607 頁。

② 歐陽修、宋祁:《新唐書》卷三一《天文一》,第 806—807 頁。

③ 王應偉釋曰:"吕不韋用顓頊曆,以五月芒種亢昏中,適應'龍以立夏昏見',而未將歲差算如,遂使雩祭不當其時。"於義亦通。(王應偉:《中國古曆通解》,瀋陽:遼寧教育出版社,1998 年,125 頁。)

④ 校覈《景初曆》節氣日躔及去中度,得立夏日在畢 7 度,昏翼 17 度中;小滿日在参 4 度,昏角 0 度中;芒種日在井 10 度,昏亢 5 度中。

五月,五月之時,龍星已過于見",[1]尋繹杜預所謂"過見"之言,可知以超過畢見之時即爲雩祭失時,故以潁氏之説非是。一行所述祀期顯與此不同,由於《麟德曆》小滿末龍體畢見,而以此時雩祭則爲過晚,故在其看來"龍見而雩"指的是龍宿俱見而始雩。因此,在評價潁容時,認爲其誤在以"《月令》晨昏距宿,當在中氣",而使角昏中的星象發生在五月之初,較經典周禮本義延宕一月。

鄭玄、服虔、杜預等魏晉經師在《月令》與《左傳》的取擇中,一方面從《月令》爲秦令的認知出發,多以其非爲正典,[2]故採《左傳》"秋大雩書不時"的觀點;另一方面,對時人而言,在小滿中氣前後已經能够目睹蒼龍之體(由角至尾)昏見東方,該月行祭也合乎"龍見而雩"的規定。由於"龍見"作爲時間規定,其内涵複雜:或以龍角見爲"見",或以龍尾見爲"見";或以"見"爲始祭之日,或以"見"爲終祭之時。而杜預必以立夏節始祭者,除却星象因素外,更由其祭祀"由節不由月"的祀時理論決定:若三月中氣龍角始見而雩,則於時過早;若四月中氣龍尾畢現而雩,則五月秋雩便爲得時。因此,"龍見而雩"在杜預的詮釋框架内便僅僅是結合"傳文實際"及其祀時理論的附屬品,在合乎兩者的基礎上,賦予星象不悖實測的解説。後儒拗於具體星象而未曉杜預解説的深層内涵,以致歧解迭起,其中較有代表性的爲金鶚《求古録禮説》中所論:

> 漢元嘉曆:五月節昏角十度中,五月中昏氐五度中,角亢氐皆爲五月中星。《月令》舉其中而言之,然則角亢昏中在仲夏矣。仲夏昏中星既爲角亢,則蒼龍七宿始得盡見。……若謂"見"不必始見,即見于東方已高亦得謂之"見"。果爾何可以定時乎?故知"龍見"是蒼龍七宿盡見也。四月蒼龍非始見,亦未盡見,則"龍見"非仲夏而何?[3]

其中,金鶚採納一行爲代表的"龍見"描述,以龍體畢現爲始雩之象,即以在角宿昏中之時行祭。但其誤據劉宋何承天《元嘉曆》爲"漢曆",加之不引"歲差",故將不同時代的文獻置於同一歷史平面内,從而認爲雩祭本當於建午五月行之,對於《左傳》"秋雩不時"的譏諷置若罔聞。至於李貽德申述服注,以"龍體"爲龍角;[4]黄以周不慮雩始

---

① 杜預:《春秋釋例》,第61頁。

② 鄭玄《三禮目録》云:"名曰《月令》者,以其記十二月政之所行也,本《吕氏春秋》十二月紀之首章也。以禮家好事鈔合之,後人因題之名曰《禮記》,言周公所作,其中官名、時事多不合周法,此於《别録》屬《明堂陰陽記》"(《禮記正義》卷一四,第2927頁。)杜預亦云:"《月令》之書出自吕不韋,其意也欲爲秦制,非古典也。"(杜預:《春秋釋例》,第61頁。)

③ 金鶚:《求古録禮説》卷四,《續修四庫全書》第110册,第234頁。

④ 李貽德:《春秋左氏傳賈服注輯述》,《續修四庫全書》第125册,第418頁。

立夏節而主"龍見"專指龍尾,[1]雖皆以"龍見而雩"在建巳之月,但於其時星象所指却言人人殊。足見有清一代學者對於漢晉經師有關雩祭祀時的討論,多聚焦於具體星象而忽略了杜預祀時理論中所涉及的節月關係。

四　餘論

《左傳》《月令》關於正雩當在何月所述不同,漢魏以來經師圍繞其間的禮義邏輯與星象節氣有過不少討論。"歲差"發現以後,曆學家動用全新工具,力圖將不同時期的禮文還原到各自的時代序列之中。而禮學與曆學層面的學術論辯,亦或明或暗地潛滲到此後官方禮制的設計之中。縱觀漢代以來的雩祭制度,後漢時尚無定制,《通典》云:"後漢自立春至立夏盡立秋,郡國上雨澤。若少,各掃除社稷,公卿官長以次行雩禮以求雨。"[2]逢旱即行雩祭。六朝雩祭之典,則有一個不斷進化完備的過程,《隋書·禮儀志》載"梁制不爲恒祀。四月後旱,則祈雨",嘗取四月旱時行雩。北齊依《左傳》之言,以"龍見而雩"時在孟夏四月。隋襲齊制在"孟夏之月,龍星見,則雩五方上帝,配以五人帝於上,以太祖武元帝配饗,五官從配於下"。[3] 以孟夏行祭,但諸代禮典關於"龍星見"一言的具體所指則未有明文述及。

及至《開元禮》,曆學家對於星象的考訂與辯駁在官方禮典中纔予以清晰地展現,《大唐開元禮》卷一《序例》"擇日"有云:

> 若雩祀之典有殊古法,傳曰:"龍見而雩。"自周以來歲星差度,今之龍見乃在仲夏之初,以祈甘雨遂爲晚矣,<u>今用四月上旬卜日</u>。[4]

其文據一行《日度議》所論,認爲受到歲差影響,"龍見"爲仲夏五月星象已不合於四月雩祭的常典。大致與此同時,[5]玄宗更撰《唐月令》,移仲夏"大雩"至於"四月節",李林甫在《進御刊定禮記月令表》中申言之,謂:"逮夫《吕氏》,纂習舊儀,定以孟春日在營室,有拘恒檢,無適變通,不知氣逐閏移,節隨斗建。洎乎月朔差異,日星見殊,乃令雩祀愆期,百工作沴,事資革弊,允屬宜更。"[6]對《唐月令》大雩祭的更易做了説明,其

---

① 黄以周:《禮書通故》,第 640 頁。

② 杜佑:《通典》卷四二《沿革三·吉禮二》,北京:中華書局 1988 年版,第 1203 頁。

③ 魏徵:《隋書》卷七《禮儀二》,北京:中華書局,1973 年版,第 127 頁。

④ 蕭嵩:《大唐開元禮》卷一,北京:民族出版社,2000 年,第 12 頁。

⑤ 據趙永磊考證,《唐月令》成文在開元十五年至開元二十六年之間。(趙永磊:《曆術、時令、郊社制度與唐月令》,《文史》2018 年第 4 輯,第 161 頁。)

⑥ 李林甫:《進御刊定禮記月令表》,《全唐文》,北京:中華書局,1983 年版,第 3508 頁。

説實由一行《曆議》而來。

然而唐禮雖採曆家之言,否定了"龍見"之象作爲雩祭時間準繩的合理性。但實際上仍然延續了北朝以來四月雩祭的傳統,與一行以立夏節"農祥始見"爲始祀之期的建議尚有區別:前者據"月",後者據"節"。這一差異,實可上溯至漢晉學者的不同論説,即如前文於"啓蟄而郊"所辨,在漢儒的話語體系内,啓蟄春郊限於建寅孟春的一個曆法月(朔望月),歷代禮典雩祭以"月"之起訖衡定祀期,與此同源。而一行以節氣斷祀期,則同杜預"舉天宿氣節爲文而不以月爲正"的祀期理論相合。《開元禮》《唐月令》等唐禮採擇一行"龍見"之辨,但其祀期仍以曆法月爲主,用月内卜日爲期,在舊典成規、星象時曆間左右採獲,但未暇處理不同祀期理論之間的矛盾。

由於節月參錯,故實際行禮必然致有齟齬,北宋時歐陽修領撰《太常因革禮》曾以景德三年禮官卜四月五日雩祭在立夏節氣前之故,而進言改革雩制:

> 《唐五禮序例》以爲從周以來歲星差度,今龍見或在五月,若以祈雨,於時已晚。今若四月上旬卜日,不節祭,於立夏之前,此則乖背典儀。假令龍見于仲夏,雩祀於季春,相去遼闊,禮尤不協。請自今雩祀並於立夏卜日,如立夏在三月即須改朔後卜日。[①]

新禮指出,節、月有前有却,"四月上旬卜日"若在立夏之前,則同經傳所描述的據節氣星象行祭的禮義有悖;然以立夏節卜祭,節前月却則在三月季春之月,於禮似又過早。故因以變革唐禮的雩祭祀時設定,改置雩祭"於立夏卜日,如立夏在三月即須改朔後卜日"。《太常因革禮》以節月前却、取其後者的形式融合兩種祀期理論的矛盾,嘗試在禮經舊説、禮典成式與施禮實際之間求得通融,在《開元禮》基礎上便宜折衷,制作雩祭新儀,以期達成舊傳統與新知識之間的平衡。

作者簡介:

馬濤,男,1988年生,河南洛陽人,湖南大學岳麓書院副教授。主要研究方向爲中國經學史,近年代表論著有《再論漢石經〈魯詩・大雅〉的分什與篇次:兼辨上博藏漢石經〈魯詩〉殘石真僞》(《文獻》2021年第4期)、《石經論著提要四種》,《經學文獻研究集刊》第二十二輯,2019年)、《春秋三傳立主制度發微》(《中國史研究》2019年第4期)。

---

① 歐陽修等:《太常因革禮》卷三四《吉禮六》,《續修四庫全書》第821册,第479頁。《廣雅叢書》本作"不祭于立夏之前"。(《太常因革禮》卷三四《吉禮六》,1920年《廣雅叢書》刊本,第二葉。)

《先賢江慎修公弄丸圖題記》源流考

吉　莉

乾隆七年(1742),歙縣畫師徐曙東爲禮學家江永寫像,江氏作《弄丸齋記》闡釋畫像背景、弄丸思想及弄丸齋的由來。又九年(1751),婺源畫店蘭素軒請杭州畫師廖盛林前來画像,成《江慎修公弄丸圖》。江永對此畫頗爲感慨,作《弄丸齋主人自題小影》,一方面表達了畫作不如人意之處,另一方面再次強調何爲弄丸。江氏與世長辭後,族人江柏森、江兆槐接續攜像請詞於名家。其中包括阮元、阮福父子,陶澍、趙炳言、沈維鐈、竇煦、朱師轍、姚永樸、許承堯、蔡元培、吴漢聲等官宦學者,以及蕭江後裔教育家江謙、清末舉人江友燮。隨後,江兆槐輯廖盛林繪製的江永肖像《江慎修公弄丸圖》、兩篇江永寫作文章《弄丸齋記》《弄丸齋主人自題小影》以及十三首道光至民國年間學者所作贊詞形成《先賢江慎修公弄丸圖題記》。

頗值得玩味的是,面對同一幅畫像、同一位學者,諸家題詞特色鮮明,甚至相去甚遠,使得江永的學術定位日趨複雜,爲考察學術史中的江永以及江氏學術原貌提供了嶄新視角。同時,在江氏後人請詞的過程中,葉恭綽爲作《清代學者畫像》第二集求訪江永像。江兆槐除了提供《江慎修公弄丸圖》,還兼録題記、象贊、《年譜》一併交付。[①] 這些材料極大決定了後世流傳頗廣的《清代學者象傳》中江永像的呈現内容,由於《象傳》未記此事經過,故未引起學界重視。然而此事關涉江永像的演變和定格,以及《清代學者象傳》第二集的創作過程,值得深入研究。

---

① 江兆槐:《敬題江慎修先生弄丸遺像》,江永著,林勝彩點校,鍾彩鈞校訂:《善餘堂文集》,臺北:"中研院"中國文哲研究所,2013年,第81頁。

《江慎修公弄丸圖》①

一　江永畫像的演變與定格

面對徐曙東和廖盛林兩位畫師的作品,江永的心境並不相同。對於徐畫,江永只言畫中己身盡顯"倥侗之貌",並無其他議論。然而,在面對廖畫時,江永感受頗爲複雜,他一方面高贊畫師"年甚少,技至此",另一方面又對畫中的人物與景色頗感陌生。想來一生清貧,弄丸書齋也不過陋室一間,然在廖氏描繪下宛如雅集,不僅有小童烹茶,而且處處逢景,下有小鱗遍體紅,上有鳴禽向天翀。風物之外,最讓江永難以釋懷的是畫中己身呈現的架足之勢,直言"微恨廖兄性癖,不聽人言,作架足狀,生平未有此容,甚爲此圖敗筆。"只是,江氏思來想去,只得自我寬慰,言道"世間事不能十全,一笑置之可也",②勉強接受了廖畫以及另一種自己的存在。

其實,翻看清代學者畫像,其中不乏架足學者,比如江永弟子程瑤田、引江永《推步法解》入《五禮通考》的秦蕙田等等。尤其是程瑤田像與廖盛林所繪江永像在意境上甚是相仿,架足持扇,翩然物外。對於廖盛林爲代表的畫家而言,現實中的學者是否真的架足並不重要,他不是從自己的視覺印象入手,而是從觀念或概念入手的。③ 也

① 廖盛林繪製:《江慎修公弄丸圖》,江永著,林勝彩點校,鍾彩鈞校訂:《善餘堂文集》,第4頁。

② 江永:《弄丸齋主人自題小影》,江永著,林勝彩點校,鍾彩鈞校訂:《善餘堂文集》,第75頁。

③ E.H.貢布里希著,范景中等譯:《藝術與錯覺　圖畫再現的心理學研究》,南寧:廣西美術出版社,2023年,第64頁。

就是説,在畫家概念中,架足不涉及禮學問題,只是某種風格的通用要素。只是,换個角度,在禮學家江永看來,於情於禮都不願以架足面貌示人。一方面,架足不合禮經規範。孔子有言,"顔色稱其情,戚容稱其服"。行禮在於表達内心情感,如果僅行儀節而没有禮容,則禮義無從體現,稱"儀"猶可,稱"禮"則斷然不可。[1]《禮記·玉藻》又言,"足容重,手容恭,目容端,口容止,聲容静,頭容直,氣容肅,立容德,色容莊,坐如尸,燕居告温温。"架足不僅不够"足容重",還不滿足"坐如尸"的要求。另一方面,江永是禮學的踐履者。禮者,履也。江永不只研究禮經文本,還倡導在日常生活中踐行。比如學習"古人設緜蕝習禮之法,假立賓主,循而行之"、[2]"用童子八九人依《儀禮》教之行事"、[3]"教童子演《士相見》《投壺》《鄉飲》"[4]等等。故而,無論就江永研究的禮學文本還是個人品行而言,此畫都是不合心意的。無力改變畫作的江永只能用《自題小影》作爲補充和聲明。所幸在於,二百年後的葉恭綽注意到此事,替江永彌補了遺憾。

《清代學者象傳》第二集程瑶田像[5]

---

① 彭林:《論郭店楚簡中的禮容》,武漢大學中國文化研究院編:《郭店楚簡國際學術研討會論文集》,武漢:湖北人民出版社,2000 年,第 135 頁。

② 江永:《旅酬下爲上 坊刻文》,江永著,林勝彩點校,鍾彩鈞校訂:《善餘堂文集》,第 23 頁。

③ 江永:《旅酬下爲上 坊刻文》,江永著,林勝彩點校,鍾彩鈞校訂:《善餘堂文集》,第 23 頁。

④ 江永:《再答汪燦人先生書》,江永著,林勝彩點校,鍾彩鈞校訂:《善餘堂文集》,第 49 頁。

⑤ 葉恭綽:《清代學者象傳》,葉衍蘭、葉恭綽:《清代學者象傳》,上海:上海書店出版社,2014 年,第 428 頁。

《清代學者象傳》第二集秦蕙田像[1]

1928年,《清代學者象傳》問世,風行一時。葉衍蘭之孫葉恭綽隨即著手續編第二集,經廿年蒐集,又得二百學者畫像,[2]江永即是其一。根據江兆槐回憶,癸酉年(1933)春,葉恭綽來求江永像。他除了提供廖盛林繪製的《江慎修公弄丸圖》外,還兼録題記、象贊、年譜一同交付葉氏。對比《江慎修公弄丸圖》與《清代學者象傳》中的江永像,兩幅圖相似度極高,《象傳》確是在廖圖基礎上繪製而成。所不同在於,《象傳》一改廖圖中的架足勢爲端坐狀,廖畫中的右手持扇也變爲撫須,左手則添書一卷,齋中小童、紅鱗、鳴禽全然不見蹤跡。不難看出,《象傳》中改動過的部分正是江永在《弄丸齋主人自題小影》中強調的遺憾之處。葉氏此舉,不僅幫助江永得到了理想中的肖像畫,還憑藉《清代學者象傳》的風靡程度,使得端坐持重的江永像得以代替廖畫傳佈後世。現今,江西婺源江灣的江永紀念館中懸掛的便是《象傳》中的江永像。

不同於第一集,《清代學者象傳》第二集有圖無傳,是未竟的學術文獻。[3] 文字的缺乏不僅關乎清代學者的個人事跡,也使得著書製圖經歷淹没在歷史的塵埃裏。幸在通過江永、江兆槐爲代表的學人記載,可以一定程度上彰顯葉恭綽、楊秋鵬輯佚、摹寫

---

① 葉恭綽:《清代學者象傳》,第419頁。

② 葉恭綽:《清代學者象傳序》,葉衍蘭、葉恭綽:《清代學者象傳》,第365頁。

③ 陳祖武:《〈清代學者象傳校補〉舉要》,《文史哲》2016年第5期,第47頁。

清代學者畫像所作的努力。同時,江永像的恢復也印證《象傳》第二集開篇書寫的凡例所言不虚,即"各象底本諸家傳神象暨行樂圖繪,或遺集附刊及流傳攝影,皆確然有所據"。[①] 葉恭綽不僅實實在在地訪求了江氏畫像,還切實閲讀並著重參考了隨畫附帶的《自題小影》,非如此不能了却江永夙願,實在可敬。

《清代學者象傳》第二集江永像[②]

二　江永弄丸思想闡釋

畫像不僅包括畫作本身,還藴含着畫師、畫中人想要通過畫像展現給觀衆的内容。畫師廖盛林的觀點已經通過創作江永像藉以傳達,那麽,被描摹方江永又想展現些什麽呢? 正是《弄丸齋記》《弄丸主人自題小影》一再强調的弄丸思想。

"弄丸"何意? 江永兩度做出解釋。在徐曙東畫作誕生後,江氏作《弄丸齋記》以"客曰""余曰"的問答體闡釋"弄"與"丸"。作爲主體的"丸",江永解釋爲:

> 太極者,丸之無形者也;蒼穹者,丸之無外者也;坤儀者,丸之精實者也;三辰者,丸之浮空而有耀者也;諸道諸輪者,丸之交錯而稠疊者也;五行、干支、圖書、卦

① 葉恭綽:《清代學者象傳》,第 366 頁。

② 葉恭綽:《清代學者象傳》,第 413 頁。

畫,皆丸之循環無端者也。遠爲元會運世,近爲歲月日辰,丸之轉也無窮。[1]

"丸"囊括太極、蒼穹、坤儀、三辰以及五行、干支、圖書、卦畫多元要素,是融合宋明理學、天文曆算、河圖洛書、周易八卦等思想的成果。那麽,如何"弄"丸? 江永提出了三種辦法:

> 吾精心以弄之,而見天之高、地之深,七政列宿之行,如是其微妙也。吾展眼弄之,而見皇之渾、帝之大、王之純、霸之雜,如是其推移也。吾又以不弄者弄之,而水自流焉,花自開焉,雲自逝焉,吾安焉順焉,無欣而無戚焉,以是畢吾生之丸而已矣![2]

"精心""展眼"是"弄"的狀態和程度,可以是出於用心也可以是隨時把玩。但"丸"也並非非"弄"不可,"不弄"也是一種"弄",與花草流水一般自然生長,不受人力操控。江永所謂"弄丸"既是對知識的總結,也是對人生哲理的剖析,不僅建立在深厚的經學研究基礎上,還有着牢固的自然科學尤其是天文知識作根基。事實上,這只是江永提出弄丸思想的開端,九年後隨《江慎修公弄丸圖》誕生的《弄丸主人自題小影》不僅更爲凝練,還提出了更爲豐富的解釋:

> 萬物總在一丸中,誰哉最大是蒼穹。層層包裹十一重,南北兩樞相對衝。日月星辰西復東,大地一丸浮虚空。七千年前是鴻濛,到今年歲號乾隆。時有弄丸主人翁,亞細亞洲一蠛蠓。……律曆圖書一理通,六書九數亦研礱。終朝把丸作玩供,何知春夏與秋冬。……萬事都在丸中融,大丸小丸一般同。[3]

除却與《弄丸齋記》相呼應的"律曆圖書""六書九數"内容,江永在《小影》中還引入了"十一重天""西復東""大地一丸""亞細亞"等天文地理概念,是中西科學知識在清代交織的反映。

"十一重天"的知識體系來自《兩儀玄覽圖》。明朝時,利瑪竇繪製《坤輿萬國全圖》將"九重天"介紹給中國士大夫。[4] 翌年,李應試刊刻在《坤輿萬國全圖》基礎上製作的《兩儀玄覽圖》時,於"九重天圖"中增加"無星宗動天"和"天主上帝發見天堂諸

---

① 江永:《弄丸齋記》,江永著,林勝彩點校,鍾彩鈞校訂:《善餘堂文集》,第 74 頁。

② 同上。

③ 江永:《弄丸主人自題小影》,同上,第 74—75 頁。

④ (意)利瑪竇:《論地球比九重天之星遠且大幾何》,(意)利瑪竇著,朱維錚主編:《利瑪竇中文著譯集》,上海:復旦大學出版社,2001 年,第 177 頁。

神聖所居永静不動”形成“十一重天圖”。[①] 巧合的是,在《江慎修先生年譜》有一條記載寫道,“(康熙)六十一年壬寅,(江永)四十二歲。館如前。《兩儀玄覽》成。”此處所説江永寫就的《兩儀玄覽》今世不存,不知與利瑪竇的《兩儀玄覽圖》有何關係。結合《弄丸主人自題小影》中出現的“十一重天”知識體系,可以推測江永不僅受到利瑪竇天文觀念的影響,還有意增補或注疏利瑪竇著述,《年譜》記載的“《兩儀玄覽》成”或是此意。“大地一丸”持地圓説,關於此點,江永在《翼梅》中已作《論地圓》,先對時人關於地圓的誤解做出澄清,後在認同梅文鼎觀點基礎上又引經文進一步論證。[②] 同樣,地球“西復東”運轉也與《翼梅》中的《論左旋右旋》思想吻合。[③] “亞細亞”即使亞洲,此類稱呼在明代已經傳入中國,無論《坤輿萬國全圖》《兩儀玄覽圖》還是江永在而立之年曾看到的《崇禎曆書》,都曾記載此類詞彙,江永一直對西學有所關注,使用“亞細亞”實屬情理之中。

十年間,江永學術精進之餘,對人生的理解也愈發深刻。大丸、小丸的形態和關係不僅存在於知識體系中,放在人世間的萬物關係中亦如此,彼此獨立却又互有交集。對待人生的態度也如弄丸之“弄”,精心經營、隨意處之甚至任憑發生都是一種方法。相比特定範疇的學術思想,江永没有將弄丸思想依託論著加以表達、宣揚,只隱藏在書齋名號和畫作之中,非特意關注很難顯現。如此,也便忽略了江永的另一種智慧。

三　江永學術定位的流轉

通過以上梳理,我們已經知曉廖盛林和江永企圖通過《江慎修公弄丸圖》展現的内容。接下來便要探尋爲畫題詞的學者在關注什麽,以及是否能够理解江永想要傳達的弄丸思想。按照《先賢江慎修公弄丸圖題記》呈現的,首先爲江永畫像題詞的是阮元。道光五年(1825),江永曾孫江柏森攜畫像及《弄丸主人自題小影》赴嶺南請贊,阮元稱此畫“雖拙手所畫,而精神面目,自當畢肖。”評價畫師功底之外,阮元題詞的重點在於:

> 朱子早年,究心於理。朱子晚年,究心於禮。

---

① 鈴木信昭以爲,利瑪竇選擇將九重天而非十一重天介紹給中國士大夫,是因爲十一重天相比九重天多出來兩重天具有“天主”“天堂”的意味,不容易被中國士大夫接受。刊刻《兩儀玄覽圖》的李應試已經成爲天主教徒,故能在圖中表現十一重天的思想。參見(日)鈴木信昭:《利瑪竇〈両儀玄覧図〉攷》,《朝鮮學報》,2006年10月,第38—39頁。

② 江永:《翼梅》,海山仙館叢書,第五葉。

③ 江永:《翼梅》,第十七至十九葉。

《經傳》未成,懷志而死。篁墩妄人,乃誣朱子。
外儒内禪,頹風不止。大清江君,起于婺水。
品正學醇,以禮爲履。禮樂天算,精博無比。
直接紫陽,使陋者恥。朱子若見,必敬且喜。[①]

此番評價,基本與江永特意書寫的《自題小影》無關,重在議論江永學術與朱子學的關係,尤其聚焦在江永的禮學成果發揚了朱子晚年志向層面。相比江永本身,阮元的題詞意在證明朱子學術確實存在理學到禮學的轉向。關於這一觀點,記載類似却更完整的表達見於阮氏的《書東莞陳氏〈學蔀通辨〉後》一文中:

朱子中年講理,固已精實,晚年講禮,尤耐繁難,誠有見乎理必出于禮也。古今所以治天下者,禮也。五倫皆禮,故宜忠宜孝即理也。然三代文質,損益甚多,且如殷尚白,周尚赤,禮也。使居周而有尚白者,若以非禮折之,則人不能争,以非理折之,則不能無争矣。故理必附乎禮以行,空言理,則可彼可此之邪説起矣。(如朱子議與趙紘等不合。)……此朱子一生拳拳于君國大事,聖賢禮經,晚年益精益勤之明證確據。若如王陽明誣朱子以晚年定論之説,直似朱子晚年厭棄經疏,忘情禮教,但如禪家之簡静,不必煩勞,不必悽黯矣,適相反矣。然則三禮注疏,學者何可不讀。蓋未有象山、篁墩、陽明而肯讀儀禮注疏者也。其視諸經注疏,直以爲支離喪志者也。豈有朱子守孔、顔博文約禮之訓,而晚悔支離者哉? 此清瀾陳氏所未及,亦學海堂諸人所未言者,故特著之。[②]

《學蔀通辨》是明代學者陳建爲掃除當時學術蔀障而作,《前編》明朱陸早同晚異之實,《後編》明象山陽儒陰釋之實,《續編》明佛學近似惑人之實。[③] 阮元在廣東學術界大力提倡是書,[④]使一部分人放棄其支離的理學而爲切實的學問的研究。[⑤] 與此同時,阮元也意識到陳氏學術的不足,即忽略了朱子晚年從理到禮的學術轉變,特作《書東莞陳氏〈學蔀通辨〉後》加以強調。結合阮元爲江永的題詞,這"切實的學問"自然是以禮學爲主的研究。針對阮元此番論述,宋學的推崇者當時也在學海堂貢職的方東樹在

① 江兆槐録:《先賢江慎修公弄丸圖題記(三)》,江永著,林勝彩點校,鍾彩鈞校訂:《善餘堂文集》,第76頁。

② 阮元著,鄧經元點校:《揅經室續集》卷三,北京:中華書局,1993年,第1062—1063頁。

③ 陳建:《學蔀通辨總序》,《續修四庫全書》第939册,上海:上海古籍出版社,2002年,第623頁。

④ 阮元曾言,"嶺南學人惟知尊奉白沙、甘泉,余於《學海堂初集》大推東莞陳氏《學蔀》之説,粤人乃知儒道。"見於阮元:《小暑前坐宗舫船遊北湖南萬柳堂宿别業詩》,《揅經室再續集》卷六,《清代詩文集彙編》第477册,上海:上海古籍出版社,2010年,第796頁。

⑤ 容肇祖:《學海堂考》,《嶺南學報》1934年第3卷第4期,第15頁。

《漢學商兑》中做出反駁：

阮氏元曰："朱子中年講理，晚年講禮，誠有見於理必出於禮也。……然則《三禮注疏》，學者何可不讀？"[摘自阮元《書東莞陳氏學蔀通辨後》]按：……夫朱子之學，以格物窮理爲先，豈至中年而始從事，晚又棄而不言乎？且中年講理，豈盡蹈空？而如所注各經，及集中諸考證文字，具有年歲，豈皆晚年之説乎？《年譜》具在，可考而知也，即其晚修《禮經》，豈至是絶不復言義理，而禁學者不得復言格物窮理乎？而朱子前没之四日，猶改《大學章句》，何以不聞悔而去格致補傳也？亦可見其妄援立説，誣而非事實矣。朱子論學，見於《遺書》《文集》《語録》者至詳，今概置不言，第舉其一事與己意相近者，便辭巧説，疑誤學者。此關學術是非得失之大，非若他處訓詁名物，一事一詞之失，無關輕重者比，吾故不得不辨。①

除了立足《書東莞陳氏〈學蔀通辨〉後》文本的駁斥，方東樹也無法認同阮元提出的禮、理關係：

今漢學家厲禁窮理，第以禮爲教。又所以稱禮者，惟在後儒注疏名物、制度之際，益失其本矣。使自古聖賢之言，經典之教，盡失其實，而頓易其局，豈非亘古未有之異端邪説乎？夫謂理附於禮而行，是也；謂但當讀《禮》，不當窮理，非也。理斡是非，禮是節文，若不窮理，何以能隆禮，由禮而識禮之意也？夫言禮而理在，是就禮言理。②

如果説前部分是就書論書，此段就是從禮理關係延伸至漢學、宋學之争。方東樹的觀點與阮元主張的由理入禮説大相徑庭，認爲誇大禮而不言理的漢學學者是異端。阮元藉題江永畫像一事，通過牽連朱子禮學，將江永劃入漢學陣營。然而，方東樹憑藉江永曾言"經籍包羅三才，制度名物，特其間一支一節耳"，③認爲江氏在推崇漢學方面是持平的儒者，並非完全的漢學代表人物。

綜上，不難看出阮元題詞不僅超越江永爲畫像做的《自題小影》的範疇，片言不語弄丸，還將江永及其畫像引入了漢宋之争的輿論場，明顯受到了自身所處歷史背景和學術氛圍的影響。然而，此種現象並非個例，還決定着道光年間《江慎修公弄丸圖》題詞的走向。道光十一年(1831)十二月，接續阮元題詞的趙炳言和陶澍雖然在對畫師

① 方東樹纂，漆永祥點校：《漢學商兑》，南京：鳳凰出版社，2016年，第87頁，第90—91頁。

② 方東樹纂，漆永祥點校：《漢學商兑》，第88—89頁。

③ 方東樹纂，漆永祥點校：《漢學商兑》，第119頁。

技藝方面評價不同,[①]但在談及江永學術時,都以"鄉學師賈董",[②]"江顧(筆者按,指顧炎武)兩先生"[③]來評價。又兩年(1833),[④]尊崇宋學的沈維鐈作讚試圖調和,言道"漢儒詁經,宋儒明理。先生兼之,宗仰朱子"。[⑤] 無論是漢是宋亦或漢宋兼採,漢宋之争的議題基本籠罩在道光年間爲江永畫像題詞的内容中,此時學者都傾向給江永在漢學、宋學陣營中佔據一方席位。

待到民國建立,風靡清代學術界的漢宋之争告一段落,新的趨勢悄然顯現。民國十三年(1924),江永的同族後裔江謙爲畫像題詞,首次提出了江永對佛學的關照:

> 虚空在圓覺,如海一浮漚。世界與山河,渺若蚊之眸。先生於書無不讀,乃知一切丸中收。丸中主人弄丸記,弄丸與丸非一異。無始天地我並生,大丸小丸等虚譎……先生悟澈性命源,豈屑漢宋争名字……後之題者但以考據家稱之,非先生弄丸真諦也……因記所見,以俟會通儒釋之大善知識證之。[⑥]

江謙父江晴舟於浄土法門深信有素,[⑦]其母汪氏篤修浄業,日誦佛名四萬。江謙也於1918年皈依佛門,先後依止諦閑、印光法師,最終與其父同歸浄土宗。[⑧] 江謙爲畫像所作題詞同載於其文集《陽復齋詩偈集》中,相較《先賢江慎修公弄丸圖題記》收録的文本,文集中的文字在解釋江永弄丸思想方面更爲直白,坦言"大丸即一真法界之大圓相也"。[⑨] 圓相是佛教用語,江謙借此附會江永弄丸思想中"丸"的意象,是援佛釋儒的寫照,期冀借用江永名望來推廣佛學。[⑩] 爲什麽説是江謙改造江永學術而非江永自身存在崇佛傾向?因爲至少在1900年,江謙就已經臨摹過《江慎修公弄丸圖》,並請張謇題詞。彼時張氏在日記中寫道:

---

① 趙炳言稱讚"畫師複貌弄丸圖,或謂至人類遊戲。"陶澍與之意見相左,以爲像中架足狀"乃畫工敗筆也"。參見江兆槐録:《先賢江慎修公弄丸圖題記(四)(五)》,第77頁。

② 江兆槐録:《先賢江慎修公弄丸圖題記(四)》,第76頁。

③ 江兆槐録:《先賢江慎修公弄丸圖題記(五)》,第77頁。

④ 沈維鐈的題詞缺乏落款時間。林勝彩、鍾彩鈞根據沈維鐈《補讀書齋遺稿》中相關詩文以及曾國藩爲沈氏作《誥授榮禄大夫工部左侍郎沈公行狀》推測題詞時間在道光十二年(1832)。然而,《婺源縣誌》記載雷俊於道光十三年(1833)才任婺源司訓,請沈氏題詞應在此年及之後。參見吴鶚修,汪正元等纂:(光緒)《婺源縣志》卷十三《學職》,光緒壬午年刻本,第七頁。

⑤ 江兆槐録:《先賢江慎修公弄丸圖題記(六)》,第78頁。

⑥ 江兆槐録:《先賢江慎修公弄丸圖題記(八)》,第79—80頁。

⑦ 王蓮航:《讀江晴舟先生行述書後》,《世界佛教居士林林刊》第13期,第7頁。

⑧ 卞利主編:《徽州文化史　近代卷》,合肥:安徽人民出版社,2015年,第250—251頁。

⑨ 江謙:《陽復齋詩偈集》,上海:佛學書局,1932年,第66頁。

⑩ 參見徐道彬:《〈放生殺生現報録〉考辨》,《中國典籍與文化》2013年第1期,第112—119頁。

江生謙重摹其族祖慎修先生弄丸圖遺象請題，因爲生勖

清光緒二十六年六月十九日(1900.7.15)

聖清聖祖真聖人，囊括六藝恢天鈞。
廟堂大官半儒者，絶域異教來稱臣。
黄山白岳會雲雨，中有真儒起岩户。
仰窺漢宋抉障翳，俯挈戴金張旗鼓。
康乾鴻博屢徵賢，獨抱遺經謝珪組。
同時不見書碗傭，身後甯知秦文恭。
日日弄丸深山中，亞細亞洲蟣蠓雄。
胡床野服白羽扇，七十猶是鄉里翁。
作圖偶然付畫手，即非架足亦不工。
況經流傳蜕兵燹，重摹綌畫觀何同。
裔孫曰謙重祖德，奉圖示我三歎息。
要知生世際休明，便以腐儒終亦得。
我今散發棲蓬蒿，期於謙也心甚勞。
正須學問濟時變，先生遺書連屋高。[①]

在張謇的題詞中，並不見江永學術與佛學相關的内容。原因很簡單，江謙於1918年才皈依佛門，而請張謇題詞發生在1900年，故此時還能站在儒學領域評議江永學術，請人題詞自然同樣不考慮信仰傾向。待其學佛之後，看待江永學術的眼光也隨時局需要産生變動。在給江永畫像題詞的前一年(1923)，江謙就提出《放生殺生現報録》是江永未能收入《四庫全書》且未刊行的雜著之一，[②]鑄板付印時還請印光法師作序。[③] 可見，爲江永像題詞，只是江謙推廣佛學的延續。

與請張謇題詞産生鮮明對比的是胡晉接的題詞。在江謙題詞同年(1924)，其好友胡晉接同樣以佛學角度闡釋江永弄丸思想。相較而言，胡氏用語更爲直白，直言“何哉妙悟乃有此，想因弄丸鈎其玄。廣大智慧契圓覺，餘所著書皆糟粕”。[④] 胡氏此

---

① 張謇：《柳西草堂日記》，李明勳、尤世瑋主編，張廷棲、陳炅、趙鵬、戴致君執行主編，《張謇全集》編纂委員會編：《張謇全集8》，上海：上海辭書出版社，2012年，第483—484頁。

② 江謙：《〈現報録〉與慎修公〈年譜〉、〈江善人傳〉合刊記》，江永著，林勝彩點校，鍾彩鈞校訂：《善餘堂文集》，第360頁。

③ 印光大師：《江慎修先生〈放生殺生現報録〉鑄板流通序》，江永著，林勝彩點校，鍾彩鈞校訂：《善餘堂文集》，第191頁。

④ 江兆槐録：《先賢江慎修公弄丸圖題記(十一)》，第82頁。

篇文字也存於兩處,除了江兆槐録本,還發表在《黄山鐘》上,[①]名爲《題江慎修先生弄丸圖》,同期還載有胡氏的《讀大虚法師"大乘之革命"有感》。[②] 在爲江永像題詞前,胡晉接就曾發表《大學之心法教育》,以佛教原理解釋儒家《大學》文本。[③] 又在《修道之途徑與次第》中援佛入儒,提出"吾校教育宗旨,乃以道學爲體……欲知道先知性,性字不明白,即道字亦不明白……佛説一切衆生皆有佛性,即此性也"。[④] 不只儒學,胡晉接也在以佛釋道,作《讀老子道德經》,認爲"東方老子西方佛,芻狗交廬一例看"[⑤]。

江謙、胡晉接援佛釋儒的舉動,不只牽連江永個人學術,還影響着當時徽州教育界。雖然江謙皈依佛門後辭去了南京高等師範學校校長的職務,[⑥]但胡晉接一直處在教育前綫。胡氏是安徽省省立第二師範學校的創辦人、省立第五師範學校校長、安徽省臨時代議員,是近代徽州有較大影響的學者之一,以精通程朱理學、兼涉百家學説著稱,享有"一方碩士,六縣宗師"之譽。[⑦] 在安徽省第二師範學任職期間,更是秉承着"盡性學佛,盡倫學孔,道學爲體,科學爲用"的治校理念。[⑧] 當然,也不能將徽地教育推崇佛學的責任全然歸於二人,早在1918年,學生的課業中已經雜糅儒、釋、道三家,以婺源本科四年級查輔紳的寒假閲讀書目爲例,不僅有儒家的《通書》《太極圖説》、佛家的《華嚴原人論合解》還有道家的《養真集》。[⑨] 總之,江永弄丸思想的佛學化與民國風行於徽地的佛學推廣運動是密不可分的。江謙、胡晉接同阮元一樣,都難離時代風氣的影響。所不同在於,佛學的加入,使得原本儒學内部的漢宋争論逐漸消弭。

---

① 此刊由胡晉接創辦,初名《安徽省立第五師範學校雜誌》,隨後欲改名爲《深山鐘》,最終接受江謙建議改爲《黄山鐘》。見周文甫主編:《斯文正脈　胡晉接先生紀念文集》,合肥:黄山書社,2012年,第284頁。

② 安徽省立第二師範學校主編:《黄山鐘》,1924年第4—5期,第16頁。

③ 安徽省立第二師範學校主編:《黄山鐘》,1922年第2期,第7—10頁。

④ 安徽省立第二師範學校主編:《黄山鐘》,1923年第2期,第15—18頁。

⑤ 安徽省立第二師範學校主編:《黄山鐘》,1922年第2期,第13頁。

⑥ 卞利主編:《徽州文化史　近代卷》,第193頁。

⑦ 卞利主編:《徽州文化史　近代卷》,第235頁。

⑧ 方光禄、許向峰、章慧敏等著:《徽州近代師範教育史(1905—1949)》,合肥:安徽師範大學出版社,2013年,第166頁。

⑨ 查輔紳:《1918年婺源查輔紳〈日記〉》,周曉光主編,王振忠著:《明清以來徽州日記的整理與研究》,北京:北京師範大學出版社,2020年,第312—313頁。

20世紀20年代發生的這場以佛學闡釋江永學術的風氣着實産生了餘波，1933年，[①]許承堯爲《弄丸圖》題詞時，仍不禁以佛學角度發出疑問，言及“先生綜博精三禮，偶析玄言亦一奇”。[②] 又兩年(1935)，蔡元培也説“掩卷偶有會，玄言時一吐”。[③] 只是，三十年代的題詞還並行着另一種傾向，即不但不提佛學，也不再執著於爲江永劃分漢宋陣營，而是接續清末風氣但致力於消解江永身上的“漢學”“宋學”標籤。比如江氏後人、清末舉人江友燮寫到，“先生弄丸妙悟多，漢宋糾紛析條縷”；[④]姚永樸直言“何漢何宋，同出一源”；[⑤]吴漢聲更是倡導“考據義理原始終，袪除門户振盲聾”。[⑥]

通過以上梳理，便可瞭解發生在1825至1935年間學者爲《江慎修公弄丸圖》題詞的意圖與傾向。從清代中期阮元通過題詞力將江永劃分到漢學一派始，期間歷經漢宋之争、援佛釋儒，最終在何漢何宋、回歸學術本原中收尾。諸家題詞鮮有不脱離畫作和江永《弄丸齋主人自題小影》範疇的，且在有意無意間爲江永及其學術賦予了新的定位。值得注意的是，雖然以佛學闡釋江永弄丸思想超越了儒學範疇，但其關注點仍在“弄丸”。而著眼於江永學術却又陷入漢宋之争的題詞已經消解了畫像想要表達的弄丸含義，忽略了江永特意書寫的《自題小影》内容。這場綿延一個世紀多的題詞，不僅記載着江永學術形象的演變，還是百年學術史的縮影。頗令人感慨的是，幾經輾轉，題詞中對江永的評價似乎又回到了作畫的前一年(1750)，戴震在江永七十壽辰上寫的那般：“上溯漢、唐、宋以來之絶學，以六經明晦爲已任……自有不朽大業，藏名山，留宇宙，作朋三壽，何足爲先生侈陳哉！”[⑦]

四　總結

誠如貢布里希所説，在過去，不僅物像是難得的東西，而且公衆來核實它們的説明

---

① 在許承堯日記中，1933年9月25日，“江植棠來，見示江慎修先生弄丸圖及其祖助餉圖屬題。”而江兆槐整理的《先賢江慎修公弄丸圖題記》中，許承堯贊詞後的落款時間爲“甲子冬”。在安圖本《題記》中，與許承堯贊文同屬一節的還有一段江兆槐題文，記述了江永弄丸圖的形成、遺失、復得並被葉恭綽收入象傳的過程，落款時間爲“民國二十二年七月”，正是1933年，與許承堯日記相合。參見：鮑義來：《許承堯1933年日記整理》，《徽學》第十一輯，2018年，第413—414頁。

② 江兆槐録：《先賢江慎修公弄丸圖題記(九)》，第80頁。

③ 江兆槐録：《先賢江慎修公弄丸圖題記(十四)》，第84頁。

④ 江兆槐録：《先賢江慎修公弄丸圖題記(十)》，第82頁。

⑤ 江兆槐録：《先賢江慎修公弄丸圖題記(十三)》，第83頁。

⑥ 江兆槐録：《先賢江慎修公弄丸圖題記(十五)》，第84頁。

⑦ 戴震：《壽序》，江永著，林勝彩點校，鍾彩鈞校訂：《善餘堂文集》，第70—72頁。

文字的機會也是難得的。有幾個人曾是那樣近在咫尺地看見過他們的統治者本人,足以辨認出他的畫像呢?① 在朝者不易見到,在野的地方學者也同樣難以被廣泛認知。面對此種局面,畫像本是突破時間、地域限制的傳播媒介,但在畫師自主意識的參與下也難保客觀。《江慎修公弄丸圖》反映的或許不是現實的江永,但一定是廖盛林想展示的江永,一如《弄丸齋主人自題小影》中江永理想中的自己一樣。同樣地,學者爲畫像所作題詞不一定是畫像想傳達的意思,但確實學者們想要表達的思想。在這一層層的建構中,江永無論是外在形象還是內在思想都脱離了本人意志,走上了畫師和學者們隨時代風氣和己身觀念爲其賦予的新定位,或漢學、或宋學、甚至是佛學,再造的"江永"也不斷産生。在此過程中,不斷湧入新的角度和觀點,使得被時間定格的人和物在反復的提及中變得複雜又鮮活。然而,新觀點的加入也爲瞭解學者、學術原貌蒙上了一層層面紗。雖然斯人已逝,但好在文獻長存,歷史的細節通過細緻研究終究會逐步顯現,誠如葉恭綽恢復江永畫像所作努力那般,對江永學術的評議也會祛除門户而回歸本原。

作者簡介:

吉莉,女,1995 年生,山西臨汾人,清華大學歷史系博士生。主要研究方向爲明清禮學,近年代表論文有《江永深衣考及其書寫嬗變》(《國際儒學論叢》第 13 輯,北京:社會科學文獻出版社,2023 年)。

① E. H 貢布里希著,范景中譯:《藝術的故事》,南寧:廣西美術出版社,2008 年,第 79 頁。

編後記
太倉:文理學科雙子星座升起的地方

彭　林

文人薈萃説太倉

萬里長江滾滾東流,無數文人墨客爲之傾倒。蘇東坡面對“亂石崩雲,驚濤拍岸,卷起千堆雪”的三國周郎赤壁,慨嘆被大浪淘盡的“千古風流人物”;辛棄疾佇立京口北固亭,遥想當年劉裕“金戈鐵馬,氣吞萬里如虎”收復失地的氣勢,傷感“英雄無覓孫仲謀處”。近日,筆者因朋友之邀,到訪長江之尾的江蘇太倉瀏河鎮,訪古尋跡,撫今追昔,覽物之情,得無異乎?

陪同遊覽的友人爲我們介紹太倉的地理沿革。太倉别稱婁東、婁城、金倉,位於長三角的沖積平原上,土地肥沃,氣候出奇地好,每年的颱風北上,總是在快到太倉時就向東拐彎出海了,自然災害很少,是得天獨厚的魚米之鄉。

太倉春秋屬吴,秦屬會稽,漢屬吴郡婁縣。三國吴在此建倉屯糧,而有“天下第一倉”“錦繡江南金太倉”之譽。元代在此開創漕糧海運,太倉迅速發展爲萬户之邑,因是長江入海口,故號稱“天下第一碼頭”。

説太倉首先要説瀏河,此處是鄭和七下西洋的啓航之地。瀏河原名婁江,源出太湖鮎魚口,水量豐沛,往東北流經蘇州、崑山,再到太倉瀏河鎮,全長 34 公里。朋友把我們帶到瀏河與長江的交匯、入海之處,水天一色,分不清哪是江、哪是河、哪是海。向東遠眺,崇明島隱約可見,幾艘巨輪如釘在海面上,紋絲不動,恰似一幅油畫,大家皆有心曠神怡、寵辱皆忘之感,忍不住歡呼起來。

我曾在南京的明代寶船廠遺址見過復原後巍峨無比的寶船,遥想當年 250 餘艘大小艦船在此集結,檣帆林立,旌旗蔽日,在震天的鑼鼓、號角聲中,駛入太平洋的場景毋庸置疑,那是天下第一等的航海壯舉。

出於職業的習慣,我向朋友問起,太倉歷史上有哪些名人?朋友一下子興奮起來,問我是否聽説過朱屺瞻？朱屺瞻是畫壇的一代宗師，我當然久聞其名，"屺瞻"典出《詩經·魏風·陟岵》"陟彼屺兮，瞻望母兮"一語。朱先生尤以畫梅花著稱，自號"梅花草堂主人"，北京人民大會堂内的巨幅國畫《紅梅圖》，即出自其手筆。我没想到朱先生是太倉人！

朋友告訴我，朱屺瞻出在太倉絶非偶然，至遲明清時代，太倉的書畫家就層出不窮，如仇英，明代繪畫大師，儒學大家，吴門四家之一，尤擅畫仕女。王時敏，大學士王錫爵之孫，爲一代畫苑領袖，與王原祁、王鑒、王翬並稱"四王"，人稱婁東畫派，左右了清代三百年畫壇。王昱，清代文人畫家，與王玖、王宸、王愫合稱"小四王"。

人們評價某地文化隆盛與否，往往要看是否有高中功名之人。朋友告訴我，太倉的王錫爵與其子王衡，先後參加廷試，均列第二，有"父子榜眼"的美譽，其家族更是纍世簪纓。陸增祥，道光三十年一甲一名進士，也就是狀元。太倉的文史學家也數不勝數。如王世貞，明代文學家、史學家，與李攀龍、徐中行、梁有譽、宗臣、謝榛、吴國倫合稱"後七子"。吴偉業，明末清初著名詩人，婁東詩派開創者，與錢謙益、龔鼎孳並稱"江左三大家"。陸世儀，著名理學家、文學家，與陸隴其並稱二陸，江南名儒。畢沅，經史小學金石地理之學無所不通，撰有《續資治通鑒》等。陸容，著名藏書家，家藏數萬卷，其中多有珍本。王宸，著名書畫家，好收藏古碑刻，數量之多，富甲一方。

我很好奇，近代之後，文化轉型，太倉在科技領域的表現如何？朋友告訴我，以兩院院士而言，太倉依然不少，如環境科學專家唐孝炎、大氣光學專家龔知本、船舶性能研究和設計技術專家顧懋祥、核物理學家黄勝年、醫藥生物技術專家楊勝利、水利水電專家陸佑楣、神經生理學家吴建屏、古脊椎動物與古人類研究專家朱敏等，皆是其例。此外，瑞典皇家工程科學院院士顧純元、歐洲科學院院士郎建平、衝擊過諾獎的華裔美籍化學工程和火箭專家朱如瑾，也都是太倉人。朋友笑着説，柳州路上的朱棣文小學，是以 1997 年獲得諾貝爾物理獎的朱棣文的名字命名的，其父祖也是從太倉走出去的！這一番話，令我對太倉肅然起敬！

朋友又問我是否聽説過吴健雄？我説，早在"文革"期間，我讀手鈔本《第二次握手》，就得知吴健雄先生的大名，仰慕不已，難道她也是太倉人？朋友得意地笑了。於是帶我們去瞻仰吴健雄先生的墓園。

吴健雄墓園

吴健雄墓園位於太倉明德初中的紫薇閣旁，於 1998 年 5 月底落成。

墓園的設計由東南大學建築系負責。東南大學的主體是原中央大學的工學院，吴健雄最初在該院物理系畢業,彼此學術淵源很深;其次,楊廷寶先生創建的東南大學建築系與梁思成先生創建的清華大學建築系齊名,素有"南楊北梁"之說,水平絕對一流。爲萬全起見,又特邀著名華人設計師貝聿銘先生負責審核設計方案,堪稱雙重保險。

墓園中心,是一個斜切的圓柱體,吴健雄的骨灰就安放在其中。斜面上鐫刻着《吴健雄:物理科學的第一夫人》的作者撰寫的墓誌銘:

> 這裏安葬着,世界最傑出女性物理學家——吴健雄。她一生綿長深刻的科學工作,展現了深思力作和真知洞見;她的意志力和對工作的投入,使人聯想到居里夫人;她的入世、優雅和聰慧,輝映着誠摯愛心和堅毅睿智;她是卓越的世界公民,和一個永遠的中國人。

吴健雄有"東方居里夫人""核物理女王""物理學第一夫人"之譽,如何用超凡脱俗的方式,將她的偉大貢獻在墓園中表達出來,堪稱難題。由於李政道先生的參與,墓園的設計令人贊嘆不已。

周圍是是直徑九米的水池,前面有兩個重三百多公斤、從意大利運進的黑色大理石圓球,圓球通電,就會分别逆時針或順時針轉動,並從球頂噴出水柱。此設計是李政道提出的,象徵吴健雄教授在華盛頓低温實驗室通過鈷 60-β 衰變來驗證楊振寧、李政道提出的"宇稱不守恒定律"實驗原理的模型。

圖 1　吴健雄墓園中心

李政道題寫的碑文,對此做了簡潔的說明:

> 按宇稱守恒定律,凡是二個左右完全對稱系統的演變應該是永遠左右對稱的,這似乎極合理的定律,於一九五七年正月被吴教授鈷核子衰變實驗推翻了。這建築中二石球象徵二個左右對稱的鈷核子,而其衰變産生的電子分布由水流代表,它們是不對稱的。謹以此紀念吴健雄劃時代的科學貢獻。

墓園的東部,是由八垛從低而高的照牆組成的照壁,象徵着吴健雄教授勇攀科學高峰的足跡。照壁上由楊振寧教授親自題寫的“吴健雄墓園”五個石緑色大字。

墓園選在明德小學内的紫薇閣旁,與吴健雄的父親吴仲裔有密切關係。吴父是一位有理想、有擔當的知識分子,曾加入孫中山創建的同盟會,並參加了 1913 年的“二次革命”,失敗後回太倉,創辦明德女子學校(後改名“明德女子職業補習學校”),吴健雄的小學教育就是在該校完成的,這裏留着她少年時代的足跡。1912 年吴健雄出生之日,父親吴仲裔手植紫薇樹一株,作爲紀念,故她的乳名是薇薇。這顆紫薇樹至今猶在明德學校内,它既是吴健雄生命的象徵,也是吴仲裔父愛的載體。因此,墓園選在紫薇樹旁邊,非常合理。

紫薇樹是長壽植物,樹齡可達 200 年,甚至 500—1000 年,花期約 4 個月,花香淡雅,每逢夏秋開花季節,紅色、紫色的花瓣就飄落前面的墓柱與水池中,彷彿是吴仲裔老人在時時照拂女兒。

圖 2　紫薇樹與紫薇閣

紫薇閣

紫薇樹旁有一棟白色的二層建築,是吴健雄的丈夫袁家騮捐資建造的紫薇閣。對吴袁夫婦而言,太倉有太多的記憶,他們五次回太倉,都曾在此居住。面朝墓地的牆面上有袁家騮博士手書的“紫薇閣”三字。

如今的紫薇閣分兩部分,一部分是吴健雄、袁家騮夫婦的起居室,一切都依照當年的原樣保留着。斯人已逝,而口氣猶在,手澤猶在。另一部分是吴健雄紀念室,以大量的圖片與實物展示吴健雄一生奮鬥的輝煌歷程。我們仔細觀看之後,對吴健雄有了更深刻的認識。

吴仲裔先生膝下有四位子女,依“英雄豪傑”爲序取名。吴健雄行二,名“健雄”,取《二十四詩品》“積健爲雄”之意。從此,“積健”二字成爲她人生的圭臬,她以難以想象的勤奮、嚴謹與執著,投身物理學研究。1936 年,赴美國加州大學伯克利分校求學,研究光譜學、原子核物理。1940 年畢業,獲物理學博士學位。由於她一系列卓越的研究成果,受邀參與曼哈頓計劃,在 β 衰變研究領域具有世界性的貢獻。她是世界最傑出的實驗物理學家之一,1957 年,首次通過實驗驗證了弱相互作用中“宇稱不守恒”的理論,由此震驚世界物理學界,使楊振寧、李政道獲得諾貝爾物理學獎。

吴健雄的傑出貢獻,得到學術界的高度評價,由此而獲得諸多榮譽。1958 當選爲美國科學院院士,1975 年獲美國總統福特頒發的最高科學榮譽——國家科學勳章,同年,當選爲美國物理學會第一位女會長。1981 年意大利總統授予她“年度傑出婦女獎”;1991 年她榮獲代表理工界最高榮譽的普平紀念獎章。1994 年當選爲中國科學院首批外籍院士。她幾乎包攬了諾貝爾獎之外所有物理學的高端獎項,獲得了哈佛、耶魯、普林斯頓、哥倫比亞等大學的榮譽博士,以及諸多世界名校授予的榮譽教授稱號。1990 年,中國科學院紫金山天文台將國際編號爲 2752 號的小行星命名爲“吴健雄星”。2021 年 2 月 11 日,國際女性日,吴健雄與愛因斯坦、費曼、費米等傑出物理學家,上了美國郵政局發行的永久郵票。

吴健雄因掌握大量核物理的高端機密而無法回歸祖國,她以“美籍華人”的身份寄寓美國三十一年。可貴的是,她始終不忘自己身上流淌的,永遠是華人的血液,我們從展覽室里的許多照片發現,凡是她出席的場合,都永遠梳着整齊利落的華人髮型,身穿氣韻典雅的旗袍,彰顯華夏女兒的文化底色,成爲一道靚麗的風景,爲世人熟悉的“一位穿旗袍的中國女科學家”。

1982 年,吴健雄毅然返回祖國,在北京大學、東南大學等知名高校擔任名譽教授,將畢生所學奉獻給了祖國的科技事業。吴健雄的墓碑上刻下了永恒的贊譽:“永遠的中國人”,我想所有的中國人在她墓碑前看到這行字,都會深深鞠躬,向她偉大的靈魂致敬!

茹經橋

毋庸諱言,我此次太倉之行的目的之一,是來尋訪無錫國學專修館校長唐文治先生的遺跡,他是太倉人,後來定居無錫,乃近代中國傳統文化領域的泰山北斗。始料未及的是,唐先生在太倉的名氣似乎遠不及吴健雄大,其原因,殆是今人重理輕文,社會上對人文領域的關注遠不如理科。

上街信步行走之時,突然看到街口路標柱上有一個箭頭上寫着“茹經橋”三字,我大喜過望,“茹經”是唐文治先生的雅號,附近一定有與他相關的遺跡!於是,我按照箭頭的指嚮往回走,果然前面一座石橋上鎸刻着“茹經橋”三字!我趕緊跑過去,先是照了幾張石橋與橋名的照片,然後蹲在“茹經橋”三字旁邊照了幾張,如同在唐文治先生旁侍立,倍覺親切。下橋後,我向附近居民詢問是否有唐府的老屋?回答是,早已拆除殆盡。令人不勝傷感。

圖 3　茹經橋上

唐文治先生(1865—1954),字穎侯,號蔚芝,晚號茹經,清同治四年(1865)10月16日生於江蘇太倉岳王市陸氏的静觀堂,那裏是其陸姓姨媽家,唐先生的父親曾在此做家庭教師,所以生在静觀堂。後來跟隨唐文治先生大半生的陸景周及其兩位兄長,乃是太倉陸狀元陸增祥的後裔。

今人給唐文治的歷史定位有三:教育家、工學先驅、國學大師。以下略作介紹。

先説國學大師。唐文治6歲開蒙讀經,讀背《孝經》《論語》《孟子》《詩經》《尚書》《易經》《禮記》《春秋左氏傳》等儒家經典。考取秀才後,讀《史記》《公羊傳》《穀梁傳》。後入州學,師從太倉理學家王紫翔研讀性理之學。18歲考中舉人。21歲時,入左宗棠在江陰創辦的南菁書院,師從經學大師黄以周和王先謙。光緒十八年(1892),考中進士。足見唐先生早年浸潤於儒家經典,漢宋兼治,學富五車,是名副其實的國學大師,當時鮮有能與之比肩者。

再説工學先驅。唐先生雖説科舉出生,但絶非迂腐之輩。1892年,唐先生晉京入仕,歷任户部主事、外務部主事,商部右丞、左丞、員外郎、郎中,農工商部左侍郎、署理尚書等職,皆雷厲風行,而又清正廉明,故官聲卓著。後受政府委派,先後到日本、英國、法國、美國等國考察,詳細調查政治、經濟、産業、教育,以及社會風俗等,乃中國最早開眼看世界的學者之一,回國後撰作《英軺日記》,備述西方社會的利弊得失。他35歲開始學習俄文,只爲更多地瞭解國外的情況。爲改變國家科技落後的局面,唐先生發憤創辦海運、陸運工程的專科。1907年9月,唐文治任上海高等實業學堂(今上海交通大學、西安交通大學的前身)校長,親手創辦我國第一個鐵道工程專科、第一個電機工程專科;1909年春,增設船政專科。1911年,唐文治親自督建的郵傳部高等商船學堂(大連海運學院、上海海運學院的前身)落成,唐文治兼任學堂校長,是爲中國近代首個高等航海學府。鑒於唐先生對中國工程學科的開創性貢獻,上海交通大學爲他塑了銅像,並設"唐文治紀念館",以昭示後學。

最後説教育家。此處所説的教育家,有極爲鮮明的特色,絶非今日庸人濫厠的教育界所能比肩。唐文治創辦工程學科正當如火如荼之時,突然決定轉辦文科學校,有其深刻的思考。其教育理念之其可圈可點者,至少有三:

其一,當時某些知識精英鼓吹中國要走"全盤西化"的發展道路,中國傳統文化受到強烈衝擊。文化是立國之本,長此以往,國將不國,這令唐文治深感憂慮。他在《函交通部致送高等國文講義》中説:"科學之進步尚不可知,而先淘汰本國之文化,深可痛也。"故決心由"振興實業"轉爲"修道立教"。唐先生以存亡繼絶自任,矢志爲保護傳統文化的根荄而戰,他誓言,"發揚我國固有之文化,樹植學術特立之風聲","使中華文化的命脈不至於滅裂斷絶"。

其二,將中國傳統文化立德樹人的理念落到實處。中國社會自古重視人的品性的培養,將其作爲社會進步的基礎,對此,唐文治深以爲然。1902 年,唐先生參觀英京大藏書樓,翻譯挑釁説:“中國素號文明,今先生到外國來,是歐洲識字人多呢,還是中國識字人多?”唐答:“歐洲識字人固然多,但中國識字人貴在躬行實踐,譬如仁、義、禮、智,必有此四者,才算識此四字。奸、邪、惡、逆,必絶此四者,才可算識此四字。我們中國這樣的識字人固然少,諒歐洲也不多吧。”唐先生創辦無錫國學專科學校,正是爲此一念所驅使,他在《無錫國學專修館學規》中引高攀龍《東林會約》“檢束身心,砥礪品行”一語,昌明爲學以修身爲本的理念,三十年之中,念兹在兹,拳拳服膺,一心爲國家培養德行高尚的國學專門人才。

其三,堅守中國傳統的特色。近代以來,各級各類學校無不奉英美教育爲宗旨,趨之若鶩,唐文治先生是罕有的清醒者。他的教材,依然以古代典籍爲主體,以講明先哲思想精髓爲追求。學校崇尚中國固有的文化傳統,這樣做,在當時的社會風氣中,是需要極大的勇氣的。上世紀三十年代,有國際教科文組織來華調查中國教育現狀,結果發現,唯獨無錫國專的學生還在讀綫裝書、寫毛筆字,用中國傳統的教育方法教學生,其他學校都不同程度地西化了!

唐文治還開發了中國傳統的經典誦讀方式,既便於理解文義,又便於記誦與流傳,極受歡迎,被稱爲“唐調”。唐先生親自爲學生示範,其影響極大,至今在全國各地流傳。

其四,辦學成績卓著。無錫國專規模不大,但師資力量雄厚,著名學者錢仲聯、周谷城、黄穎、李長傅、周予同、郝昺衡、王紹棠、胡曲園、鮑鼎、蔣伯潛、朱大可、陳小翠、胡士瑩、趙泉澄、陳懋恒、唐謀伯、許國璋、吕思勉、任心叔、傅統、王佩諍、陸修祜、夏承燾、童書業、蔡尚思、饒宗頤及佛學家巨贊法師等,都曾受邀爲學生授課,其中不乏學術大師。國專辦學 30 年,總共招收 2000 餘名學生,因時局動蕩等原因,正常畢業者不到 1000 人,而湧現出如王蘧常、唐蘭、吴其昌、侯堮、蔣天樞、錢仲聯、王紹曾、魏守謨(建猷)、吴天石、徐興業、郭影秋、周振甫、吴孟復、馬茂元、姚奠中、陳祥耀、江辛眉、朱東潤、許威漢、湯志鈞、楊廷福、馮其庸、沈燮元、陳徵、曹道衡、范敬宜等優秀人才。1949 年建國前後,國内大學文史專業工作的骨幹中,無錫國專的畢業生觸目皆是。

唐先生是典型的江南士大夫,以天下爲己任,民族氣節渾然一身。1894 年甲午海戰後,唐文治爲江蘇會試舉人撰寫奏章,反對簽訂喪權辱國的《馬關條約》。1902 年春,唐文治起草照會拒絶葡萄牙將澳門附近的大孤、小孤等島划入租界範圍。1941 年,上海日僞派人勸説唐文治出任僞職,遭嚴詞拒絶。抗戰爆發後,唐文治率部分國專師生由無錫向長沙、桂林遷徙,艱險無比,行至株州時,僅剩唐文治與師生、工友數人,時值隆冬,74 歲的唐先生於曠野中命學生席地而坐,自己則高頌《詩經・何草不黄》中

“匪兕匪虎，率彼曠野；哀我征夫，朝夕不暇”一章，剛毅卓絶，氣貫白虹，諸生無不爲之動容。1946 年 6 月，抗戰勝利，國專還回無錫復校。

1954 年 4 月 9 日，唐文治病逝於上海，享年九十，著有《茹經堂文集》《國文經緯貫通大義》《茹經先生自訂年譜》《禮記大義》《十三經提綱》《尚書大義》《周易消息大義》等。上海交通大學的輓聯評價唐先生最爲精到：

有三達尊，兼三不朽；
晉百年壽，爲百世師。

令人欣慰的是，今天的太倉一中，是當年唐文治先生就讀過的學校，教學大樓前矗立着唐先生的塑像，大樓兩側用大字書寫的是唐先生最喜歡的對聯：

人生惟有廉節重；
世界須憑氣骨撐。

圖 4　唐文治先生像

校園的牆上,書寫着唐文治先生的名言:

> 須知吾人欲成學問,當爲第一等學問。欲成事業,當爲第一等事業。欲成人才,當爲第一等人才。而欲成第一等學問事業人才,必先砥礪第一等品行。

校内有"唐文治先生紀念館",校方組織的承傳唐先生思想與節操的活動連年不斷,"隨風潛入夜,潤物細無聲",令人欣慰之至。

吴健雄先生與唐文治先生,"德高鴻儒博學,望重英雄豪傑"(佚名《天淨沙》),是近代中國學術文化的雙子星座,他們以滿腔的熱血與無比的堅毅,捍衛了中華民族的尊嚴,賡續了千年的文脈,萬古不朽,風範永在。

臨行前,我依依不捨地回望這片深厚的文化沃土,敬謝太倉!向兩位中華文化的大師深深鞠躬、致敬!